JN012568

高齢者との金融取引 Q&A

第2版

関沢正彦 監修　Masahiko sekizawa

両部美勝 編著　Yoshikatsu ryobe

一般社団法人 金融財政事情研究会

第2版　はしがき

　日本社会の高齢化の波はとどまることなく、65歳以上の高齢者は今や全国で3500万人を超えており、2025年には団塊の世代が75歳入りを果たし、高齢化は2040年以降まで続くとの予想がなされている。

　このような状況において、高齢者と金融取引を行う機会はますます増加し、そのための法律知識も重要になってくることは論をまたない。

　最高裁事務総局家庭局の司法統計によれば、2012年までは、成年後見制度の申立件数は増加傾向を示していたものの、2012年から2020年までの間をみると、いずれも概略数であるが、年間申立総数が3万4000～3万7000件、内訳としては、成年後見が約2万7000件、保佐開始が5000～7000件、任意後見監督人選任が700～800件で推移し、補助開始のみ、従来1300件だったものがここ2～3年増加して、昨年が2600件となっている。しかしながら、前記のわが国の高齢者の人数からみれば、成年後見の制度はきわめて低率の利用しかなされていないといえる。そのような事情もあって、平成28年4月「成年後見制度の利用の促進に関する法律」が制定され、翌年政府は「成年後見制度利用促進基本計画」を閣議決定した。ここでは、成年後見制度について、利用者がメリットを実感できる制度・運用の改善、権利擁護支援の地域連携ネットワークづくり、不正防止の徹底と利用しやすさの調和等がポイントとしてあげられている。いまだ成年後見法の改正までは至っていないものの、公的支援システムは進展しており、社会的弱者との共生という観点からも、金融機関を組み入れた社会的要請が現実化している昨今である。

　また、民法においては平成29年の債権法改正、平成30年の相続法改正、平成30年の成年年齢の引下げ、令和元年の特別養子に関する改正等がなされ、これらに伴い多くの関係法令も整備されるに至っている。

　本書は、平成20年に刊行された「高齢者との金融取引Q&A」について、その内容をこれらの変化に対応すべく改訂するものであり、金融法務に熟達

する実務家や学者が、金融機関の職員が遭遇するであろう、さまざまな問題につき、実務的側面から解決指針を記したものである。しかしながら、高齢者との金融取引をめぐる具体的な問題は、法律や判例で一律にまかないきれるものではなく、各金融機関の性質や姿勢、高齢者側の事情等によっても異なりうるものであるから、ここに示されたQ&Aは、あくまでも執筆者の個人的意見に基づいて指針を示すという面があることをあらかじめお断りしておきたい。そのうえで、本書を十分にご活用いただければ幸甚である。

　令和3年11月

関　沢　正　彦

執筆者一覧

【監修】

関沢正彦（弁護士）

【編著】

両部美勝（元静岡中央銀行　常務取締役）　Q3、6、7、11、12、16、50～52、67～73、75～84、86～88

【著者】

尾川宏豪（一般社団法人全国地域生活支援機構　理事）　Q18、19、28～32、35

小橋孝生（きらぼし銀行　リスク管理部長）　Q15、54～65

八谷博喜（三井住友信託銀行　特別理事／成年後見・民事信託分野専門部長、中央大学研究開発機構　機構教授・博士（法学））　Q33、39、40、53、66

早坂文高（三井住友トラストクラブ株式会社　リスク統括部参事役）　Q23、34、36、38、41、42

吉岡伸一（岡山大学　名誉教授、岡山商科大学　法学部教授）　Q1、2、4

渡邊博己（元京都学園大学　法学部教授）　Q5、8～10、17、43、74、85

三菱UFJ銀行法務部　Q20～22、46、47

　　入江泰至

　　木村功

　　黒谷栄次

　　中村弘明

　　中村友絵

　　藤原晴也

　　松丸徹雄

三井住友銀行総務部法務室　Q24～27、48、49

　　石川美佳

　　田澤知弥（弁護士、執筆当時三井住友銀行所属）

みずほ銀行法務部

　　青山正博　Q13、14、44、45

　　常行要多　Q37

＊各執筆部分に係る内容はあくまで執筆者個人の見解であり、所属する組織の見解ではありません。

目　　次

Ⅲ 融資業務

Ⅳ 窓販取引

V その他の取引

VI 相続手続

Ⅶ 高齢者取引推進策

I

取 引 全 般

Q1 高齢者に対する本人確認手続

高齢者と取引するにあたり、どのような点に留意して本人確認を行えばよいですか。

結論 法律で規定されている本人確認手続は、高齢者であるからといって特段の規定はありませんので、公的証明書の提示を求める等の通常の本人確認手続が必要です。それに加えて、意思能力があるかどうかに注意をしなければ、取引そのものが無効になるリスクがあります。また、いずれの場合においても、後日の立証のため、取引の証拠を十分に残しておくこと、および面談記録などを残しておく必要があります。高齢者と取引を行う場合は、外見上明らかに意思能力が乏しいと思われるときは、申出に応じず、後日のトラブル回避の観点からも、申出を謝絶するのが適切な対応と考えられます。

さらに、当座勘定取引や貸出取引を行う場合は、本人が、後見・保佐・補助の審判を受けているときは、それら法定後見制度の手続に則した取引をすべきことになり、後見等の審判を受けていない場合であっても、医師の証明書の提出を求めたり、必要に応じて同居の親族等の立ち会いを求めたりするなどの対応が必要です。

-------------------------●　解　説　●-------------------------

1　意思能力と行為能力

意思能力とは、一般に、「自分の行為の結果を正しく認識し、これに基づいて正しく意思決定をする精神能力をいうと解すべき」（東京地判平17. 9 .29判タ1203号173頁、福岡高判平16. 7 .21判タ1166号185頁等）であるとされています。この意思能力があるかどうかについては、画一的には判断しておらず、「問題となる個々の法律行為ごとにその難易、重大性なども考慮して、行為

の結果を正しく認識できていたかどうかということを中心に判断されるべきものである」（前掲・東京地判平17.9.29、前掲・福岡高判平16.7.21等）とされ、意思能力がない者がした行為は無効であると解されています（大判明38.5.11民録11輯706頁、大阪地判平13.3.21判タ1087号195頁等）。令和2年4月から施行されている改正民法は、その3条の2において、「法律行為の当事者が意思表示をした時に意思能力を有しなかったときは、その法律行為は、無効とする」と規定し、このことを明文化しました。したがって、高齢者と取引を行う場合は、外見上明らかに意思能力が乏しいと思われるときは、申出に応じず、後日のトラブル回避の観点からも、申出を謝絶するのが適切な対応と考えられます。

　意思能力がなく取引等を行った場合においても、取引等により意思無能力者が得た利益については、民法121条ただし書が類推適用されて、「現に利益を受けている限度」において返還義務を負うこととされていますが（現行民法では121条の2第3項に明文規定あり）、仙台地判平5.12.16（判タ864号225頁。同判決は、貸主甲が借主乙に対し金銭を貸し付けたが、借主乙の意思無能力を理由に右契約が無効とされたことによって得た借主乙の不当利得は、契約締結の際、乙と行動を共にした丙が同席したこと、契約前後に乙は多額の財産を喪失し、多額の債務を負ったことがあるなどの諸事情があるときは、経験則上、現存していないものと認定することができると判示しています）のように、契約前後の諸事情から経験則上借主である意思無能力者には現存利益は存しないとされた事例もあるので、注意しなければなりません。

　高齢者の意思能力は、一時的に高揚することがあり、取引にあたっては、複数回面談することなどにより、本人の意思能力の有無および現在の精神状態についてしっかりと確認しておく必要があります。

2　制限行為能力者とわかった場合の対応

　他方、民法は、一律性を求めるところから、未成年者、成年被後見人、被保佐人、および被補助人を、法律行為を行う行為能力を制限される制限行為

能力者と定め、これらの者が単独で行った行為については、すべてあるいは一定のものを取り消すことができることとしています。取引先が制限行為能力者とわかれば、当該取引先との間の取引は、制限行為能力制度の手続に則した対応が求められます。つまり、それらを後見する者に代理してもらったり、同意を得たりして取引を行わなければなりません。制限行為能力者であるかどうかについては、未成年者の場合は、住民票の写しを徴求することにより、また、成年者で、意思能力に不安を感じる相手方に対しては、「登記なきことの証明書」を求めることを考えてもよいかもしれません。しかし、制限行為能力者でなくても、意思能力がないと認められる場合には、その者が行った行為は、前述のとおり無効です。

　なお、認知症等の状況にありながら、制限行為能力者の審判を受けていない者に対しては、申立権者を通じて成年後見人等選任の手続を踏む必要があり、原則として、選任後において取引をすべきでしょう。

3　本人との直接面談

　本人との直接面談は、相手方の意思を確認するために最も基本的、かつ、有効な方法です。本人確認手続については、公的証明書の提示等で行うこととされていますが、高齢者であるからといって、特段の規定は設けられていませんので、通常の手続と同様に行うほかありません。

　まず、面談する相手が取引をする本人かどうかを確認しなければなりません。初対面の場合には、運転免許証やパスポート等の写真付きの公的証明書で確認することができればそれに越したことはありませんが、これらをもっていない場合には他の公的証明書によります。いずれにしても、これらのコピーをとり、後日の証拠として残しておくことが望まれます。

　ところで、高齢者のすべてが意思能力に不安があるというわけではありませんが、高齢になると、肉体的にも精神的にも衰えが進行し、一般的には意思決定に際して、客観的にみて、その内容、動機、相手方等につき合理性を欠く傾向があり、また意思能力に疑問が出てくる人も少なくないため、高齢

者を相手方として取引をする際には、一般的に意思能力の程度の確認を慎重にすべきこととなります。

4　面談記録を残すこと

　高齢者との対応にあたっては、複数の行員で対応のうえ、後日のトラブル回避のためにも、面談記録を残しておく必要があります。この場合、日時だけでなく、天候や高齢者の服装、同席者の有無、面談の内容、話し方の特徴などのほか、来店者に不自然な振る舞いがなかったかどうかなどをできるだけ細かく記載しておくことが望まれます。できるだけ厚く、細かく記載することによって、金融機関側の記憶を呼び戻すことに役立つだけでなく、高齢者側にとっても記憶を呼び戻す材料になることが考えられます。

　また、取引にあたっては、取引内容について十分に説明し、その理解を得てから開始すべきです。説明した資料やパンフレット等についてもその記載をしておくほうがよいと思われます。

5　代理人を通じて取引を行う場合の対応

　代理人を通じて取引を行う場合においても、本人から代理権限の授与がなされているかを確かめる必要があり、本人と直接面談して確かめておく必要があります。

　預金者本人が意思表示することが困難な場合に、預金者の近親者から代理権授与があるように振る舞い、払戻しを請求してくることがあります。預金者の意思がはっきりしている時から当該近親者に代理権を授与して払戻しの実績があるような場合や、資金使途等具体的事情により払戻理由に説得力がある場合（病気のため入院している病院等に振込する場合など）には、払戻しに応じてもさしつかえないケースが多いと思われますが、そのような場合でない限り、慎重に対応を図る必要があります。また、代理人が自己または第三者の利益を図るために代理権を行使するといった代理権濫用のリスクは防ぎきれないので、留意しておかなければなりません。

6 本人確認等についての法律

　薬物犯罪をはじめとする多くの組織的犯罪によって得た収益を隠匿したり、正当な収益とみせかけたりするため、金融機関の預金口座を通じて頻繁な資金移動を行うことをマネー・ローンダリング（資金洗浄）と呼んでいます。犯罪収益が将来の犯罪活動や犯罪組織の維持・強化に使用されたり、犯罪組織がその資金源をもとに合法的な経済に介入したりすると、社会全体に悪影響を及ぼすことになります。そこで、この防止については、現在、各国で協調して取り組んでいる重要課題の1つとなっています。犯罪者等は規制の弱い国を狙い撃ちにするため、国際的な規制が必要であるからです。高齢者であるからといって、これらのことを回避することはできません。

　日本においても、従来、マネー・ローンダリング防止等のために、一定の取引形態や取引金額について、取引の相手方に対して公的証明書等を提出してもらうこと等により、本人確認手続を行うことは実務上行われていました。制定法としては、

① 平成14年成立の「金融機関等による顧客等の本人確認等に関する法律」が最初であったといえます。

② 同法は、その後、平成16年に「金融機関等による顧客等の本人確認等及び預金口座等の不正な利用防止に関する法律」と改正されて、マネー・ローンダリング防止等だけでなく、口座の不正利用防止等もその目的に加えられました。

③ さらに、同法は、平成19年、「犯罪による収益の移転防止に関する法律」（以下、「犯罪収益移転防止法」という）と変更され、その対象が金融機関などのみならず、弁護士、司法書士、行政書士、公認会計士、税理士、保険会社等に拡大されました。

④ 平成22年には、資金決済法制定に伴い、犯罪収益移転防止法の一部改正がなされて、資金移動者が特定事業者に追加されました。

⑤ 平成23年には、犯罪収益移転防止法が改正され、取引時の確認事項、特定事業者の追加、取引時確認等を的確に行うための措置の追加が行われま

した。

⑥　平成26年にも、同法が改正され、疑わしい取引（職員が、業界における一般的な知識と経験を前提として、取引の形態をみた場合、収受した財産が犯罪収益である疑いまたは犯罪収益の仮装・隠匿罪に当たる行為を行っている疑いがあること）の判断方法が明確化される等しました。

　これらにより、金融機関が顧客と取引を開始する際と、一定金額を超える取引を行う際には、取引の相手方についての本人確認をすべき義務が定められています。なお、本人確認ずみの取引先であっても、氏名、名称、住所等の本人特定事項を偽っている疑いがあったり、取引名義人になりすましている疑いがあったりする場合には、再度本人確認手続が必要とされています。

7　適合性の原則

　高齢者との間では、預金取引をするほか金融取引を開始したり、金融商品を販売したりすることも考えられます。その際、当該高齢者が当該取引や商品の性質・内容、リスクの所在、大きさなどを正しく理解して判断できるかどうかです。それらに対する理解や知識、判断能力がなければ、適合性がないと判断され契約が取り消される可能性が出てきます。判例においても、「顧客の意向と実情に反して、明らかに過大な危険を伴う取引を積極的に勧誘するなど、適合性の原則から著しく逸脱した証券取引の勧誘をしてこれを行わせたときは、当該行為は不法行為法上も違法となると解するのが相当である」（最判平17.7 .14民集59巻 6 号1323頁）としています。したがって、これらのことから、高齢者に対して、金融取引や金融商品を勧誘する場合には留意しておかなければなりません。

　高齢者と対応する場合、一定年齢以上の者と取引する際には役席者が事前に面談することとしたり、取引自体を行わないこととしたりすることも 1 つの方策と考えられます。

　また、後見人が選任された場合についても、後見制度上、被後見人の財産を元本割れのリスクを冒してまで増やそうとすることは、後見の趣旨を逸脱

するものであり、後見人に課せられた善管注意義務に反して許されないと理解されています（片岡武ほか『家庭裁判所における成年後見・財産管理の実務［第2版］』（日本加除出版、2014年）52頁）から、この点に留意すべきです。

　金融機関のなかには、高齢者との取引に関しガイドラインのようなものを設けているところがあります。リスク回避の手段として、一定の評価はできるものと考えられます。

【関連法規】

・犯罪による収益の移転防止に関する法律（犯罪収益移転防止法）等

ワンポイントアドバイス

　高齢者のすべてが意思能力に不安があるというわけではありませんが、高齢になると、肉体的にも精神的にも衰えが進行し、一般的には意思決定に際して、客観的にみて、その内容、動機、相手方等につき合理性を欠く傾向があり、また意思能力に疑問が出てくる人も少なくないため、高齢者を相手方として取引をする際には、一般的に意思能力の程度の確認を慎重にすべきこととなります。意思能力があるかどうかに注意をしなければ、取引そのものが無効になるリスクがあるからです。

Q2 高齢者の意思能力の有無についての確認

高齢者と取引するにあたり、どのような点に留意して意思能力があるかどうかを判断すればよいですか。

結論 高齢者との取引において、最も大切なことは複数回面談して、複数時点において、複数の職員が「意思能力あり」との確信をもつことです。このほか、高齢者本人から自署・捺印を求めることはもちろん、推定相続人の同意をとったり、同居家族から確認をとったりすることも重要です。

---●　解　説　●---

　高齢者に意思能力がなく、成年後見制度を利用しているのであれば、成年後見人等を代理人として取引をするか、保佐人等から同意を得て取引をすべきです。しかし、成年後見制度を利用していない場合には、意思能力があることを確認して取引を行うべきです。もし、意思能力がないと判断されるようであれば、後見開始等の審判を経るまでは取引をすべきではありません。

1　高齢者本人との直接面談

　本人との直接面談は、本人確認の方法としても重要ですが、高齢者との取引においては、さらに、高齢者特有の問題があります。それは、病気等により意思無能力となる場合に、病状が一気に進行しないで徐々に進行することがままあり、かつ、正常と非正常との間を波のように行き来するため、いったん病気になっていても、場合によっては通常人とまったく変わらない応対ができるということです。このような場合、後日、取引時点で本人の意思能力がなかったと申し出られたとき、当該高齢者の行った行為が無効とされるおそれがあります（民法3条の2）から、注意しなければなりません。その

ためには、高齢者本人にできる限り多くのことを話させ、金融機関担当者側が聞き役に回ることも重要です。これにより、高齢者の言っていることが不自然であったり、判断内容がおかしかったり、矛盾したことを言ったりしていないか、チェックできるからです。

　したがって、高齢者との取引において、最も大切なことは複数回面談して、複数時点において、複数の職員が「意思能力あり」との確信をもつことです。これにより、意思能力のない者、あるいは乏しい者でないことを、確認したうえで取引に入ることが肝要です。もとよりこれら面談のようすは記録として残しておかなくてはなりません。また、複数の職員で行うことは、契約の説明または面談内容の一方がおろそかになるリスクも回避することができますし、言ったとか言わなかったとかの争いが起こったときも、複数のほうが有利といえます。

　また、本人との面談も含めて、意思能力があるかどうかにつき確信がもてないときなどには、取引時点において本人の意思が正常であったことを証明するため、金融機関の行員が担当の医師と面談するとか、担当医師の診断書や証明書などの提出を求めるとかの対応が必要です。生命保険契約の裁判例のなかには、保険契約者が脳梗塞で入院していたところ、保険会社の担当者が病院を訪れ、死亡保険金の受取人変更の手続を行った事例において、訪問時は比較的安定した状態にあり、日常会話を行ったり、保険会社担当者の質問に「はい」と返答したりしていたものの、その頃みられた自らの氏名等が答えられない等の状況につき、治療を担当していた脳神経外科医が脳梗塞による近接記憶障害や見当識障害の表れであり、保険契約者は、上記障害により保険金の受取人変更という効果を認識したうえでの正常な意思表示が可能な状況ではなかったとの供述をしている事実等から、当該変更手続に関する保険契約者の意思表示は意思無能力により無効であるとしたもの（大阪地判平13.3.21判タ1087号195頁）がありますから、注意しなければなりません。

　なお、住所が特に遠方でない限り、自宅を訪問して面談することが望ましいといえます。また、勤務先が近い場合には、勤務先で面談することも意味

があるといえます。

2　認知症高齢者の保護

　金融機関の現場においては、高齢者顧客との会話から、当該顧客が認知症である疑いをもつことも少なくありません。そのような場合、当該高齢者と顧客として対応するだけでなく、当該高齢者に対して適切な保護を図る必要性が認められることも多いと思われます。そのため、高齢者との取引を記録に残しておくというのは、金融機関にとってのリスク管理だけでなく、高齢者本人の保護にとっても重要であるといえます。

　また、認知症を疑われる高齢者に適切に対応し、外部機関との連携を実現するためにも、認知症に関する正しい知識をもつことが重要です。

　さらに、金融機関としては、金融取引を超えて高齢者の生活に関与することには限界があるため、市町村や地域包括支援センター等の適切な外部団体との連携が重要です。他方、金融機関は顧客の情報をみだりに第三者に開示してはならないとされていることから、保有する個人情報をそのような外部団体に提供してよいかどうか迷う場合も少なくないと考えられます。

3　個人情報の保護に関する法律（以下、「個人情報保護法」という）

　個人情報保護法は、情報化の急速な進展により、個人の権利利益の侵害の危険性が高まったことや、国際的な法制定の動向等を受けて、平成15年5月に公布され、平成17年4月から全面施行されました。その後、情報通信技術の発展や事業活動のグローバル化等の急速な環境変化により、個人情報保護法が制定された当時は想定されなかったパーソナルデータの利活用が可能となったことをふまえ、「定義の明確化」「個人情報の適正な活用・流通の確保」「グローバル化への対応」等を目的として、平成27年9月に改正個人情報保護法が公布され、平成29年5月30日に全面施行されました。

　「個人情報」とは、「生存する個人に関する情報であって、その情報に含まれる氏名、生年月日その他の記述等により当該情報が誰の情報であるかを識

別することができるもの（他の情報と容易に照合することができ、それにより個人が誰であるかを識別することができることとなるものを含む）」をいいます。個人情報を取り扱うときは、利用目的をできる限り具体的かつ明確にする必要があり、事前に決めた利用目的以外に個人情報を利用することはできません。

　また、あらかじめ本人の同意を得ないで、他の事業者などの第三者に個人データを提供してはいけません。ただし、次に掲げる一定の条件に合致する場合は、本人の同意を得ずに第三者に提供することができます。

① 法令に基づく場合（例：捜査に必要な取調べや捜査関係事項照会への対応など）
② 人の生命、身体又は財産の保護に必要で、本人の同意を得ることが困難である場合（例：急病や災害、事故の場合など）
③ 公衆衛生・児童の健全育成に特に必要で、本人の同意を得ることが困難である場合（例：疫学調査、児童虐待防止の情報提供など）
④ 国の機関等に協力する必要があり、本人の同意を得ることにより当該事務の遂行に支障を及ぼすおそれがある場合（例：税務調査、統計調査に協力する場合）

　以上の個人情報保護法を前提にすると、「法令に基づく場合」として、刑事訴訟法や「高齢者虐待の防止、高齢者の養護者に対する支援等に関する法律」7条に基づく通報義務などが考えられます。しかし、それ以外としては、「人の生命、身体又は財産の保護に必要で、本人の同意を得ることが困難である場合」に該当するようなケースがあるかどうかです。高齢者が認知症であるということは、個人情報の機微情報に該当するために、その取得、利用、第三者提供などに制限がかかります。したがって、連携する市町村等と事前に十分協議し、どのようなケースにおいて連絡し合うのかを明確にしておくことが大切です。

4 契約書への自署・捺印

　高齢者との取引においては、その取引をすることにつき直接面談してその意思を確認するとともに、書類には高齢者本人の自署・捺印を求めるべきです。後日に紛争が起こったときに、高齢者本人の意思で行ったという証拠となるからです。

　また、抵当権等の設定登記をするときには、必要に応じて、司法書士等から意思能力や担保提供の意思の確認をしてもらうことも重要です。ただし、司法書士の意思確認があるからといって、100％確実であるとはいえないので、まずは、金融機関の行員が確実に意思確認を行うことが大切です。

5 推定相続人の同意

　高齢者との取引において、後日問題となる可能性が高いものの1つが、相続人からのクレームです。高齢者自身が自由な意思で判断して取引した場合であっても、相続開始後にその相続人が当該取引にクレームをつけることがままあります。そこで、このような事態を回避するためには、取引の開始にあたって、推定相続人全員の同意書を徴求することが考えられます。また、同様な趣旨から、推定相続人に連帯保証人になってもらうことも将来の紛争リスク回避に有効であるといえます。

　ただし、この場合においても、金融機関は取引相手との間で守秘義務を負っていますし、個人情報保護法との関連で本人に無断で連絡をすることはできないことに留意しなければなりません。

6 同居家族との面談、確認等

　同居の家族がいる場合には、これらの者とも面談して、高齢者本人の健康状態について確認し、将来のトラブルにつきリスクをできるだけ回避したい場面は少なからずあるでしょう。しかし、この場合においても、金融機関は取引相手との間で守秘義務を負っていますし、個人情報保護法との関連で本人に無断で連絡をすることはできないことに留意しなければなりません。

7 資金使途による便宜的対応等

預金の払戻理由が病院や医院への支払である場合には、病院等からの請求書の写しを徴求したうえ、当該病院等へ直接振り込むなどの対応をとることも考えられます。また、日常の生活費に充てるための配偶者からの請求に対しては、民法761条の日常家事債務に関する代理権の規定を根拠に払戻しに応じることも考えられます。ただし、これらの対応はあくまで便宜的なものであり、慎重に対応することが求められます。

【関連法規】

・個人情報の保護に関する法律（個人情報保護法）

ワンポイントアドバイス

本人との面談記録は、細かい点も確実に記録に残しておくことが肝要です。

Q3 主治医に対する高齢者の意思能力の有無についての照会

高齢者を債務者とする融資を予定していますが、面談した限りでは十分な意思能力の有無について確信がもてないでいます。本人、家族ともに「正常だ」と主張しているため、主治医に確かめてみようと思いますが、どのような点に留意すべきですか。

結論 医師は業務上知りえた患者の秘密事項について守秘義務を負っており、回答を得ることはかなりハードルが高いと考えられます。また、金融機関は個人情報取扱事業者として偽りその他不正な手段による個人情報の取得が禁じられているため、主治医への照会に際しては高齢者本人の同意を得ることが不可欠であり、たとえ同意が得られたとしても、回答が得られない事態も想定されます。

------------- ● 解 説 ● -------------

1 契約が無効とされた場合の影響

民法3条の2では「法律行為の当事者が意思表示をした時に意思能力を有しなかったときは、その法律行為は、無効とする」としています。そのため本問で予定している融資契約について、契約時に債務者である高齢者の意思能力が十分でない場合は、後日同契約が無効とされる可能性があります。高齢者との取引では意思能力についての問題を避けて通ることができない場合が多く、特に融資、保証、担保権設定等の与信取引では、それらが後日無効とされた場合に金融機関に及ぼす影響が小さくないため、慎重な対応を必要とします。

すなわち、預金取引について預金者の意思能力を原因として無効とされた場合、預入れを受けた資金は返却すればよく、払戻しに応じた場合は当該払戻金額について預金残高を元に復することで金融機関に生じる負担と、預金

者が払戻しによって得た不当利得（法律上の原因なく得た利益。民法703条）に係る返還請求権との相殺を抗弁することができ、いずれの場合も金融機関に損害が生じることはまず考えられません。しかしながら、与信取引については契約の無効によって生じるさまざまな問題により、債権者である金融機関が損害を被る可能性があります。

　そのため、債務者となる予定者の意思能力について疑問を感じ、かつそれが本人や家族の見解と相違する場合は、主治医に確かめたいとの気持ちが働くのは自然なことです。

2　医師の守秘義務

　しかしながら、医師は業務上、知りえた人の秘密について守秘義務を負っており、正当な事由なしに秘密を漏らした場合の罰則が定められています（6月以下の懲役または10万円以下の罰金。刑法134条1項）。そのため金融機関から行われる患者の意思能力についての照会に対して回答してもらうことは期待できず、回答を得るためには最低限、患者本人の同意を必要とします。

3　個人情報保護法の義務

　また、個人情報取扱事業者である金融機関は、個人情報を取り扱うにあたって利用目的をできる限り特定し（個人情報保護法15条）、あらかじめ本人の同意を得ないで利用目的の達成に必要な範囲を超えて個人情報を取り扱ってはならず（同法16条）、偽りその他不正の手段によって個人情報を取得してはならない（同法17条）とされていることからしても、高齢者本人の同意を得たうえで照会することが必要です。

　また、平成29年2月28日付「金融分野における個人情報保護に関するガイドライン」（平成29年個人情報保護委員会・金融庁告示第1号）では、5条1項に定める機微情報に「身体障害、知的障害、精神障害等」（個人情報保護法施行令2条1号）があり、そうしたことに関する情報については、原則として取得、利用または第三者提供が禁じられています。本問で融資を予定する高

齢者に係る情報がこれに該当するとは思えませんが、表れた症状によってこれらの機微情報への該当が懸念される場合は、それ以上の情報取得は行えず、かつそうした懸念自体が融資判断にあたっても重大なポイントとなるでしょう。

4　医師の回答についての判断

　首尾よく本人の同意を得たうえで主治医に照会したとしても、必ず回答してもらえる保証はありませんが、本人が主張するように意思能力が正常であれば主治医からその旨の回答を得られる可能性が高く、その場合は融資契約締結を可とする有力な判断材料となるでしょう。しかしながら、主治医から回答が得られない場合は、意思能力についてなんらかの懸念があるものと解釈すべきです。

【関連法規】

・民法3条の2、703条

・刑法134条1項

・個人情報の保護に関する法律（個人情報保護法）15〜17条

・金融分野における個人情報保護に関するガイドライン5条1項

ワンポイントアドバイス

　高齢者本人の同意を得たことについて後日の紛争を避けるため、文書による同意を得ておくべきでしょう。

高齢者の家族に付き添ってもらうことの留意点

　高齢者と取引する際に、その家族に付き添ってもらうことのメリットとデメリットにはどのようなものがありますか。

結論　高齢者と取引する際、家族に付き添ってもらうと、家族を通して高齢者に理解してもらうこともできますし、家族は、後日になって、担当者から説明を受けたことの証人にもなります。さらに、当該高齢者の健康状態や意思能力があるかどうかについても聴取することができるというメリットがあります。

　しかし、高齢者が主体的に話をしている状態であれば問題は少ないと思われますが、家族が主体的に話をするような場合には、本人の意思が尊重されていない可能性があり、特に高齢者本人が少しずつ弱ってきている場合は、注意しなければなりません。

------------------------●　解　説　●------------------------

1　家族に付き添ってもらうことのメリット

　高齢者を相手方として取引をする際には、一般的に意思判断能力の程度の確認を慎重にすべきであり、また、取引にあたっては、取引内容等について、本人に対してだけでなく、家族等に対しても十分に説明し、その理解を得てから開始することが望ましいといえます（ただし、守秘義務や個人情報保護法との関連で、付き添ってもらう場合には、本人の了解を取り付ける必要があります）。その理由は次のような点にあるといわれています。

① 　複雑な内容の場合には、特に十分に説明し、理解を得ておく必要があります。そのためには、本人だけでなく、家族などにも同席してもらうことが望ましいといえます。これは、本人に十分に理解してもらううえでも、また、家族等に助力を求めるうえでも有益です。

② また、後日になって、担当者から十分な説明を受けていなかったとか、一定の事実等につき言ったとか言わなかったとか、あるいは、取引を強制されたなどと言われないためにも必要です。これは、金融商品等の販売時には本人に記憶力や理解力の低下は特段うかがわれないケースにおいて、後日、家族からの苦情が申し立てられることが少なくないからです。

③ さらに、当該高齢者の健康状態や意思能力があるかどうかについても、家族の意見を聴取しておくことは重要であるだけでなく、家族の意見を聴取しておけば、その点についての後日のクレームもある程度予防できるものと思われます。

2 家族に付き添ってもらうことのデメリット

高齢者が主体的に話をしている状態であれば問題が起こることは少ないといえますが、家族が主体的に話をするような場合には、本人の意思が尊重されていない可能性があり、特に高齢者本人が少しずつ弱ってきている場合は、注意しなければなりません。たとえば、家族が本人の意思を無視して取引を進めるようなことがあれば、本人の意思がなかったと判断されることにもなりかねませんから、高齢者本人の意思を確かめながら慎重に対応しなければなりません。

また、近時、高齢者の家族や近親者が2派以上に分かれ、それぞれが他派の家族・近親者が関与する高齢者本人の払戻しを拒絶することを金融機関に要請するケースが増加しているようです。そのような場合、高齢者自身の意思が明確でなく、付き添う家族・近親者により言うことが変化するようであれば、金融機関としては、高齢者本人の払戻請求といえども、その払戻しを拒絶せざるをえないことも考えられます。

3 個人情報保護法との関連

前述した個人情報保護法の規制は、高齢者の情報を提供する相手方が家族や親族の場合でも適用があることに注意しなければなりません。前述したよ

うに、高齢者が認知症であるということは、個人情報の機微情報に該当するために、その取得、利用、第三者提供などに制限がかかります。したがって、当該金融機関の本部とも事前に十分協議のうえ、どのようなケースにおいて家族等に情報を開示するのか明確にしておくことが肝要です。

　たとえば、当該高齢者が認知症を患っていることを、当該家族等が知っている場合には認知症であることを前提に話をしてもいいでしょうが、知らない場合には、金融機関側からその情報を提供するのは慎むべきと考えられます。家族等であるからといって、情報提供することには慎重でなければなりません。

【関連法規】

・個人情報の保護に関する法律（個人情報保護法）

ワンポイントアドバイス

　面倒でも、同居の家族と話すことにより、高齢者の情報を得ておくことが肝要です。ただし、預金者の家族・親族が２派以上に分かれている場合は、慎重に対応しなければなりません。

預 金 業 務

1 本人との取引

Q5 伝票の代筆依頼

高齢の預金者から、普通預金口座への10万円の入金依頼を受け、入金伝票の作成を依頼したところ、手が震えて字が書けないとの申出を受けました。この顧客には同行者がいましたが、銀行員に代筆してほしい旨の依頼がありました。今回の依頼内容は簡単な入金取引のため、入金伝票はテラーが代筆しても問題なく、顧客サービスの観点からも依頼に応じるべきではないですか。

結論 あらかじめ定められた社内規則等に基づき、①依頼人の意思表示の内容を記録として残す、②複数の銀行員が確認したうえで、その確認をしたという事実を記録として残す等をしたうえで、銀行員が代筆に応じることができます。

------------● 解 説 ●------------

1 自筆困難者対応の基本的な考え方

普通預金の入出金取引は、不特定多数の顧客を相手とする典型的な定型取引のため、個々の取引内容を証する唯一の手段が取引時に作成された「入金伝票」や「払戻請求書」となります。このため、これらの伝票額は顧客自身に作成してもらうのが原則です。他人が作成（代筆）したもの、特に取引の相手方である銀行の職員が代筆したものは、後日その取引内容について紛議が生じた際の銀行側の立証手段としては問題があります。「入金伝票だから」との安易な判断で代筆に応じることは問題があり、真の顧客サービスとはならないことを理解しましょう。

しかし、入金伝票に自筆できないことだけで、取引に応じないというのは

適切ではありません。金融機関は「障害を理由とする差別の解消の推進に関する法律」のもと、身体機能等の障害を理由に事務手続を単独で行うことができない者に対しても、そうではない者と同等のサービスを提供するよう配慮する必要があるからです。

　そこで、金融機関では、金融庁・監督指針に基づき、社内規則等を制定して、自筆困難者に対する預金の入出金取引について、必要書類への代筆を、同行者または銀行員に行わせることができるものとし、これにより対応するのが適当と考えられます。

2　預金取引の代筆ルール

　金融庁・監督指針に基づき作成された社内規則等では、次の事項を定めるべきものとされています。

(1)　自筆困難者が、預金取引に関して意思表示した内容を次に掲げる者に代筆を依頼した場合、依頼を受けた者による代筆が可能であること

①　自筆困難者と同行した者

・自筆困難者が来行せず、当該者からの依頼を受けたとする者のみが銀行に訪れた場合、自筆困難者本人に対して、当該来行者への代理権授与の意思や取引意思を確認する。

・自筆困難者が単独で銀行に訪れた場合は、同行者との再度来行を求めるのではなく、銀行の職員が代筆する。

・自筆困難者が、たとえばヘルパー等の同行者に、代筆を依頼する意思がない場合、当該同行者へ代筆を依頼するよう求めるのではなく、銀行の職員が代筆する。

②　銀行の職員

代筆者のほか、複数の職員で確認する。

(2)　代筆の際の手続として、少なくとも以下のことを定めていること

①　自筆困難者の意思表示の内容を記録として残すこと。

②　親族や同行者が代筆した場合は、銀行の職員が複数で代筆内容を確認

し、確認した事実を記録として残すこと。

③　銀行の職員が代筆した場合は、複数の職員が確認したうえで、その確認をしたという事実を記録として残すこと。

3　事例の具体的対応

　まず、だれが代筆するかについては、同行者または銀行員が考えられます。本人が同行者に代筆を依頼する意思がないときは、銀行員が代筆することとし、預金者の意向に配慮する必要があります。この場合において、テラー単独で行わず、複数の銀行員が確認したうえで代筆を行い、このような取扱いをした経緯を記録に残しておくことが重要です。

　ここでは、銀行員は、あくまでも預金者の意思表示の内容に限って代筆を行うものですので、預金者との間に、民法上の代理のような関係は成立しません。

【関連法規】

・障害を理由とする差別の解消の推進に関する法律（障害者差別解消法）8条

・金融庁「金融庁所管事業分野における障害を理由とする差別の解消の推進に関する対応指針」（平成27年10月30日）

・金融庁「主要行等向けの総合的な監督指針Ⅲ－6－4－2(2)①イ」

・金融庁「中小・地域金融機関向けの総合的な監督指針Ⅱ－8－2(2)①イ」

ワンポイントアドバイス

　銀行員が代筆に応じた場合の記録は、預金者との間でトラブルが発生した場合も視野に入れ、できるだけ詳細なものにするのが望ましいと考えられます。

Q 6 払戻金額相違の申出

　高齢の預金者から、10日前に払戻しを受けたのは200万円ではなく100万円だったはずとの照会を受けましたが、どう対応したらよいですか。

結論　100万円の払戻金額相違は重大な照会であり、回答する側は単なる「思い込み」で軽率に回答してはいけません。納得できるまで銀行内で事実調査を行い、銀行の処理内容に誤りがないとの確信を得たうえで、申出人に対しては極力詳しく、かつ理解しやすい言葉で丁寧に説明します。これを怠って回答しますと、銀行の処理が正しいものであったとしても申出人の理解を得られず、両者の間に不信感と深い溝が残ることになります。

---------------------●　解　説　●--------------------

1　思い込みでの対応はしない

　営業店窓口での現金の受渡しは、預金の預入れ、払戻し等を含むすべての取引が、現金の受渡し時点での金額確認によって成立したものとされ、俗に「現金その場限り」といわれています。個々の取引に使われた現金は特徴がなく、金額相違等についての立証が困難であり、後日に取引内容の訂正や取消等ができないのが原則となっています。

　また、銀行では毎日のすべての取引の終了後に、当日の勘定尻が合致していることを確認していますので、本問の金額相違の照会に対しても「現金その場限りである」とか、「当日の勘定は合っている」との理由で、「銀行の処理は正しい」と回答することが考えられます。しかし、それではたとえ銀行の処理が正しいものであったとしても、とうてい顧客の納得を得ることは期待できません。払戻金額の相違額100万円は決して無視できるものではなく、申し出るにはそれなりの事情があるはずですから、まずは冷静に顧客の

申出に至る事情を聞くことから始めるべきでしょう。この種の申出で特に預金者が高齢者の場合は、預金者側の思い違いによることが多いのも事実ですが、最初からそうと決めつけて対応すべきではありません。

2　顧客への事情聴取

　顧客側の事情を伺う際のポイントは個々の事案によって異なりますが、おおむね以下の内容となります。

①　10日前の払戻しを今日になって照会するわけは何か。

②　銀行から払戻しを受けた現金は、その間どうしていたのか。

③　払戻時には1人で来店したか、同伴者はいたか。

④　払戻請求書は自筆で作成したか、万一だれかの代筆である場合は、そのようにした事情は何か。

　上記のうち、特に④については、取引の残された証拠となるもので、最も重要なポイントとなります。

3　銀行側の事実調査

　顧客側の事情を詳しく尋ねたら、次に銀行側の事実調査を行う必要があります。事実調査のポイントは次の点が中心となります。

①　当日の現金勘定は合致しているか。過剰払戻し等の別の原因で100万円の勘定相違が発生している可能性はないか。

②　預金の払戻手続は窓口のテラーが単独で行ったものか。多額の払戻しの場合は別のルールに沿って行ったものではないか。その処理過程で何か問題は発生していないか。

③　本件の預金者は1人で来店したか。あるいはだれかと一緒であったか。

④　払戻請求書はだれの筆跡によるものか。本人ではなくだれかの代筆による場合は、どのような事情によるものなのか。

⑤　預金者の意思判断能力に懸念はないか。過去に同種の申出や照会を受けたことはなかったか。

⑥　払戻時のようすをビデオカメラで映したものは残っていないか。残っている場合は、現金の受渡し場面から、払戻金額を特定することができないか。

4　調査結果に基づく説明

　前述のような項目について詳しい調査を行い、銀行の処理に誤りがないと自信をもって結論づけることができれば、調査内容と結果について顧客に説明します。その際にはできるだけ理解しやすいよう、銀行内での専門用語の使用を避け、「詳しく調査したうえでの結論である」ことを丁寧に説明すべきです。高齢者の1つの特徴として、同内容の主張を繰り返したり、同内容の説明を繰り返し求められることがありますが、辛抱強く説明すべきです。

　それでも顧客の納得が得られない場合や、いったん納得されたけれども後日、不満が再燃するような場合には、可能な限り預金者の家族等に同席してもらい、銀行の調査結果について理解を得るよう努めるべきです。これらの手続を省略したり、不十分なまま終わらせると、顧客側は「銀行の払戻担当者が横領した」と思い込み、後日、直接に担当者へ種々の接触や要求をしてくることが想定され、不愉快で気まずい思いをしなければならないことがあります。

　また、過去に何度も同様の申出や照会を受けているような場合には、顧客の意思判断能力に衰えが生じている可能性がありますので、家族等と連絡をとり、善後策を協議する必要があります。

5　取引伝票自筆の重要性

　銀行側が行う事実調査で最も重要な点は、払戻請求書がだれによって作成されたのかです。普通預金・定期預金等の払戻しは店頭で最も多く取り扱わ

れる取引であり、不特定多数の顧客を相手とするため、個々の取引について際立った特徴がなく、後日、取引の場面を思い出すことは困難です。このため、取引の証拠としてほとんど唯一のものが払戻請求書となり、本問の場合もそれが申出人によって作成されたものであれば、納得を得ることができる最大の材料となる一方、万一、それがだれかの代筆によるもので、特に行員の代筆による場合等は、新たな問題点として、その適正さの解明に苦労することとなります。この点からしても、入出金取引の伝票は預金者自身に作成してもらうことの重要性が理解できます。ただし、身体の障害等により伝票の自筆が困難な事情のあるお客さまについては、障害者差別解消法の施行と「金融庁所管事業分野における障害を理由とする差別の解消の推進に関する対応指針」（金融庁）をふまえ、銀行内で定めたルール（多くの銀行では「代筆・代読規定」を定めている）に沿った適切な対応が必要です。

【関連法規】

・障害を理由とする差別の解消の推進に関する法律（障害者差別解消法）

・金融庁「金融庁所管事業分野における障害を理由とする差別の解消の推進に関する対応指針」（平成27年10月30日）

ワンポイントアドバイス

　払戻金額相違のような、重要な意味をもつ照会に対しては、思い込みで回答することなく、顧客からの事情聴取と、銀行側の詳しい事実調査をふまえて結論を出すことが必要です。

Q7　全額払戻しと入金の繰り返し

　高齢の預金者が、残高のほぼ全額を払い戻し、数日後に入金する行為を繰り返しています。預金者の意図は不明ですが、高齢者が多額の現金を持ち歩くのは危険です。どう対応すればいいですか。

結論　預金の全額払戻しと入金を繰り返すのはとうてい正常な行為とはいえません。そのような行動をとるにはなんらかの理由があるはずで、それが誤解に基づくものである可能性もありますので、理由を尋ねてみるべきです。また、多額の現金を高齢者が持ち運ぶのは危険であり、払戻しについて正当な理由がある場合は、銀行口座への振込等の、別の手段を勧めてみるべきです。預金者の意思判断能力についてなんらかの懸念がある場合は、親族等に連絡のうえ、預金者を説得してもらうべきでしょう。

------------● 解　説 ●------------

1　預金規定上の義務

　預金契約では、預金者から正当な手続を踏んで払戻請求がなされると、銀行はそれに応じる義務があり、それに応じないと債務不履行となります。定期預金や定期積金契約では、必ず満期日が存在しますので、満期日前の払戻請求については応じないとの選択肢もありますが（もっとも、現実には満期日前の払戻請求についても、預金者の本人確認等を厳格に行ったうえで応じることが多いようです）、普通預金のような要求払預金契約では、直ちに払戻しに応じなければなりません。

2　異常な行動の原因解明

　その点からすれば、本問では預金者の払戻請求や入金申出にそのまま応じることで、銀行が法的責任を問われることはまずありえません。しかしなが

ら、短期間のうちに預金全額の払戻しや入金を繰り返す行為は正常な預金取引とは判断できず、なぜ預金者がそのような行動をとるのかについて尋ねる必要があります。

　かつてペイオフが全面解禁された直後には、預金保険による保護対象を上回る部分の預金が金融機関の間を移動する現象がみられましたが、本問の預金者がペイオフについて漠然とした不安を抱き、それが預金払戻しの行動となっているのであれば、預金保険制度の内容を正しく理解してもらうための説明や、ディスクロージャー誌等を使って自行の経営内容の健全性について説明し、理解を求める必要があります。

　また、銀行に対してなんらかの不満があり、その抗議行動として預金の払戻し、預入れを繰り返すことが考えられます。かつて、銀行に対する抗議行動として、いわゆる「1円預金運動」が行われたことがありましたが、これは本来の預金契約にはそぐわない行為として銀行は拒絶できると解されました。本問の預金者の行動は「1円預金運動」とは内容を異にしますが、銀行に対してなんらかの不満をもたれたことが行動の原因なのであれば、それを丁寧に聞き出し、銀行として改めるべきところは改める必要があります。

　払戻請求がなんらかの実需によるものであれば、多額の現金の払戻しによらず、受取人口座への振込や、自己宛小切手の発行をお勧めすべきです。

3　意思能力の低下が原因の場合

　しかし、このような行動の原因として最も可能性が高いのは、高齢のための意思判断能力の低下と考えられます。払戻しの有効性について争いとなることも考えられますし、払戻金を途中で紛失したり、盗難にあったりした場合に、このような正常ではない取引に甘んじて応じていた金融機関の不法行為責任が問われる可能性も若干ながら想定されます。したがって、預金者の行動について意思能力の点で懸念を感じられるような場合には、家族等に連絡をとり、預金者の行為能力について照会してみるべきでしょう。その結果、意思能力に問題のある場合は、預金者の保護と取引の安全を図るため、

成年後見制度の利用を勧めるべきです。また、日常生活自立支援事業の契約内容を理解できるだけの判断能力が残されているのであれば、同事業の活用について家族に勧めてみるべきでしょう。

【関連法規】

・なし

━━━ ワンポイントアドバイス ━━━

　高齢に伴う意思判断能力の衰えの結果、本人に悪気はなくても異常な行動をとることがあり、金融機関の預金取引にそれが現れることもあります。これについての金融機関の対応はかなりむずかしい面がありますが、預金者保護を図るためには、法や制度で用意されている保護措置を検討してみるべきでしょう。

Q8 「届け金」の頻繁な依頼

　高齢の預金者から、預金を引き出して自宅に届けるようにとの依頼が頻繁にありますが、どう対応したらよいですか。

結　論　預金者が来店することなく、預金の払戻しと現金の自宅への届け依頼を受けることは業務上発生することで、それが高齢の預金者からの依頼かどうかによって取扱いを区別する必要はありません。しかし、依頼が頻繁であったり、払戻金の再度入金依頼が重なるようであれば、事情を尋ね、場合によっては取扱いの中止を検討する必要があります。また、預金者の判断能力に懸念ある場合は、家族等とも相談し、成年後見制度等の利用を勧めるべきでしょう。

　また、届け金は店頭での払戻しと異なり便宜扱いとなりますので、現金の受渡しと、払戻請求書の受入れはルールに沿った手続を確実に行うことが必要です。

- ● 　解　説　● -

1　頻繁な「届け金」依頼の問題点

　預金者が来店して預金の払戻手続を行うのではなく、あらかじめ電話連絡等で指定された内容での口座からの払戻しを行い、銀行の営業担当者が預金者を訪問して払戻金の受渡しを行うという、いわゆる「届け金制度」が取り扱われることがあります。この制度は店頭でテラーが直接預金者に払戻金を渡す手続と異なり、その間に営業担当者が介在するため、横領等の不祥事の手口に利用されることがあり、各金融機関では取扱いを絞る傾向にありますが、中小企業や個人事業者で、業務上現金を必要とする機会が多い預金者については、よく利用されています。

　ところで、本問では高齢の預金者から頻繁に「届け金」の依頼を受けてい

ますが、それが実需に基づく預金の払戻しであればまだしも、特段の理由なしの依頼である場合は、申出どおりの処理を続けることには問題があります。特に、頻繁な「届け金」依頼の原因が、高齢のための預金者の判断能力の衰えが原因の場合は、本人ともよく話し合ったうえ、家族等にも連絡して対応を協議する必要があります。

2 高齢の預金者の保護

預金者が後見開始の審判を受けるほどまでに判断能力が衰えている場合は、預金者のみを相手に多額の預金払戻手続を行うことは、払戻手続の有効性の点で問題があるとともに、払戻しを受けた現金について盗難、紛失等の危険が伴います。このような場合には、家族・親族等の預金者の身近な者に連絡をとり、保護を必要とする状態であれば成年後見制度の利用を勧めるべきです。

また、「地域包括支援センター」「日常生活自立支援事業」「権利擁護支援の地域連携ネットワーク」など、地域社会において構築されている高齢者支援の仕組み等が利用できる場合は、日常生活に必要とする預金の払戻手続や、預金通帳・証書や印鑑の預りサービスを受けるため、これらの利用も考えられるところです。

3 「届け金」による払戻しの注意点

「届け金」による払戻しは、店頭に通帳・印鑑を持参して預金の払戻しを行うケースとは異なり、現金と引き換えに払戻請求書を受け入れることで手続が完了する一種の「便宜扱い」となるため、現金の受渡しや払戻請求書の受入れは確実に行う必要があり、払戻請求書は預金者の自筆で作成し、届出印の押印を求める等の注意が必要です。これらの手続は、万一、払戻しの効力や金額等について後日紛争が生じた際に、銀行側の立証手段として重要な意味をもちますので、確実に行わねばなりません。

【関連法規】

・なし

━━━ ワンポイントアドバイス ━━━

　預金者の判断能力等について他人に照会する場合は、同居の家族への照会が最も適していますが、独居の場合は隣人や民生委員の方に照会せざるをえないことがあります。その際には、ある程度、照会すべき理由を説明する必要がありますが、預金者との取引内容等の守秘義務に抵触する情報は開示しないよう注意しなければなりません。

Q.9 通帳・印鑑、キャッシュカードの頻繁な紛失

高齢の預金者から、通帳・印鑑、キャッシュカードの紛失の届出が頻繁にありますが、どう対応したらよいですか。

結論 預金通帳や証書は、預金者との間の預金契約内容を示す証拠証券であり、印鑑やキャッシュカードは預金の払戻しを受ける際に不可欠のものとして、いずれも重要な意味をもっています。それらの紛失はまれに発生することがありますが、頻繁に発生するのは明らかに異常事態であり、安易に再発行手続をとるべきではありません。紛失の事情を詳しくお伺いし、説明内容に合理性がない場合は紛失物の発見に努めていただくよう依頼すべきです。また、預金者の判断能力に懸念ある場合は、家族等とも相談し、成年後見制度等の利用を勧めるべきでしょう。

また、いずれの場合にも、紛失の申出を受けた以上、「紛失届」を受け入れ、支払禁止登録を行うことが重要です。

------------------●　解　説　●------------------

1　通帳・キャッシュカード再発行の問題点

預金通帳や証書は、有価証券とは異なりそれ自体に経済的価値のあるものではありませんが、預金者と銀行との間の預金契約内容を表示する「証拠証券」としての機能を有しています。また、届出印が押印された払戻請求書とともに提出を受け、預金の払戻しを行った相手方が正当な権利者でなかったとしても、銀行側が善意・無過失であることを前提に払戻しを有効とする「免責証券」の性質をもっています。

そのため、紛失した通帳や証書を持参して預金の払戻請求を受けた場合、銀行はそれらが紛失の届出を受け、別に再発行した通帳・証書が存在することを立証して請求を拒むことになりますが、払戻請求が通帳・証書再発行か

ら何十年も経過後であったり、その間の銀行の合併や債権・債務の譲渡が生じているような事情のある場合には、銀行側で立証不可能な事態も想定されます。

また、近時、預金口座を利用した、いわゆる「振り込め詐欺」に代表される不正目的利用の犯罪が頻発していますが、高齢者がだまし取られた預金通帳やキャッシュカードがこれらの犯罪に利用される事件も発生しています。

2　通帳・キャッシュカードの頻繁な紛失への対応

このように重要な意味をもつ預金通帳・証書や、払戻手続の際に必要とされる印鑑やキャッシュカードはみだりに再発行手続等をとるべきではなく、紛失の届出を受けた際には、その事情を尋ねてみる必要があります。ことに、通帳やキャッシュカードが不正に利用され、正当な権利者でない者に払戻しを行った場合、キャッシュカードについては「偽造・盗難カード預貯金者保護法」の定めにより、通帳については全国銀行協会で定めた自主規制により、いずれも銀行に損害の補償義務が生じますので、紛失の詳しい事情や警察への届出の有無、その内容について尋ねる必要があります。

(注)　キャッシュカードや通帳が「盗難」ではなく「紛失」の場合、法や自主規制では補償の対象外と解釈されますが、現実の運用面は金融機関により差異があるようです。

また、預金通帳やキャッシュカードの再発行は、その後に種々の問題発生の可能性があるため、慎重に処理する必要があり、本問のように頻繁な紛失・再発行依頼には安易に応じるべきではありません。通帳・印鑑、キャッシュカードの紛失は通常めったに発生するものではなく、それが頻繁に生ずるのは異常事態と考えるべきものと思われます。

紛失の申出を受けた際には、その事情を詳しく尋ね、説明内容が合理性を欠く場合には安易に再発行手続は行わず、紛失物の発見に努めてもらうよう依頼すべきです。また、預金者の説明内容その他からして、判断能力に懸念が感じられる場合には、家族等に照会のうえ、成年後見制度等の、高齢者を

保護するための制度利用を勧めるべきです。

　なお、通帳やキャッシュカードの紛失申出は、その背景事情はともかくとして、申出を受けた時点で、正当な権利者以外に払戻しがされないよう防止措置を講ずべき義務が銀行に生じます。このため、紛失の申出を受ければ、「紛失届」等を書面で受け入れるとともに当該口座へは支払禁止登録を施し、事故発生を防止する必要があり、後日、通帳、キャッシュカードの発見届を受けた時点で、登録解除しなければなりません。

【関連法規】

・偽造カード等及び盗難カード等を用いて行われる不正な機械式預貯金払戻し等からの預貯金者の保護等に関する法律（偽造・盗難カード預貯金者保護法）

■ ワンポイントアドバイス ■

　通帳・印鑑、キャッシュカードのような重要品を頻繁に紛失したとの申出は、預金者の判断能力に問題がある状態といえます。申出内容を安易に受けるのではなく、預金者保護と事故防止のために、適切な措置を講ずる必要があります。

携帯電話で会話しながらのATM操作

　高齢の預金者が、携帯電話で会話しながら、おぼつかないようすで
ATMの操作をしていますが、どう対応したらよいですか。

結論 　このケースでは、「還付金詐欺」などの「振り込め詐欺」の可能性があります。銀行は、本人によるATM取引を止める権限もなく、またプライバシーの問題にも留意が必要ですが、犯罪被害防止の観点から、積極的に預金者に対する声かけを行い、「振り込め詐欺」の可能性がある旨を伝え、極力、再考を促すべきです。

----------●　解　説　●----------

1　「還付金詐欺」とは

　いわゆる「還付金詐欺」は、税務署や社会保険事務所等の職員を装って、払いすぎた税金、年金や医療費等が還付されるとだまし、ATMに誘導し、還付手続と称して結果的に被害者の預金口座から加害者の口座宛てに振込手続をさせるもので、平成19年から平成21年にかけて急増し、ATM取引に不案内な70歳以上の層（特に女性）が被害者の大半を占めています。

　「還付金詐欺」では、被害者に対し、「ATMのあるところに着いてから、携帯で電話するように」と言い、ATM操作中に携帯電話を通じて具体的操作を指示することが多いとされています。これは、加害者が、ATM画面をみつつ操作する被害者に対し、「指示どおりに操作してください」と細かく具体的に指示することが可能であるからです。ATM取引では、他の口座から入金させる操作はできず、したがって、還付金の入金操作も存在しないのですが、たとえば、加害者は、被害者から「振込画面になっているのに大丈夫か」と疑問が出ても、「こちらのモニターでもチェックしているので、この操作で大丈夫です」など言葉巧みにだまします。そして、被害者は、入金

手続をしていると思いつつ、実は振込手続をしてしまうことになります。

2 「還付金詐欺」被害が疑われる顧客に対する原則的な対応

本問は、「還付金詐欺」にあっている可能性が高いと思われますが、実際に顧客がATM操作をすれば、システム上即時に、振込が実行されますし、また、預金者本人による取引である以上、銀行は当該取引を止める権限もありません。

したがって、このような場合は、当該顧客に対し、ATM操作が終了する前に、積極的に声かけを行い、再考を求めるべきです。その際には、たとえば、還付金をATMで返還することはないこと、携帯電話でATM操作を指示して資金をだまし取る犯罪が増加していることを伝え、理解を求めるのがよいと思われます。

また、そもそも、かような事態が生じないよう、未然防止策としてATM付近で、携帯電話の利用を自粛するよう求めることも有効と思われます。この点、全国銀行協会では、平成20年7月22日付「「ATMコーナーにおける携帯電話での通話自粛」の呼びかけについて」を公表し、①ATMコーナーにおける携帯電話の通話を原則遠慮いただく、②本件について、広くお客さまの理解を得られるよう、ポスターの掲示など、積極的に周知活動を行う、③携帯電話で通話しながらATM操作をしているお客さまに対しては、犯罪被害防止の観点から、従来にも増して積極的に声かけを行うよう努める旨の申合せを公表しています（同協会ホームページ参照）。

3 「還付金詐欺」により振込をしてしまったとの申出を受けた場合の対応

ATM操作直後の申出であれば、組戻しの手続を早急にとります。しかし、いったん、振込先の口座に入金記帳されてしまうと、当該資金は振込先預金者に帰属し、組戻しには当該振込先預金者（加害者）の同意が必要となるので、現実に組戻しは困難となります。

この場合、被害者に対して、まずは振込先の預金を凍結してもらうことを

被仕向銀行に対し依頼するよう、また、警察当局に被害届を出すよう促します。これにより、被仕向銀行が、預金規定上「この預金が法令や公序良俗に反する行為に利用され、またはそのおそれがあると認められる場合」に該当すると判断すれば、預金取引停止や解約をすることになります（全銀協「預金規定・参考例」）。

　また、被害者は、資金の回収のため、当該預金者に対し、訴訟等による返還請求を行うことも可能ですが、「振り込め詐欺救済法」に定められた手続により、かような不正利用口座を失権させ、より簡便に被害者への被害回復分配金として返還を受けることができます。よって、「還付金詐欺」により振込をしてしまったとの申出を受けた銀行としては、被害者に、この手続を案内するのがよいと思われます。

【関連法規】

・犯罪利用預金口座等に係る資金による被害回復分配金の支払等に関する法律（振り込め詐欺救済法）

ワンポイントアドバイス

　還付金詐欺等の被害を防止するためには、携帯電話で通話しながらATM操作をしている高齢の預金者に対して、積極的に声かけを行うよう努めることが重要になります。

Q11 緊急で多額の振込依頼への対応

高齢の預金者から、預金口座から多額の払戻しと、その資金での振込依頼を受けました。日常の取引は生活費に充当する程度の金額の払戻しのみで、このような申出は受けたことがありません。振込手続を急いでいるようですが、このまま受けるべきですか。

結論 このケースでは、「振り込め詐欺」の可能性があります。銀行は、合理的理由がなければ、振込の受付を拒否することはできないと考えられますし、プライバシーの問題もあり、慎重な対応が必要ですが、「振り込め詐欺」に関するパンフレットを活用して、できるだけ振込の動機や事情を聞くべきです。そのうえで「振り込め詐欺」の可能性が高いと判断された場合には、家族への確認を勧めるか、警察への通報を検討すべきです。

● 解 説 ●

1 振込の法律関係

振込は、振込依頼人の依頼に基づき、振込依頼人の指定する被仕向銀行の受取人名義の預金口座へ、振込金を入金する業務です。振込依頼人と仕向銀行の間の法律関係は、振込事務の処理を内容とする委任契約と考えられ、振込依頼人が振込依頼書に必要事項（被仕向銀行名、支店名、預金種目、口座番号、受取人名、振込金額等）を記入して、振込資金および手数料を添えて提出し、仕向銀行が振込依頼書の記載内容を確認して受け付けることによって、振込の委任契約が成立します。

振込の委任契約が成立すると、仕向銀行は、善良なる管理者としての注意義務をもって、振込依頼書の記載内容に基づき、被仕向銀行に対して依頼事項のとおりに振込通知を発信する義務を負います。

2 銀行が振込依頼を拒否することの可否

　では、仕向銀行は、振込の依頼を自らの判断で拒否できるのでしょうか。この点、通常の委任契約であれば、依頼を受けた者は、自由に諾否を決定できるはずです（いわゆる契約自由の原則です）。

　しかし、銀行業務における「振込」は、現代社会における重要な決済手段の1つです。銀行は、全国銀行内国為替制度に加盟し、為替制度の運営に協力する義務を負っていますので（内国為替取扱規則第1編第1章2）、依頼人が、振込事務を処理するために必要な情報（被仕向銀行名、支店名、預金種目、口座番号、受取人名、振込金額等）、振込資金および手数料を提供する限り、原則として、振込の受付を拒否できないと考えるべきです。例外的に振込の受付を拒否できる場合としては、システム障害が発生している場合や、振込依頼人が「この日時に必ず着金するようにしてほしい」などと入金時刻の約束を申し出てきた場合、犯罪収益移転防止法に基づく取引時確認ができない場合など、振込の受付を拒否することに合理性が認められる場合に限られると考えられます。

3 振込依頼人が高齢者の場合の留意事項

　この考え方は、振込依頼人が高齢者であっても変わりはなく、銀行は、例外事由に該当しない限り、振込受付を拒否できないのが原則です。

　しかし、高齢の預金者が緊急で多額の振込をしたいというのは、異例な事態です。通常、このような場合は、身内であると偽って「会社のカネを使い込んだ」「サラ金で借金して返済を迫られている」などと言葉巧みに資金を振り込ませる、いわゆる「振り込め詐欺」の可能性があります。全国銀行協会でも、「振り込め詐欺等撲滅強化推進期間」を定め、被害者の多くが高齢者であるという実態をふまえ、高齢者の方に、犯罪の手口や防止策、振り込め詐欺救済法の仕組みなどをわかりやすく伝える活動を展開しています。

　問題は「振り込め詐欺」かどうかを確認するためには、振込の動機や事情、すなわち、「どのような理由で振込をするのか」「なぜ、振込を急ぐの

か」などを、振込依頼人から、詳しく聴取しなくてはいけないということです。

　前記のとおり、銀行は、合理的理由がなければ、振込の受付を拒否することはできないと考えられること、また、プライバシーの問題もあることから、振込の動機や事情を聞くことに、ためらいを覚えると思います。

　しかし、「振り込め詐欺」の被害防止は、社会的な要請ですから、それらのためらいを理由に、振込の動機や事情の問いかけを行わず、「振り込め詐欺」の被害が発生した場合、かえって、社会的非難を受けることになりかねません。したがって、不審を覚えた場合には、積極的に振込の動機や事情を質問するべきです。その際は、全国銀行協会が作成した「振り込め詐欺」や「振り込め詐欺救済法」に関するパンフレットを渡すなどして、質問することがよいでしょう。

　また、振り込め詐欺の特徴の1つに「受取人の口座が他の金融機関で、口座名義が振込依頼人とは別姓の個人口座」があります。振込の動機や事情を聴取した結果、振り込め詐欺の可能性が高いと判断された場合や、振込依頼人が事情聴取に応じず、受取人口座に前述の特徴がある場合には、パンフレットの内容を詳しくご説明するとともに、家族への確認や相談を勧めるべきです。

　そのうえで振込依頼人が振込を強く申し出てきた場合、前記のとおり、銀行は振込受付を拒否できないと考えられますので、最終的には振込を受け付けるとの選択肢もありえます。

　しかしながら、説得を聞き入れない者が明らかに被害者と認められる場合などには、最寄りの警察署の設置する「振り込め詐欺被害対策ホットライン」へ通報し、警察官に説得してもらうのが有効です。

【関連法規】
・犯罪利用預金口座等に係る資金による被害回復分配金の支払等に関する法律（振り込め詐欺救済法）

　金融機関は、預金者が振り込め詐欺の被害にあうことを防止するための最後のゲートキーパーであるとの高い認識をもって業務にあたりましょう。

Q12 緊急で多額の払戻依頼への対応

　高齢の預金者から、預金口座から多額の現金による払戻依頼を受けました。日常の取引は生活費に充当する程度の金額の払戻しのみで、このような申出はこれまで受けたことがありません。払戻手続をかなり急いでいるようですが、このまま受けるべきですか。

結論　このケースでは、「現金手渡し詐欺」の可能性があります。銀行は、合理的理由がなければ、預金払戻請求を拒否することはできないと考えられますが、高齢者を対象とする詐欺事件の手口が「振り込め詐欺」から「現金手渡し詐欺」に変質している特徴をふまえ、「預手プラン」の活用と警察の協力を求めるべきです。

●　解　説　●

1　預金の払戻取引の性質

　預金は指名債権であり、預金規定で定める「預金通帳と届出印鑑が押捺された払戻請求書の提示」を受けた場合、払戻請求者が預金者本人でなく、かつ預金者からの委任等を受けていない無権代理人であることが明らかな場合を除き、銀行は払戻請求に応じる義務があります。そして合理的理由なしに払戻請求を拒絶すると、債務不履行責任を負うこととなります。

2　「振り込め詐欺」から「現金手渡し詐欺」への変質

　ところで、主として高齢者から金銭をだまし取る詐欺事件の手口が、従前は銀行の振込機能と預金口座を悪用した「振り込め詐欺」が中心であったものが、銀行による預金口座新規開設手続の厳格化や振込依頼を受けた際の依頼人に対する注意喚起等の対策が奏功し、「振り込め詐欺」が減少傾向にある一方で、被害者が詐欺犯人に直接現金を手渡す「現金手渡し詐欺」に変質

しているといわれています。そして、この手口の場合、犯罪捜査の手がかりが途切れてしまうことが懸念されます。

3 「預手プラン」の内容

　この新たな手口の詐欺事件の対策として登場したのが、いわゆる「預手プラン」です。

　「預手プラン」は地域によって手続の内容を多少異にする可能性がありますが、わが国で初めてこの制度を導入した静岡県の金融機関で実施している内容は以下のとおりです。

① 　一定年齢以上の顧客から一定額以上の多額の現金による払戻請求を受けた場合のすべてを対象とする。「振り込め詐欺」の防止については依頼内容について銀行が不審を抱いた場合のみ対象とされるが、この制度は前記の基準に合致する取引がすべて対象となる点が相違する。

② 　「警察からのアンケート依頼」として「息子・孫から携帯電話をなくしたと連絡があった」「お金を払えば捕まらないと言われた」等の数項目について「はい・いいえ」の回答を求める。

③ 　アンケートに1項目でも「はい」がある場合、もしくは回答に逡巡している場合は、直ちに銀行から最寄りの警察に連絡し、警察官の来店を求める。

④ 　アンケートに不審点がみられない場合は、現金払いにかわって「振込」による支払を勧める（→「現金手渡し詐欺」では当初から振込の手口を用意していないので、通常は振込手続には進まない）。

⑤ 　「振込」を拒否された場合は、「記名式線引自己宛小切手」の発行を勧める。これも拒否された場合は警察に連絡し、警察官の来店を求める。

⑥ 　来店した警察官による説得の結果、被害にあわないことが確認できれば請求どおりの払戻手続をとる。

4　「預手プラン」の肝となる部分

　「預手プラン」の肝となる部分は、現金にかわる「記名式線引自己宛小切手」での支払にあります。正常な実需に基づく払戻請求であれば、銀行が振出人兼支払人である自己宛小切手は現金と同視しうる信用力があるため、自己宛小切手による支払を拒絶すべき合理性は見出せません。強いて拒否理由を探せば、自己宛小切手の発行手数料負担がありますが、銀行から発行を勧めた場合は手数料を免除する運用によって解決できます。そして、詐欺犯人が自己宛小切手を入手したとしても、その資金化には「記名式小切手」の記名人であることの必要性（小切手法5条1項1号）や「線引小切手の制約」（金融機関による線引小切手の取得、支払の相手は他の金融機関または自己の取引先に限定される。同法38条）があり、首尾よく資金化を実現するのはきわめて困難とみられます。また、万一資金化されたとしても、犯罪捜査の糸口を残すこととなります。

　このように、「預手プラン」は「現金手渡し詐欺」の防止策として有効ですので、該当する取引については面倒がらずに定められた手続を踏む必要があり、それがひいてはお客さまの大切な預金を詐欺事件から防止することにつながるのです。

【関連法規】

・小切手法5条1項1号、38条

ワンポイントアドバイス

　「預手プラン」で回答を求めるアンケートは「銀行の依頼」ではなく「警察からの要請」と案内するのが、お客さまに抵抗なく応じてもらえるためのポイントです。

Q13 10年以上前の預金通帳による払戻請求

　高齢者から、10年以上前の預金通帳を提示され、払戻しの請求があり
ました。どのように対応したらよいですか。

結　論
1　預金の存在が銀行の内部記録から確認できれば、通常の解約
手続どおり、預金通帳、届出印を押印した払戻請求書の提示を
受け、払戻しに応じます。ただし、万が一、意思能力に疑問がある場合に
は、払戻しは行うべきではありません。

2　しかし、預金の存在が、銀行の内部記録からは確認できない場合は、雑
益への繰入れ、便宜払い、相殺を行った可能性があるため、それらの資料
を調べます。雑益への繰入れが確認できれば払戻手続に応じますが、払戻
し等を行っているのであれば、その旨を説明します。

------------●　解　説　●------------

　10年以上前の預金通帳でも、銀行が預金を預かっているのであれば、預金
者に対して払い戻すべきです。法律上は、時効の主張ができる余地もありま
すが、通常、銀行は預金を預かっていることが自明であるにもかかわらず、
時効を援用することはありえません。

　そこで、まずは提示された預金通帳が真正なものか、またその預金がいま
も存在しているかを確認する必要があります。

1　預金の存在が確認できる場合

　申出に係る預金の残高が銀行の関係帳簿から確認できれば、通常どおり、
預金通帳、届出印を押印した払戻請求書の提示を受け払戻手続に応じます。
また、定期預金の中途解約であれば、銀行の注意義務が加重されていると考
えられていることから、より慎重に預金者本人であることの確認をしたうえ

で、払戻しに応じることになります。

2　預金の存在が確認できない場合

　一方、申出に係る預金の残高が、銀行の関係帳簿から確認できない場合
は、雑益へ繰り入れられたか、すでに払戻し（便宜払い）、相殺を行った可
能性があるため、すみやかに、それらの資料を調べる必要があります。ま
た、平成21年１月１日以降の取引から10年以上、取引等の異動がない預金
（休眠預金）については、銀行は預金保険機構に休眠預金等移管金として納
付することとされました（民間公益活動を促進するための休眠預金等に係る資
金の活用に関する法律）。この場合、休眠預金移管金の納付をもって休眠預金
は消滅しますが、預金者はいつでも預金のあった銀行に対して休眠預金に関
する情報提供を求めることができ、また、いつでも預金保険機構に対して休
眠預金等代替金の支払を求めることができるとされています（同法７条）。
したがって、申出に係る預金が、平成31年以降に休眠預金移管金の納付に
よって消滅していないかについても、あわせて確認をする必要があります。

　雑益に繰り入れられていることが判明した場合、銀行は預金を預かってい
ることに変わりはないわけですから、上記と同様に、預金通帳、届出印鑑に
よる解約手続に応じます。

　また、便宜払い（通帳なしでの解約）や相殺、休眠預金としての移管の処
理を行っていることが判明した場合は、その根拠資料を提示して、すでにこ
れらによって預金が消滅したことを説明します。

　しかし、関係帳簿から残高が確認できないうえ、休眠預金移管金の納付が
された記録もなく、雑益繰入れ、払戻し、相殺がなされたことの確認もでき
ない場合は問題です。一般的に銀行の内部記録（システムなどにより管理され
た勘定元帳）は信用力が高いと思われますので、そこに記録がない場合に
は、実際にはなんらかの事由によって払戻しや相殺等を行っており、すでに
預金は存在しない可能性が高いと思われます。したがって、その旨を説明
し、理解を得るほかありません。それでも請求が続けば、場合によっては時

効を援用せざるをえないケースもあると思われます。

3　意思能力がない場合

　なお、高齢者に限ったことではありませんが、万が一、意思能力に疑問がある場合には、その者を相手方として払戻しは行うべきではありません。成年後見制度を利用してもらい、預金の管理処分権を有する者（後見人等）との間で手続を行います。

【関連法規】

・民法166条１項

・民間公益活動を促進するための休眠預金等に係る資金の活用に関する法律

ワンポイントアドバイス

　預金の消滅原因には払戻し、相殺や休眠預金としての移管などさまざまなものがあります。安易に時効を援用することはできないことを認識したうえで、預金の状況を確認し対応する必要があります。

Q14 盗難にあったキャッシュカードや通帳による不正出金との申出への対応

　高齢者から、盗難にあったキャッシュカードや通帳によって、不正に預金の引出しが行われたとのクレームがありました。どのように対応したらよいですか。

結論　まず、キャッシュカードや通帳の利用を停止し、引出しの状況を調査します。また、顧客から、キャッシュカードや通帳の盗難の状況を聴取するとともに、警察への被害届の提出を勧めるべきです。また、補償制度の説明も必要です。ただ、補償制度の内容は複雑であるため、顧客が高齢で、理解能力に不安がある場合には、適宜、家族等の同席を求めるべきです。

-------------●　解　説　●-------------

1　盗難されたキャッシュカードや通帳での不正引出しへの原則的な対応

　盗難されたキャッシュカードや通帳による不正な預金引出しについては、従来は、もっぱら民法478条の問題として、出金にあたっての銀行の過失の有無により、預金引出しの有効性が判断されていました。

　現在も、民法478条の適用があることに変わりはありませんが、銀行に過失がなくとも、顧客の被害を補償する方向で、法律や運用が整備されています。まず、盗難されたキャッシュカードによる不正な預金引出しについては、銀行は、偽造・盗難カード預貯金者保護法により、顧客の過失の程度に応じて、引き出された金額を補てんする義務を負います。また、盗難された通帳による不正な預金引出しについては、偽造・盗難カード預貯金者保護法の適用はありませんが、平成20年2月19日、全国銀行協会は、銀行が無過失の場合でも、顧客に責任がない限り、積極的に補償を行う旨の申合せを行いました。各銀行は、この申合せを受けて、各行独自の補償基準を定め、それ

［盗難カード・通帳による不正な預金引出しへの対応］

	盗難キャッシュカード	盗難通帳
根拠規定等	偽造・盗難カード預貯金者保護法	銀行の自主的な取組み （全銀協申合せ）
補償の対象	個人のお客さま	
補償するための要件	金融機関へのキャッシュカードや通帳の盗難のすみやかな通知	
	金融機関へのキャッシュカードや通帳の盗難の状況の十分な説明	
	警察へのキャッシュカードや通帳の盗難についての被害届の提出	
補償基準	【預金者無過失→全額補償】	
	【預金者過失あり→75％補償】	
	（過失の事例）	
	暗証番号を容易に第三者が知ることができるようなかたちでメモなどに書き記し、かつキャッシュカードとともに携行・保管していた場合	通帳を他人の目につきやすい場所に放置するなど、第三者に容易に奪われる状態に置いた場合
	キャッシュカード管理と暗証番号管理の双方に過失があり、これらが相まって被害が発生したと認められる場合	届出印の印影が押印された払戻請求書、諸届を通帳とともに保管していた場合
		印章を通帳とともに保管していた場合
	【預金者重過失→補償せず】	
	（重過失の事例）	
	他人に暗証番号を知らせた場合	他人に通帳を渡した場合
	暗証番号をキャッシュカード上に書き記していた場合	他人に記入、押印ずみの払戻請求書、諸届を渡した場合
	キャッシュカードを渡した場合	（ただし、上記2つは、病気の方が介護ヘルパーなどに渡した場合など、やむをえない事情がある場合は除きます）
	その他お客さまに上記と同程度の著しい注意義務違反があると認められる場合	その他お客さまに上記と同程度の著しい注意義務違反があると認められる場合
補償の例外	（以下の場合は補償を行わない）	
	金融機関への通知が不正引出しの30日後までに行われなかった場合 （→通知から30日以内の不正引出しは補償の対象となる）	
	親族等による払戻しの場合	
	金融機関に対して虚偽の説明を行った場合	
	キャッシュカードや通帳の盗取が戦争・暴動等の社会秩序の混乱に乗じて行われた場合	

に従って補償を検討することになります。

　盗難されたキャッシュカードや通帳による不正な預金引出しに関する対応は前ページの表のとおりで、基本的に同様の対応となっています（金融法務事情1831号25頁以降から作成）。

2　盗難されたキャッシュカードや通帳での不正な預金引出しがあったとのクレームがあった場合の対応

　このようなクレームがあった場合、まずは、被害拡大を防止するため、直ちに、キャッシュカードや通帳の利用を停止するべきです。そのうえで、銀行内部の資料（ビデオテープ、ATMジャーナル、預金払戻請求書、払戻担当者からの聴取等）により、引出しの事情を調査します。

　また、盗難されたキャッシュカードや通帳での不正な預金引出しについては、前記のとおり、被害を補償する制度がありますから、そのための対応が必要になります。具体的には、顧客から、キャッシュカードや通帳が盗難された状況などを聴取するとともに、顧客に警察への被害届の提出を勧めるべきです。また、補償の考え方（補償するための要件、顧客の過失に応じた補償の考え方、どのような場合が顧客の過失に当たるのか、その他補償の例外事由など）を、顧客に説明する必要があります。

3　高齢者の場合の留意事項

　顧客が高齢の場合でも、対応は、基本的に変わりはありません。

　ただ、被害にあわれた顧客は、落ち着いて判断や回答ができない状況にあることが多いと思われます。そして、上記のとおり、被害補償制度は、仕組みが複雑なため、すぐに理解できるとは限りません。丁寧な応対および説明が必要であることはいうまでもありませんが、顧客が高齢で、理解能力に不安があると考えられる場合には、適宜、家族等の同席を求めるべきです。また、家族等の同席のないままに補償に関する交渉を進めることは、差し控えたほうがよいでしょう。

【関連法規】

・民法478条

・偽造カード等及び盗難カード等を用いて行われる不正な機械式預貯金払戻し等からの預貯金者の保護等に関する法律（偽造・盗難カード預貯金者保護法、平成18年２月10日施行）

・全国銀行協会「預金等の不正な払戻しへの対応について」（平成20年２月19日）

ワンポイントアドバイス

　偽造・盗難カード預貯金者保護法等は預金者保護のために定められたものであり、顧客の過失等の補償の例外事由の立証責任は原則として金融機関側に課せられています。このことをふまえ、補償の要件については丁寧に聴取して対応する必要があります。

Q15 詐取されたキャッシュカードや通帳による不正出金との申出への対応

高齢者から、警察官を名乗る男に、巧みな話術でキャッシュカードを窃取・詐取され、預金が払い出された、との申出を受けた際、どう対応すべきですか。

結論 高齢者が加害者へキャッシュカードを渡してしまったことを重過失ととらえられない事情を丁寧に聞く必要があります。渡した意思がなく封筒を使ったすり替えなど、高齢者をねらった犯罪テクニックでだまし取られる場合、詐欺罪ではなく窃盗罪として窃取されたととらえることが自然です。把握されやすい暗証番号の変更については、当該金融機関等が顧客に対して継続的な注意喚起を行っているかなど、「善意でかつ過失がない」立場を確認しておく必要があります。高齢者への具体的な周知やATM画面での告知などの具体的継続的な注意喚起、被害額の低減を企図した高齢者の払出上限引下げといった犯罪防止への取組みが不十分な場合、安易に「重過失」「過失」として無補償や補償減額の判断をすることについては慎重に対応しなければなりません。

----------●　解　説　●----------

高齢者をねらった犯罪は、年々巧妙な手口で行われてきており、「偽造・盗難キャッシュカード」犯罪に加えて、「窃取」が拡大しています。犯罪者にキャッシュカードが渡ってしまったことをもって「重過失」と認定することについては、より慎重な対応をすべきです。偽造・盗難カード預貯金者保護法は、不正な機械式預貯金払戻しにあった預貯金者に対し、金融機関に補てんを求める権利を与える法律であり、基本は補償しなさいとの法律です。

ただし、金融機関が顧客側の「重過失」や「過失」を証明した場合、「補てんを行うことを要しない（無補償）」か「75％に減額補てん」するもので

すが、これには重要な前提があります。いずれも、「機械式預貯金払戻しが盗難カード等を用いて不正に行われたことについて金融機関が善意でかつ過失がないこと」が必要です。すなわち、「キャッシュカードをお預かりすることはありません」「キャッシュカードをご本人様以外がお取扱いすることはありません」「警察や公務員が取り扱うことはありません」「暗証番号は生年月日や住居番号など把握されやすい番号は危険です」など、特に高齢者に対して「直接」「間接」的に周知・告知を行っているか、機械的な取組みとして「高齢者の払出し上限額の引下げ」「脆弱な暗証番号の変更告知」などを、適切に行っていることで、「善意」「無過失」であることを担保すべきなのです。

　こうした金融機関側の取組状況には、ばらつきがあり、補償基準も各社が個別に判断基準を設定して対応していますが、自社の取組み状況と高齢者が直面した「窃取状況」を丁寧に聴取して、適切な補償を行っていく必要があります。

　なお、こうしたキャッシュカード不正払出し事件の防止については、金融機関側と高齢者側が双方で責任と義務を果たしていく必要があります。機械的なセキュリテイ強化やイノベーションは金融機関側が、キャッシュカードの自己管理や暗証番号の脆弱性改善は高齢者自身が受け持って、双方ともに努力していくことが必要です。

【関連法規】

・偽造カード等及び盗難カード等を用いて行われる不正な機械式預貯金払戻し等からの預貯金者の保護等に関する法律（偽造・盗難カード預貯金者保護法）

・刑法235条（窃盗罪）、246条（詐欺罪）

<hr>

ワンポイントアドバイス

　営業現場においては、不正払出しが口座名義人本人によるものでないか、同居家族によるものでないか、重過失・軽過失がないか等を高齢者から丁寧に聴取することが初動となりますが、金融機関側の「善意・無

過失」の前提は、本社において十分に自己評価をし、レベルチェックのうえ、経営方針として補償基準を犯罪の形態にあわせて、随時、見直していく必要があります。補償額をめぐって高齢者側との間で紛争になる場合がありますが、ADRにそぐわないものとして扱われるケースが多いのも実情です。

Q16 高額の預金名義を子供に変更したいとの申出

高齢者から、高額の定期預金を自己の名義から子供名義に変更したいとの申出を受けました。しかも、高齢者が単独で来店し、新しい名義人とされる子供は一緒に来店していません。この申出にどう対応すべきですか。

結論 名義変更の申出が正当なものかを確認し、正当な申出と思われる場合には、応じてもかまいませんが、借名預金としての利用や不当な事由があれば、謝絶すべきです。手続は、高齢者名義預金の払戻し（解約）をしたのち、その払戻金で子供（新名義人）から預入れを受ける方法が最も確実です。ただし、新たに作成する子供名義預金が定期預金であれば、子供から印鑑届の提出を受ける必要がありますし、さらに、子供との取引そのものが新規であれば、別途取引時確認手続が必要ですので、親子で一緒に来店してもらう必要があります。

-------------------● 解　説 ●-------------------

1　名義変更の理由確認

　高額の預金名義を変更したい理由が、正当なものか確認する必要があります。仮に、借名預金として子供名義預金を利用したいのであれば申出には応じるべきではなく、また、差押えの回避のためとの事情がある場合は、その事情を知ったうえで名義変更に応じた銀行職員は、強制執行による差押えの場合は強制執行妨害罪に（刑法96条の２）、国税等の滞納処分差押えの場合は滞納処分妨害罪に（国税徴収法187条）、それぞれ処せられることとなりますので、応じてはいけません。

　申出事由が正当と思われる場合には、申出に応じてかまいませんが、預金の名義変更についてシステム上対応していない金融機関もあることから、高

齢者名義預金を払い戻し（解約）、子供名義預金へ預入れする方法が最も確実です。そのほかに預金債権譲渡の方法もありますが、預金債権には譲渡禁止特約が預金規定で定められていることもあり、この方法は一般的ではありません。

2　名義変更手続

　高齢者名義の預金を払戻し（解約）して、その払戻金で、あらためて子供名義（新名義人）で、預入れしてもらう場合、預金の払戻し（解約）にあたっては、銀行は各預金規定に従って、通帳（証書）・届出印の確認を行います。特に定期預金の中途解約の場合は、注意義務が加重されていると考えられているため、申出人が預金者本人かどうかの確認は、より慎重に行う必要があります。

　そして、その払戻金を、今度は子供名義で預入れしてもらいます。この預入れにおいては、預入先の子供名義預金が、既存の普通預金であれば、高齢者が子供の代理人として入金手続を行うことも不可能ではありませんが、預入額が高額であればトラブルの原因となりますので、子供自身に預入れしてもらうのが望ましいといえます。さらに、子供名義の預金が定期預金であれば新たに子供から印鑑届を提出してもらう必要がありますし、また、その子供が従来取引のない先であれば取引時確認手続も必要になりますので、いずれにしても子供も一緒に来店してもらう必要があります。

3　後日の問題発生を防ぐ

　預金名義を子供にすることについて、高齢の預金者に借名預金とするとの積極的な意図がなかったとしても、預金の存在が子供に知られると無駄使いされることを懸念し、あえて子供には知らせないで単独での手続を希望する場合がよくみられます。そして、預金通帳等は子供に渡さずに自己で管理するのが一般的です。しかしながら、後日名義人である子供がこの預金の存在を知り、親側には子供に預金を渡したくない事情が生じた場合には、預金の

帰属をめぐって争いが生じ、銀行側も時間の経過によって預入れ時の事情が不明となると、問題解決が容易でなくなります。また、そのような紛争が生じない場合でも、高齢者について相続が開始し、被相続人の取引金融機関に対して相続税調査が行われれば、この種の預金は「名義預金」として課税対象の相続財産と認定される可能性が高いといえます。

　そのため、子供への名義変更後の預金は名実ともに子供に帰属することが双方に認識され、かつ以後の預金の管理は子供によって行われることが必要です。なお、預金額によっては贈与税が課せられることとなることをご案内しておくべきでしょう。

4　高齢者の意思能力

　なお、高齢者からの依頼にあたって、万が一、高齢者自身に意思能力がなければ払戻しには応じられませんので、注意が必要です。会話のなかで、その意思能力に疑問が生じた場合は、より慎重に判断し、場合によっては、成年後見制度の利用を促すなどの対応をすべきです。

5　預金名義人が未成年者の場合

　預金名義人が未成年者の場合は、未成年者の行為能力に留意する必要があります。

　未成年者は単独で法律行為を行うことはできず、親権者の同意または代理を必要とし（民法5条1項）、両親が婚姻中の場合は両親が共同して親権を行使する必要があります（同法818条3項）。ただし、法定代理人が目的を定めて処分を許した財産は、その目的の範囲内において未成年者が自由に処分することができ（同法5条3項）、小遣い目的の少額の預金口座等がその対象となりますが、多額の預金については対象に含めることには無理があります。

【関連法規】

・刑法96条の2

・国税徴収法187条

・民法 5 条 1 項・3 項、818条 3 項

ワンポイントアドバイス

　預金の子供への名義変更は、預金の譲渡について譲渡人と譲受人の双方の認識が一致していることと、新規の預入手続を譲受人が行うことが必要です。

Q17 暗証番号を失念したとの申出

　高齢者から、自分の預金口座のキャッシュカードの暗証番号を忘れて
しまったとの申出がありましたが、どう対応したらよいですか。

結　論　暗証番号を教えてくれとの照会を受けたとしても、原則として応
じてはならず、再度記憶を呼び起こすよう促します。

　しかし、どうしても思い出すことができないとの申出がある場合は、慎重
に本人確認を行ったうえ、キャッシュカードとサイン等による便宜支払いで
対応するか、または暗証番号の再発行（再登録）の手続を行います。具体的
には、銀行が定める手続によって対応します。

------------------------●　解　説　●------------------------

1　暗証番号の意義

　ATMにおいて、キャッシュカードを用いて、預金の払戻し、振込、定期
預金解約等の一定の取引を行う場合は、銀行が定める「キャッシュカード規
定」に基づき、キャッシュカードとともに、暗証番号の入力が必要となりま
す。暗証番号は、本人確認の重要な手段であり、法的にも、たとえ預金者以
外の者が、真正なキャッシュカードを使用し正しい暗証番号を入力して
ATMから払戻しを受けたとしても、預金規定上の免責条項に基づき、銀行
は免責されることになります。したがって、キャッシュカードの取引では、
暗証番号の一致を確認することは必須であり、逆にいえば、正しい暗証番号
の呈示がない取引には原則的に応じられません。

2　暗証番号を忘れたとの申出があった場合の対応

　申出者が、キャッシュカードを保有していたとしても、真の預金者である
保証はなく、盗難・詐欺等や家族・同居者による無断借用により、当該

キャッシュカードを保有している可能性は否定できません。したがって、銀行が、当該キャッシュカードの呈示のみにより、払戻し等に応じるのはもとより、安易に暗証番号を当該保有者に開示したうえで、ATM取引に応じたとしても、銀行は過失があるとして、預金規定上の免責条項の適用を受けることは困難と思われ、この場合、銀行は二重払いのリスクを負うことになります。この点は、申出者が、高齢者であったとしても同じです。

したがって、暗証番号を忘れたとの申出があったとしても、原則として、キャッシュカードを使った取引を行うことは認められません。この場合、暗証番号を思い出すよう促すほかなく、暗証番号を安易に教えることはすべきではありません。暗証番号を思い出すまでは、暫定的に、通帳と印鑑にて取引を行うように誘導することも考えられます。

しかし、真の預金者が、ATMから預金の払出しができずに困っているという状況であれば、本人確認を慎重に行ったうえ、キャッシュカードとサイン等による便宜払いもやむをえないことがあります。この場合、具体的な確認方法としては、たとえば、有効期限内の運転免許証など顔写真付きの公的書類の提出を受け、預金届出の住所・氏名を含め一致しているか確認する、暗証番号照会依頼書面上の本人直筆の筆跡、印影を印鑑届出等と照合する、新規の暗証番号を発行して転送不可条件にて届出住所宛てに郵送することなどが考えられます。さらに、これを機に、覚えやすい暗証番号（ただし、後述3に留意）に変更する手続を行うことも考えられます。

以上の確認方法は、銀行によって所定の手続が定められていると思われますので、実際には、その手続によって進めることになります。

3　暗証番号の保管

一般論として、高齢者は、記憶能力が減退することから、暗証番号を覚えることが困難になる傾向があります。しかしながら、暗証番号を忘れないようにするために、たとえば、生年月日や電話番号の一部と同じにしたり、暗証番号をキャッシュカード上に記載したり、暗証番号を記載した紙をキャッ

シュカードと同じ場所に保管したりしないように注意を促すべきです。なぜならば、このような場合、犯罪者は、当該暗証番号を容易に入手できるようになり、キャッシュカードを偽造または窃取したならば、不正に預金を払い出すことが可能となるからです。この点、偽造・盗難カード等による不正払戻しについては、「偽造・盗難カード預貯金者保護法」により、預金払戻しを無効としたり銀行に補償義務を課したりして、預金者には一定の保護が与えられることになりましたが、上記の場合には、預金者に（重）過失があるとされ、補償等の一部または全部が受けられないことになります。したがって、高齢者に対しては、暗証番号の保管について特に注意を促すのが望ましいと思われます。

【関連法規】

・偽造カード等及び盗難カード等を用いて行われる不正な機械式預貯金払戻し等からの預貯金者の保護等に関する法律（偽造・盗難カード預貯金者保護法）

ワンポイントアドバイス

　暗証番号を忘れたという預金者に対して、これを伝えるということは絶対にしないことを基本にしたうえ、どうすれば預金者のニーズに応えることができるかを考えて対応することが重要です。

認知症と診断された高齢者と取引しても問題はありませんか。取引する場合、どのような点に注意すべきですか。

結論 医学的な知見によれば、認知症と診断された高齢者は、認知機能の低下が認められますが、ただちに意思能力がない、すべての金融取引ができないことを意味するものではありません。認知症の原因となる疾患の種類、重症度、認知機能障害の程度によって認知機能の低下には多様性があり、意思能力の確認にあたっては、個々に評価を行う必要があります。

　認知症と診断されても、軽度の場合であれば、入出金等の取引ができることもありますので、本人の状況を確認したうえで、取引の可否を見極めましょう。また、認知症は、進行する疾患です。放置せずに、家族や介護者の支援のもと、日常生活自立支援事業や成年後見制度の利用を促すことが重要です。

------------●　解　説　●------------

1　金融取引における意思能力の確認

　平成29年に改正された民法（令和2年4月施行）においては、意思能力のない者の法律行為は無効であることが明文化されました（同法3条2項）。金融機関は、顧客との金融取引の実現に向けて、顧客に当該取引を行うに足る意思能力があるかを確認する必要があります。

　ここで意思能力とは、一般に、「自分の行為の結果を正しく認識し、これに基づいて正しく意思決定をする精神能力をいうと解すべき」（東京地判平17.9.29判タ1203号173頁等）であるとされており、意思能力があるかどうかについては、「問題となる個々の法律行為ごとにその難易、重大性なども考慮して、行為の結果を正しく認識できていたかどうかということを中心に判

断されるべきものである」（前掲・東京地判平17.9.29等）とされ、意思能力がない者がした行為は無効であると解されています（大判明38.5.11民録11輯706頁等）。

　認知症の有病率は、75歳前後から上昇するものの、75歳以上の高齢者であるからといって、直ちに意思能力に不安がある、認知症の可能性があるということではありません。また、意思能力が脆弱であるとか、認知症であるといったことは、外見からだけでは判断することはできません。

　高齢者の場合、加齢に伴い、目が見えにくい、耳が聞こえにくいなど、心身の衰えが進行してきますので、本人との直接の面談による観察のほか、家族等本人をよく知る関係者から情報収集を行うなど、慎重に意思能力の確認を行う必要があります。取引にあたっては、取引内容について十分に説明を行うことはもちろんですが、本人自身の言葉で説明してもらうなど、むしろ理解度の確認に重点を置くことが有効です。

2　認知症と特性

⑴　認知症とは

　認知症とは、脳の萎縮等の病気によって、記憶障害をはじめとするさまざまな認知機能の低下と意欲の低下などの精神症状がみられる状態のことをいいます。疾患の原因で最も多くみられるのがアルツハイマー型認知症で、ほかには血管性認知症、レビー小体型認知症、前頭側頭型認知症などがあります。

　認知症になると、日常生活に支障が生じて、自立した生活を送ることがむずかしくなるものの、何もわからない・何もできなくなるわけではありません。金融機関も、進行の度合いや症状にあわせた対応が必要になります。

⑵　認知症の種類と特性

　認知症になると、認知機能障害が認められます。認知機能障害は、中核症状と呼ばれ、必ず出てくる記憶障害のほかに、以下のようなさまざまな障害がみられます。ただし、認知症以外でも、認知機能障害が生じることがあり、代表的なものとして、うつ病があります。また、認知機能障害の程度が

軽度であり、日常生活に支障をきたしていない場合には、軽度認知障害（MCI：Mild Cognitive Impairment）と呼ばれます。

① 中核症状

・記憶障害（数分程度前のことを思い出せない）

・実行機能障害（段取りができない。一連の動作として行動できない）

・失語（質問の意味はわかるが、うまく言葉を発することができない等）

・失行（運動機能障害はないのに動作ができない。服を着ることができない等）

・失認（視覚障害はないのに対象物が何かを認識できない。ペンをみてもペンと認識できない等）

・見当識障害（時間・場所・人などの認識ができなくなる）

② 周辺症状（行動・心理症状：BPSD）

認知症では、中核症状のほかに、妄想・幻覚・抑うつ・不安・無気力・興奮など周辺症状と呼ばれる症状が出てくることがよくみられます。行動・心理症状とも呼ばれます。周辺症状は、本人だけでなく、介護者の負担が大きくなるため、自宅での介護を断念し、施設等へ転居せざるをえなくなる原因となります。

3 認知症高齢者との金融取引

(1) 認知症高齢者との金融取引の可能性

認知機能の低下は、認知症の原因となる疾患の種類、重症度、認知機能障害の程度によって多様性があり、グラデーションの状態であると考えられます。金融機関は、認知症高齢者との取引の可能性については、取引の難易度もふまえて、個別の評価と対応策を考える必要があります。

たとえば、元本割れのリスクを伴う投資信託や複雑な仕組みの金融商品を購入することや、借入れを行うことなど、高度な判断能力を要する取引については、取引を断ることには合理性がありますが、日常生活における単純な入出金取引については、資金使途を確認したうえで取引することは可能であると考えられます（後述(2)の「全銀協の考え方」参照）。短期記憶の障害が顕

著な場合には、本人は質問・発言したことを忘れてしまう可能性も十分にあります。ただし、短期記憶に障害があることと、判断能力がないこととは異なります。本人にできること、できないことなどの状況をよく確認したうえで、取引の可否を見極めたら、細かい点も含めてきちんと記録に残しておくことが必要です。

認知症は、進行する疾患ですので、仮に取引できたとしても、その状態を放置せず、家族や介護者の支援のもと、日常生活自立支援事業や成年後見制度の利用を促すことが重要です。

⑵　**全国銀行協会の「考え方」**

全国銀行協会が令和3年2月18日に公表した「金融取引の代理等に関する考え方および銀行と地方公共団体・社会福祉関係機関等との連携強化に関する考え方について」（以下、「全銀協の考え方」という）によれば、認知判断能力が低下した顧客本人との取引については、以下のような考え方が示されています。

「認知判断能力の低下した本人との取引においては、顧客本人の財産保護の観点から、親族等に成年後見制度等の利用を促すのが一般的である」

「上記の手続きが完了するまでの間など、やむを得ず認知判断能力が低下した顧客本人との金融取引を行う場合は本人のための費用の支払いであることを確認するなどしたうえで対応することが望ましい（医療費等で至急の支払いが必要な場合には審判前の保全処分を活用することも考えられる）」

認知症の診断が下りたというだけでは、認知症の重症度や障害の程度がわかりませんし、個々の金融取引における意思能力の有無や十分性とは必ずしも一致しないことから、権利擁護の観点からも、一律にすべての金融取引を拒むことは好ましくないと考えられます。

⑶　**取引が困難な場合の対応策**

認知症が中程度から重度の状態にある等、本人単独での取引が、本人にとって不利益をもたらすと考えられるような場合には、家族や福祉関係機関との連携は不可欠です（「全銀協の考え方」およびQ19参照）。

身近に寄り添う家族がいて、支援や関与が可能である場合には、家族に連絡をとり、対応策を検討しましょう。家族の支援や関与が期待できない場合には、自治体や地域包括支援センター・社会福祉協議会等の相談窓口に相談することを勧めましょう。本人の同意を得られるようなら、金融機関から連携できることも伝えます。

　支援の手段には、軽度であれば日常生活自立支援事業の利用も考えられますし、後見ニーズが明確ならば、成年後見の利用を勧めましょう。

(4)　社会福祉関係機関等との連携に関する「全銀協の考え方」

　「全銀協の考え方」においては、日常的に地域の社会福祉関係機関等との間で相談しやすい関係を築くことが重要であるとし、以下のような対応方法が示されています。

・「当該地域における相談窓口や中核機関を担う組織を事前に確認すること」
・「地域の社会福祉関係機関等の担当者との対話等を積み重ねることにより、当該地域における高齢者等への支援の仕組みがどのように構築されているのかを把握すること」
・「自らも地域の一員として、消費者安全確保地域協議会（見守りネットワーク）や地域ケア会議といった、地域の関係機関や関係者が集まる協議体等へ参加するなどし、日常的に地域の関係機関や関係者との関係性を強化すること」
・「自らも当該地域における高齢者の見守りを担う一員として、地域の社会福祉関係機関等とも協議のうえ、当該地域における連携の仕組みづくりを進めること」

【関連法規】

・民法

ワンポイントアドバイス

　認知症と診断された本人にできることを見極めましょう。円滑な金融取引実現に向けて家族や支援者を交えて対応を検討しましょう。

意思能力に不十分さが認められる場合の自治体・福祉関係機関との連携対応

意思能力が不十分と認められる高齢者を発見した場合、自治体・福祉関係機関とどのように連携すればよいですか。連携する場合、どのような点に注意すべきですか。

結 論 意思能力が不十分な高齢者を発見した場合、金融機関は、家族や地域の支援相談機関、特に地域包括支援センターと連携することが重要です。早期に、日常生活自立支援事業や成年後見制度の利用につなげていくためにも、このような状態を放置することなく、家族や支援者と連携を図る必要があります。地域包括支援センターの担当者とは、日頃から定期的に情報交換を行い、顔のみえる関係を構築しておきます。

支援者等への連携にあたっては、個人情報の第三者提供に当たることから、まず本人の同意を得ることが基本です。本人の同意を得ることができない・むずかしい場合には、本人保護重視の観点から、個人情報保護法の例外規定を活用して迅速な連携を図りましょう。

- ● 解 説 ● -

1 支援相談機関との連携の意義と必要性

(1) 独居高齢者の増加と家族による関与支援の困難さ

店頭窓口や営業現場で、意思能力が不十分と認められる高齢者を発見した場合、顧客が希望する必要な取引を実現することは困難でしょう。仮に取引が実現したとしても、そのままでは、本人と金融機関双方が安定した取引を続けていくことは困難です。

金融機関は、医療介護や認知症ケアの専門家ではなく、単独で認知症高齢者の対応を行うことは困難です。認知症は進行性があり、日常生活自立支援事業や成年後見制度の利用につなげるためにも、このような状態を放置する

ことなく、家族や地域の支援者と連携を図る必要があります。独居高齢者は高齢者世帯の3分の1を占めており、夫婦2人暮らしをあわせると約7割は核家族世帯です。身近に頼れる家族がいるケースもありますが、同居の家族がいても家族の支援を期待できないケースも少なくなく、家族がいれば大丈夫という時代ではありません。認知症高齢者の対応にあたっては、地域における支援保護のためのネットワークが重要となります。

(2) 高齢者の支援相談機関・地域連携ネットワーク

高齢者にかかわる主な支援相談機関には、以下のようなものがあります。

① 自治体

② 地域包括支援センター

③ 医療機関

④ 介護事業者

⑤ 社会福祉協議会

⑥ 警察

⑦ 民生委員

⑧ 町内会・自治会

⑨ 地元事業者

⑩ 民間支援団体

⑪ 専門職および専門職団体

このほか、地域包括ケアシステムの実現手法である地域ケア会議や、2(4)で後述する高齢者の消費者被害を防止する見守りネットワークなどの地域のネットワークがあります。さらに、全国の市区町村に成年後見制度の利用促進のための地域連携ネットワーク中核機関の設置が進められています（令和3年3月末時点で589市区町村に設置ずみ）。

(3) 高齢者の総合相談窓口——地域包括支援センター

金融機関にとって、認知症高齢者の対応への連携先として特に重要なのが地域包括支援センターです。地域包括支援センターは、平成17年の介護保険法改正で定められた、地域住民の保健・福祉・医療の向上、虐待防止等の権

利擁護、介護予防マネジメントなどを役割とする高齢者のワンストップ相談窓口です。市区町村の中学校区に1つ設置され、保健師・主任ケアマネ・社会福祉士の医療・介護・福祉が、相互連携で相談対応にあたります。

金融取引における（認知症）高齢者への対人援助方法や、トラブル発生時の対応の仕方、日常の困りごとや後見ニーズの発見など、金融機関が直面するさまざまな高齢者対応の駆け込み寺として積極的に連携を図ることが考えられます。

2　本人情報の第三者提供

⑴　個人情報保護法上の個人情報の取扱義務

金融機関が、意思能力が不十分と認められる顧客を発見し、地域包括支援センター等の支援相談機関に連携する場合に留意すべきなのが、個人情報保護の問題です。

個人情報保護法は、個人情報取扱事業者に対して、個人情報を取り扱うにあたっては、利用目的の特定（15条）、事前の本人同意の獲得（16条）、不正な手段による情報取得の禁止（17条）を定めています。金融機関は、個人情報取扱事業者ですので、個人情報の取得にあたっても、適正な取得が必要になります。

⑵　意思能力が不十分と認められる顧客の個人情報の第三者提供と顧客保護

個人情報保護法23条1項は、「個人情報取扱事業者は、次に掲げる場合を除くほか、あらかじめ本人の同意を得ないで、個人データを第三者に提供してはならない」として、例外規定を以下のとおり定めています。

① 法令に基づく場合

② 人の生命、身体または財産の保護のために必要がある場合であって、本人の同意を得ることが困難であるとき

③ （省略）

④ 国の機関もしくは地方公共団体またはその委託を受けた者が法令の定

める事務を遂行することに対して協力する必要がある場合であって、本人の同意を得ることにより当該事務の遂行に支障を及ぼすおそれがあるとき

金融機関が、意思能力が不十分と認められる顧客の個人情報を、社会福祉関係機関等へ連携（第三者提供）するにあたっては、まずは本人の同意を得ることが基本です。本人の同意は口頭の承諾で構いませんが、親身になって「あなたのことを心配していますよ」という態度で接することが、スムーズに承諾を得るコツです。家族がいるようなら、まず顧客自身で電話をかけてもらうとよいでしょう。

提案しても本人の同意が得られない場合には、前述②「人の生命、身体または財産の保護のために必要がある場合」に該当するかどうかを判断することになります。たとえば、受け答えが噛み合わない、日にちや場所がわからないなどの症状が顕著なときは、保護が必要な場合と考えてよいでしょう。地域包括支援センターとの間では、日頃から顔のみえる関係を構築しておくとスムーズな対応を期待できます。

なお、高齢者が家族や施設職員等から身体的または経済的虐待にあっていると疑われるケースにおいては、「高齢者虐待の防止、高齢者の養護者に対する支援等に関する法律」に基づく市区町村への通報義務があります。この場合も本人の同意を得ることが基本ですが、通常、本人同意の取得はむずかしいと考えられますので、躊躇せずに通報する必要があります。

(3) 個人情報の連携に関する「全銀協の考え方」

「全銀協の考え方」（Q18参照）によれば、高齢顧客の個人情報の社会福祉関係機関等への提供にあたっては、以下のような留意点が示されています。

・「社会福祉関係機関等との連携に当たって、高齢の顧客の個人情報を提供することは必ずしも必要ではない」（関係機関に高齢の顧客の名前等の個人情報は伝えず、ようすや状況等を具体的に伝えて、対応方法に係るアドバイスを受けるケースや、関係機関に直接店舗に来て対応してもらうケースなどが考えられる）

・「顧客に認知判断能力の低下があると思われるような兆候・行動が見られ、かつその状態を放置すれば顧客財産に重大な支障をきたすような場合で、緊急性が高いと思われる場合など、例外的ケースにおいては、個人情報保護法との関係においても家族や行政、福祉関係機関に顧客の必要情報（氏名、住所、症状等）を提供できる場合もある」と考えられる

・「個人データの提供は、個人情報保護法第23条第1項にもとづき本人からの同意を得ることが基本」であり、「家族や親族への連絡であっても、個人データを提供する際は本人の同意を得ることが基本である」

(4)　見守りネットワークにおける個人情報保護法の関係

高齢者の消費者トラブル・財産被害の深刻化に伴い、平成26年、詐欺被害や悪質方法から高齢者を守るネットワーク推進を目的とした消費者安全確保地域協議会（見守りネットワーク）の組織化が図られました（令和3年9月末日時点で354協議会）。これにより、ネットワーク構成員間における情報共有が可能になりましたが、認知症高齢者保護のネットワークという位置づけではありません。なお、既存の連絡協議会を見守りネットワークとして位置づけることも可能となっています。

前述の「全銀協の考え方」においても、「銀行として、消費者安全確保地域協議会（見守りネットワーク）に参加することで、同協議会構成員間における個人情報提供の枠組みを活用することも考えられる」と示されています。見守りネットワークの構成員は、認知症高齢者の支援相談機関と重複しますので、金融機関も、積極的に参加し活用することが望まれますが、ネットワークの機能がワークしているかどうかは、よく確認すべきです。

3　連携時の留意点

店頭窓口や営業現場では、トラブルが発生した顧客の場合、トラブルが繰り返し発生する状況や、急に支援者の協力を要する状況が発生することもあります。地域包括支援センターも、自治体直営から民間委託までさまざまな形態があり、円滑な連携のためには、お互いに相談しやすい環境をつくって

おくことがポイントです。自治体・地域包括支援センターや社会福祉協議会に表敬訪問を行い、担当者レベルで定期的に情報共有や意見交換などの勉強会を開催し、人的交流を図ることが有効と考えられます。

　前述の「全銀協の考え方」においても、日常的に地域の社会福祉関係機関等との間で相談しやすい関係を築くことについての対応方法が示されています（Q18参照）。

【関連法規】

・個人情報の保護に関する法律（個人情報保護法）

・消費者安全法

ワンポイントアドバイス

　地域包括支援センターの担当者とは、日頃から定期的に情報交換を行い、顔のみえる関係を構築しておきましょう。

2 本人以外との取引

Q20 預金者の家族からの払戻請求（その１）

預金者の家族から、「高齢の預金者本人が来店できない」との理由で、預金の払戻しを求められています。どのように対応したらよいですか。

結論 1　家族が通帳・届出印鑑を持参して払戻しを求めてきたのであれば、銀行所定の本人確認手続で家族であることを確認し、印鑑照合で払戻請求書の印影の同一性を確認のうえ、預金者が来店できない理由を聴取して、ほかに払戻しの権限を疑うべき特段の事情がなければ、預金の払戻しに応ずることができます。

2　家族の態度に不自然なところがあり、払戻しの事情を確認できない場合は、家族が預金者である高齢者に無断で預金の払戻しをしている場合もあります。この場合には預金者からクレームが出るおそれがありますから、払戻しの回数や金額、資金使途その他の具体的状況により、担当者が預金者に直接面談する等して事実関係を確認し、代理人届を出してもらう等の配慮が必要になる場合があります。

3　預金者に意思能力がない場合には、成年後見制度の利用を勧めることが考えられます。

-------------------●　解　説　●-------------------

1　預金者の使者・代理人

高齢の預金者が歩行困難等になって外出できないため、預金者の家族が本人のかわりに営業店に来店して、預金の払戻しを求めることがあります。この場合、特段不審なこともなく、また銀行が事情を知らなければ、通帳およ

び届出印が押印された払戻請求書の交付を受けて、払戻しに応じることは自然なことであり払戻手続に通常は問題はありません。しかしながら、来店者から、預金者の家族であるという告知を受けた場合、これを裏返せば預金者本人からの払戻請求ではないことを銀行が知ることになりますから、銀行としては注意を払う必要が生じてくるものと考えられます。預金者の家族であっても、預金者に無断で払戻しをすることもありますから、このような払戻しに安易に応じた場合、後に預金者から払戻しの効力を争われるおそれがあるからです。一方、実際に高齢者が家族に預金の払戻しを依頼する場合もよくあるのではないかと思われます。高齢者に限らず、預金の払戻しについては、使用人や家族が使者として手続を行うことは通例的に行われています。したがって、本問のような場合に、銀行としてどのような処理をすべきかは、各銀行の把握する顧客事情等に応じて考えるべき事柄であると思われます。しかし、払戻金額が多額である、資金使途があいまいである、払戻回数が頻繁である、預金の解約ないし全額に近い払戻しであるといった場合には、銀行担当者が預金者本人の意思を直接確認し、必要に応じて代理人届を出してもらう等の配慮が必要な場合があると思われます。払戻しにおいて、その代理（あるいは使者としての）権限を特段疑うべき事情がない場合については、次のような対応でよいでしょう。

　まず預金者の家族であることを銀行所定の本人確認手続によって確認したうえで、家族が真正な通帳および届出印鑑（または押印された払戻請求書）を持参したのであれば、印鑑照合によって払戻請求書の印影の同一性を確認のうえ、ほかに特段の事情がなければ、家族を預金者の「使者」と考えて払戻しに応ずることができます。使者とは本人の依頼によって預金の払戻しという意思表示を伝達または表示する補助者をいいます。いわば預金者の手足となって事務を処理する者です。また、通帳・届出印鑑と預金者の委任状を持参したのであれば、預金者の「代理人」として払戻しに応ずることができます。代理人とは本人から代理権を授与され、本人にかわって預金の払戻しという法律行為をする者です。委任状がなくても真正な通帳・届出印鑑を持参

したのであれば、預金者から代理権を授与されていると考えられる場合もあります。払戻しを行う際は、来店した家族に預金者の健康状態や本人が来店できない理由および払戻金の使途などを聴取し、その聴取内容を営業日誌や顧客取引記録に記載しておき、払戻しについて何か問題が生じた場合に、その記載に基づき説明できるようにしておくことが、後日の苦情・紛争を避けるために有用です。

2　銀行の免責

　預金者本人に意思能力（物事を判断する能力）がない場合や家族に対し本人からの依頼や代理権の授与がない場合には、家族に払戻権限は認められず、家族による払戻請求は無権代理行為として本人に効力は及ばないこととなります。しかし、これらの場合であっても、銀行所定の本人確認手続によって来店者が預金者の家族であることを確認し、社会通念上銀行の担当者に要求される注意（善良な管理者の注意）を払って、印鑑照合により払戻請求書の印影と届出印鑑の同一性を確認したうえで払い戻したのであれば、ほかに払戻しの権限を疑うべき特段の事情がない限り、銀行は善意・無過失として受領権者としての外観を有する者に対する弁済（民法478条）および銀行所定の預金約款の免責条項に基づき免責され、払戻しは有効とされます。したがって、払戻金額が不相応に多額であったり、家族に「預金者本人が来店できない」理由を尋ねたとき、家族からの説明が不明確あるいは不十分であった場合その他払戻権限に疑義がある場合には、営業店の担当者が自宅を往訪して預金者本人と面談のうえ意思および事情を確認する必要があります。

　また、家族が真正な通帳・届出印鑑を持参せず、便宜扱いによる払戻しを求めている場合は、預金者から家族へ払戻しの依頼や代理権の授与が行われたとの外観を欠き、銀行の免責が認められないことがありますから、慎重に対処する必要があり、原則として払戻しには応じられないものと考えられます。もっとも、預金者があらかじめ払戻しを承諾しており、事後的に追認を

受けられることが明らかな場合は、責任者の許可を得て便宜扱いすることも可能と考えられます（なお、特殊な事案として、預金者本人が入院しているため、営業店の店頭で預金の払戻しができない場合はQ21、少額の生活資金の払戻しの場合はQ22を参照してください）。

3　成年後見制度の利用

　家族によって繰り返し預金の払戻しが行われ、また多額の払戻しもあるのであれば、家族を預金者の代理人として銀行に届け出て、その後は家族を代理人として取引を行うことが考えられます。また、将来預金者の意思能力（物事を判断する能力）が失われる可能性があるのであれば、家族を任意後見契約に関する法律に基づく任意後見人とすることで、後々預金者の物事を判断する能力が不十分な状況となった段階で、家庭裁判所により任意後見監督人が選任された後になりますが、任意後見人による安定的な取引が可能となります。さらに、すでに預金者の意思能力が失われているのであれば、預金者の権利保護という観点から、成年後見制度の利用を勧めることも考えられます。

【関連法規】

・民法478条、7条以下（成年後見制度）

・任意後見契約に関する法律

┌─────────── ワンポイントアドバイス ───────────┐

①　預金者の家族が通帳・届出印鑑を持参して払戻しを求めた場合は、まず、その家族の本人確認を行うとともに預金者との関係を確認し、通帳・印鑑照合と預金者本人が払戻し手続できない事情の確認を行ったうえで払戻しに応ずることが必要です。代理人の場合は委任状も確認します。

②　払戻手続に来店した家族の態度が不自然な場合、預金者から払戻しを依頼された事情や払戻金の使途についてさらに詳細を聴取することが必要となります。説明が不十分である等の場合、預金者本人へ連絡

のうえ、払戻しにつき確認することが安全です。

③　家族が通帳および届出印鑑を持参せず、便宜扱いを求めている場合、原則払戻しは回避すべきですが、払戻しを行う場合は、より慎重な対応が必要となります。

Q.21　預金者の家族からの払戻請求（その2）

　預金者の家族から、「預金者の入院費用に必要」との理由で、預金の払戻しを求められています。どのように対応したらよいですか。

結論　1　家族が預金者の使者または代理人として払戻しを求めている場合は、家族に預金者の健康状態や入院の経緯を聴取し、払戻しに応ずることができます。家族の態度に不審なところがあれば、病院を往訪し預金者と面談して事情を確認します。

2　預金者が認知症等により意思能力を失い、または意思能力が著しく低下している場合は、入院費用の金額を確認して、直接病院に払い込むなどの方法により払戻しに応ずることがあります。そのようなやむをえない場合には、家族から預金の払戻しに関する念書を徴求して払戻しに応ずることとなります。

・・・・・・・・・・・・・・・・・・・・・・・・●　解　説　●・・・・・・・・・・・・・・・・・・・・・・・・

1　預金者の使者・代理人

　高齢の預金者が病気等で入院した場合、預金者にかわって家族から「預金者の入院費用に必要」との理由で預金の払戻しを求められることがあります。この場合も、家族が払戻権限を与えられているのかどうかを慎重に判断しなければなりませんが、緊急を要する場合や人道上の問題も生じる局面ですから、臨機応変な対応も必要になるものと考えられます。家族が真正な通帳・届出印鑑（または押印された払戻請求書）を持参したのであれば、銀行所定の本人確認手続で来店者が預金者の家族であることを確認し、本人の健康状態、入院の経緯を聴取し、病院への支払の緊急性、払戻金額の妥当性などを総合的に判断して払戻しに応じることになります。この場合、家族は預金者本人から預金の払戻しを依頼された使者または代理人と考えられますか

ら、銀行が家族への払戻しをすることについて善意・無過失であれば受領権者としての外観を有する者に対する弁済（民法478条）または銀行所定の預金約款の免責条項に基づき免責され、払戻しは有効とされます（Q20参照）。

2　入院費用の払戻し

　預金者が意思能力（物事を判断する能力）を失い、または意思能力が著しく低下している場合には、家族への預金払戻しの依頼は無効であり、家族を預金者の使者（または代理人）として取り扱うことはできなくなります。このため、営業店の担当者が家族に事情を聴取した際、その説明で預金者の意思能力に問題があると考えられる場合は、病院を往訪するなどして預金者や病院の担当医師等と面談し、預金者の意思能力の有無や健康状態を確認します。預金者に意思能力がない場合は、原則として預金の払戻しはできません。しかし、それによって預金者が入院費用を支払えなくなり、十分な治療を受けられなくなることは人道上の観点もあり、公共的な機関としての銀行のレピュテーションにもかかわります。このため、預金者が死亡した場合に預金に関して利害関係を有することとなる推定相続人である家族のできるだけ全員から、「預金の払戻しを承諾のうえ万が一事故が発生したら責任を負う」という内容の「念書」を徴求して、入院費用相当額の払戻しに応じることがあります。その際は、個別の事情に即して、営業店の担当者が家族や病院の担当医師等と面談して本人の意思能力の有無や病状を確認し、可能であれば診断書の提出を受け、さらに入院費用の請求額を確認し、入院費用相当額を払い戻して、直接病院に振り込むことが考えられます。または、家族に払い戻したうえで事後的に病院からの領収書を確認することで、病院への支払を確認します。

　なお、預金者が入院しており、その入院費用を預金者宛ての病院からの請求書に基づき、その病院の口座に直接振込で支払ったことが明確であれば、その払戻金は預金者のために使われたことは明らかであり、実際には家族や相続人からなんらかの請求を受ける余地はないとも考えられます。

3　成年後見制度の利用

　預金者に意思能力がある場合は、家族を代理人として届け出てもらい、その後は家族が代理人として払戻しを行うことが考えられます。この場合、代理人届および本人・代理人の印鑑証明書の提出を受けます。

　預金者の入院が長期にわたり、預金者の意思能力がなくなり意思表示ができなくなった状況において、繰り返しあるいは多額の払戻しが発生することも予想されます。このような場合は、事故や不正払戻しの防止や家族の便宜を考えて、成年後見制度の利用を勧めることが考えられます。家族が成年後見人となれば、預金者の法定代理人として預金の払戻しが可能となります。

【関連法規】

・民法478条、7条以下（成年後見制度）

ワンポイントアドバイス

① 　家族から預金者の入院費用の支払のための払戻しを求められた場合には、預金者本人の意思能力の有無や健康状態を確認し、預金者の意思能力が失われているときは、推定相続人に該当する家族のできるだけ全員から念書を徴求することが必要となります。

② 　払い戻す入院費用相当額は家族の了解を得て直接病院に振り込むようにします。

Q22 預金者の家族からの払戻請求（その3）

> 預金者の家族から「預金者の生活に必要」との理由で、預金の払戻しを求められています。どのように対応したらよいですか。

結論　1　家族が通帳・届出印鑑を持参して、多額とまではいえない生活資金の範囲内と認められる金額の払戻しを求めた場合は、まず、来店者と預金者本人との関係を確認したうえで、預金者本人が、なぜ払戻手続に来ないのかを聴取し、原則的には預金者本人の払戻意思を確認して、不自然な点がなければ払戻しに応じます。

2　家族の態度が不自然で、払戻しの事情を聴取したところ、その説明が不明確または不十分であった場合は、自宅往訪等により預金者本人に事情を確認します。

3　払戻請求者が預金者の配偶者の場合は、預金者の家族への払戻しの依頼がなくても、払戻金額が多額でなければその払戻しは有効とされることがあります。

---●　解　説　●---

1　生活資金の払戻し

高齢の預金者が歩行困難等で外出できなくなった場合や病院に入院した場合は、家族から「預金者の生活に必要」との理由で預金の払戻しを求められることがあります。これらの場合であっても、家族が預金者に無断で払戻手続に来ている場合も考えられますから、原則的には、預金者本人の意思確認を行ってから払戻しに応じるべきでしょう。しかしながら、緊急を要する場合もあるでしょうし、金額的に払戻しに応じてもよいと考えられる場合もあるでしょう。この場合には、家族が預金者の依頼に基づき真正な通帳・届出印鑑（または押印された払戻請求書）を持参したときは、銀行所定の手続によ

84

り本人確認を行って家族であることを確認し、印鑑照合を行って印影の同一性を確認し、ほかに疑わしい特段の事情がなければ、預金者の使者（または代理人）として払戻しに応ずることができます。少額の通常の生活資金の範囲内の金額であれば、家族に払戻しの事情を聴取する必要も実際上は少ないと思われます。もっとも、店頭での払戻し時の家族の態度に不自然あるいは不審なところがあれば、払戻しの事情を聴取し、家族の説明が不明確または不十分な場合や金額が不相当に高額な場合には、預金者本人の意思確認のため営業店の担当者が自宅・病院等を往訪して預金者本人に面談する必要があります。預金者の依頼によるものではないことが明らかになれば、払戻しを謝絶することとなります。

また、家族が通帳・届出印鑑を持参せず便宜扱いによる払戻しを求めたときは、預金者があらかじめ払戻しを承諾し、事後的に追認されることが明らかな場合等を除き、謝絶することとなります。

2　配偶者による日常生活資金の払戻し

日常の生活資金に充てるため預金者の配偶者から払戻しを求められることがあります。この場合は、法律上「日常家事に関する法律行為」について夫婦相互間に代理権が認められていますから（民法761条）、配偶者が預金者の法定代理人として日常家事の1つとして預金の払戻しを行うものと考えて、払戻しに応じることができます。もっとも、払戻金額は食料費や光熱費を含む夫婦の共同生活に必要な資金の範囲に収まっている必要があり、多額の払戻しは認められません。なお、この夫婦相互間の代理権に関して、判例は（最判昭44.12.18民集23巻12号2476頁）、取引の相手方である第三者において配偶者の行為が夫婦の日常家事に関する法律行為の範囲に属すると信じたことについて正当な理由があるときは、表見代理が成立して相手方は保護されるとしていますから、預金者の妻が夫の預金について「預金者の生活に必要」との理由で、日常生活資金に充てるためといって少額の払戻しを求めてきたときは、夫の依頼がなくても、妻の態度に不審なところがあるなど特段の事

情がない限り、銀行は免責され払戻しは有効とされるものと考えられます。

3　成年後見制度の利用

　家族による日常生活資金の払戻しが繰り返し行われ、また多額の払戻しもあるのであれば、家族を預金者の代理人として銀行に届け出てもらい、その後は家族を代理人として取引を行うことが考えられます。また、将来預金者の意思能力（物事を判断する能力）が失われる可能性があるのであれば、家族を任意後見契約に関する法律に基づく任意後見人とすることで、任意後見監督人が選任された後となりますが、安定的な取引が可能となります。さらに、すでに預金者の意思能力が失われているのであれば、成年後見制度の利用を勧めることが考えられます。

【関連法規】

・民法761条、7条（成年後見制度）

・任意後見契約に関する法律

ワンポイントアドバイス

①　家族による少額の日常生活資金の払戻しについても、家族の本人確認を行うことが必要です。

②　払戻しが繰り返し行われ、また多額の払戻しもあるのであれば、家族を代理人としたり、成年後見制度を利用することが考えられます。

　老人ホームの職員が来店し、その老人ホームに入居中の預金者にかわって、預金の払戻しを求めています。どのように対応したらよいですか。

結　論　1　老人ホームの職員が入居中の預金者にかわって預金の払戻しを求めてきたときは、職員の本人確認および払戻権限の確認を行ったうえで、払戻しに応ずる必要があります。

2　職員が預金者の依頼に基づく代理人または使者として通帳・届出印鑑（または通帳・記入押印ずみの払戻請求書）を提示して払戻しを求めたのであれば応じることができますが、便宜扱いでの払戻しは通常行いません。

------------------●　解　説　●------------------

1　職員の本人確認と払戻権限の確認

　老人ホームに入居中の高齢の預金者が銀行まで出向くのがむずかしいといった理由から、老人ホームの職員に預金の払戻しを依頼することがあります。犯罪収益移転防止法の施行前や盗難通帳による不正払戻しが社会問題化する前は、老人ホーム等施設の職員が預金者の通帳・届出印鑑または通帳・記入押印ずみの払戻請求書（以下、「通帳・届出印鑑」という）を持参したのであれば、銀行はその職員を預金者の代理人または使者とみて払戻しに応じていたものと思われます。

　しかし、銀行実務としては、払戻しに際して、職員の本人確認をすることは当然ですが、その職員が払戻権限を有し職務として行っていることの確認を銀行所定の手続に従って適切に行う必要があります。すなわち、老人ホーム等の施設全部が入居者の預金の入出金や通帳・届出印鑑の管理を業務として行っているわけではなく、そのような業務を行っていない施設もありま

す。また、それらを業務として行っている施設でも、通常は、施設への入居にあたって高齢者（またはその家族等の代理人）と締結する契約や施設を所管する地方公共団体の指導等に基づいて、その範囲内で行っていますから、それらの規定に従った業務としての払戻しなのか確認する必要があります。

このため、老人ホームの職員が預金者の通帳・届出印鑑を持参して来店したときは、まず銀行所定の本人確認手続により職員の本人確認と身分の確認を行い、あわせて委任状等の書類の提出を求めて払戻権限の確認をします。また、払戻しを求めて来店した事情および払い戻した金銭の交付先等を聴取するとともに、その内容に疑問があれば、必要に応じて預金者本人または老人ホームの施設長等の管理者に連絡し、預金者が預金の払戻しを依頼したこと、および払戻しに来店した職員が払戻権限を有しているか、払戻金額はいくらなのかなどを確認する必要があります。

2　職員による預金の払戻し

老人ホームの職員が実際に預金者から払戻しの依頼を受けて、真正な通帳・届出印鑑を預かって来店し払戻請求したのであれば、銀行はその職員を預金者の代理人または使者として払戻しを行うことができます。払戻しは有効とされ、その効果は預金者本人に帰属します。

また、職員が預金者のために払戻しを行うにあたって、払戻権限がないにもかかわらず、通帳・届出印鑑を持参してあたかも預金者の代理人であるかのような外観を有している場合、銀行がその職員の払戻権限について疑うべき特段の事情がなければ、それを信じて善意・無過失で払戻しを行った銀行は、「取引上の社会通念に照らして受領権者としての外観を有するもの」（民法478条）に対して行った弁済として、また銀行の預金規定（約款）の免責条項に基づき免責され、払戻しは有効とされます。もっとも、老人ホームの入居者に対する金銭管理サービスは、日常生活で必要となる最小限のものに限って行うのが原則とされていますから、多額の払戻請求があったような場合は、老人ホームの施設長等の管理者または預金者本人に確認することが必

要です。確認もせずに払戻しに応じたときは、銀行が払戻手続における善管注意義務を怠ったことを理由に、過失ありとして免責を受けられないことがあります。

　老人ホームの職員が預金者から預かったキャッシュカードとあらかじめ聞いていた暗証番号を使って、営業店のATMによって払戻しを行うことも考えられますが、老人ホームの職員とはいえ、暗証番号を他人に教えてキャッシュカードを使わせることは事故や不正払戻しにつながるので避けるべきです。老人ホーム等施設に対する地方公共団体の指導等でもキャッシュカードは施設で預からず、使用しないものとされています。

　老人ホーム等施設の職員によるキャッシュカードや通帳・届出印鑑の盗用による払戻しについては、それぞれ偽造・盗難カード預貯金者保護法と全国銀行協会申合せによる銀行の補てん対象となりますが、銀行がその払戻しが不正に行われたことについて善意・無過失で、預金者または老人ホーム等施設に過失があったことを証明できた場合は、補てんは損害額の4分の3相当額にとどまります。また、預金者または老人ホーム等施設に重過失があった場合は補てんされません。ただし、全国銀行協会の申合せでは、「病気の方が介護ヘルパー（介護ヘルパーは業務としてこれら（通帳・届出印鑑等：筆者注）を預かることはできないため、あくまで介護ヘルパーが個人的な立場で行った場合）などに対してこれらを渡した場合など、やむを得ない事情がある場合はこの限りではない」として重過失には当たらないとしています。

3　老人ホームとの協議

　これまで、老人ホーム等の施設では、入居者の通帳・届出印鑑の管理業務に関する内部規則が厳格に設けられておらず、職員の裁量によって管理が行われているとの指摘がしばしばされており、職員による入居者の預金の使い込み事件も報告されています。営業店の責任者は周辺にある老人施設の施設長等の管理者に対し施設における入居中の預金者の通帳・届出印鑑・キャッシュカード等の管理について内部体制の強化・整備が必要であることを伝

え、それらの利用形態や盗取・盗用されたときの銀行・警察署への通知方法等についてあらかじめ意見交換しておくことが事故防止の観点から必要と思われます。また、実際に老人ホーム等施設の職員が入居者にかわって日常的に預金の入出金手続を行っているのであれば、施設との間で合意した所定の帳簿や書類を使って管理するなど互いに手続の整備を行うことが不正防止に有効と考えられます。さらに、判断能力の低下した入居者による預金の入出金が繰り返し行われるのであれば、成年後見制度の利用なども勧めることが考えられます。

【関連法規】

・民法478条
・偽造カード等及び盗難カード等を用いて行われる不正な機械式預貯金払戻し等からの預貯金者の保護等に関する法律（偽造・盗難カード預貯金者保護法）
・全国銀行協会「預金等の不正な払戻しへの対応について」（平成20年2月19日）

ワンポイントアドバイス

① 老人ホーム等施設の職員による入居者の預金払戻しについては、職員の本人確認および身分や払戻権限の確認を行って払戻しに応じることが必要です。

② 職員がキャッシュカードを使って払戻しを行うことは事故や不正払戻しにつながるので、避けるべきです。

Q24	預金者の家族から、預金者本人への払戻しを停止する旨の依頼があった場合の対応

　預金者の家族から、預金者への払戻しを停止する旨の依頼がなされた場合、どう対応すべきですか。

結論　1　預金者以外の者からの支払停止依頼には応じることはできないのが原則ですが、例外的に支払停止依頼に応じることが考えられる場合があることから、まずは支払停止依頼の理由について聴取する必要があります。

2　預金者の家族からの支払停止の依頼が、預金者の判断能力が低下したことを理由とするものであったときは、家族よりさらなる事情を聴取（必要に応じて担当医師の診断書等を確認）のうえ、やむをえないものと銀行で判断した場合は、支払停止のシステム登録を行うことが考えられます。

3　支払停止依頼の理由が、対象の預金が実際には家族に帰属していることを理由とする場合は、家族に事情を確認のうえ、申出内容に十分な理由があると判断される場合は、支払停止のシステム登録をすることが考えられます。

● 解　説 ●

1　支払停止の登録の当否

　預金契約は金銭消費寄託契約としての性質を有しており、銀行は預金者からの払戻請求があった場合には、預金者に対し請求に応じて払戻しを行う債務を負っています。したがって、預金者から期限（弁済期）が到来している預金について払戻しを求められたときは、正当な理由なく払戻しを拒絶することはできません。仮に銀行が正当な理由なく払戻しを拒絶すると、預金者に対し履行遅滞に基づき損害賠償責任を負うこととなります（民法412条、415条）。よって、仮に銀行が正当な理由なしに支払停止の登録を行った場合

には、後日預金者からの払戻しを求められた際に、正当な理由なしに払戻しを拒絶することにつながり、履行遅滞に基づく損害賠償責任を負う可能性があります。

したがって、銀行は、預金者の家族から支払停止の依頼を受けた場合には、その理由を聴取のうえ、当該理由をもって支払停止の依頼に応じるかどうかを慎重に判断する必要があります。

2 支払停止依頼が預金者の判断能力の低下を理由とするケース

仮に預金者の家族が、預金者の判断能力が低下していることを理由として支払停止の依頼をしてきている場合には、営業店の担当者は、預金者の家族から担当医師の診断書等を徴求したり、預金者本人や担当医師等に面談したりして、預金者の意思能力の有無を確認することが必要です。そして、預金者の意思能力が失われている可能性があると判断できる場合には、支払停止のシステム登録を行うことが考えられます。

また、預金者の家族から、預金者の判断能力が低下している旨聴取した場合には、成年後見制度の利用を勧めることも考えられます。預金者の家族が成年後見人となれば、その者が預金者の法定代理人として預金口座の管理をすることができます。また、保佐人や補助人となれば、その者に預金取引の同意権や代理権および同意なしに行われた行為に対する取消権が与えられるので、預金者による不用意な預金の払戻しや事故・不正払戻しの発生を防止することができます。

3 支払停止依頼が預金の帰属を理由とするケース

預金者の家族が、支払停止の申出の理由として、当該預金は実際には家族の預金であるとの申出をしてきた場合は、預金の帰属に関する問題となります。

預金の帰属に関しては、判例では特別な事情のない限り現に自ら金銭を出捐し、本人または使者・代理人を通じて銀行と預金契約を締結した者が預金

者となるとされています（最判昭32.12.19民集11巻13号2278頁、最判昭52.8.9民集31巻4号742頁など）。

　したがって、そのような事実が確認でき、家族からの申出に十分理由があると認められる場合には、支払停止に応ずることがあります。

　ただし、この場合、預金者本人から預金は自分に帰属するとの苦情を申し立てられ、紛争を生ずることがありますから、十分な確認を行い慎重に判断する必要があります。

【関連法規】

・民法412条、415条（履行遅滞に基づく損害賠償関連）、民法7条以下（成年後見制度関連）

───────────────
ワンポイントアドバイス
───────────────

　預金者以外からの支払停止依頼があった場合には、その理由について慎重に聴取することが重要です。

　預金者の家族より、頻繁に預金者の口座からの払戻しを求められています。どのように対応したらよいですか。

結論　1　預金者の家族からの払戻依頼であっても、当該家族は無権限者である可能性があるため、まずは預金者本人の意思を確認すべきです。特に、家族から頻繁な預金の払戻依頼がある場合には、家族から資金使途を聴取したうえで直接本人と面談する等、より慎重な確認を行う対応が望ましいといえます。

2　本人の認知判断能力が低下している場合には、まずは成年後見制度の利用を勧めることが考えられます。また、あらかじめ代理人が届出されている場合は、当該代理人と取引を行うことが可能です。

3　成年後見制度や代理人届出制度の利用がないケースで、やむをえず医療費等の本人のための費用支払のための払戻しに応じる場合は、医療費等であることのエビデンスを確認する、医療機関等への直接振込を行う等の対応を検討すべきです。

-------------------------●　解　説　●-------------------------

1　家族による払戻請求

　高齢の預金者が自ら営業店に来店して預金の払戻しを行うかわりに、家族に通帳および届出印鑑（または払戻請求書）を預けて、払戻手続を任せてしまうことは一般にあります。しかし、預金者の家族より預金者本人の口座からの払戻しを求められた際、銀行として、預金者本人の意思を確認することができなければ、当該家族に払戻権限を授与されているのかどうか不明と言わざるをえません。そして、本人の意思を確認できない状況下、無権限者に対する払戻しに応じた場合、当該払戻しは無効となります。したがって、通

帳および届出印鑑を有する家族からの払戻依頼であっても、まずは預金者本人の意思を確認する必要があり、本人にその払戻しを行う有効な意思があると確認できたときにのみ、払戻しに応じることとなります。

2　頻繁な払戻し

　これは、預金者の家族からの払戻依頼が頻繁にある場合でも異なるところはありません。むしろ、頻繁な払戻しや多額の払戻しが求められたりしたときは、通常の事態ではないことも少なくないでしょうから、本当に本人が同意しているか、また申出に不自然なところはないか、より慎重に確認を行うべきともいえます。対応例としては、まずは家族より払戻しの理由や資金使途を聴取したうえで、営業店の担当者が預金者の自宅や入院先等に往訪する等して直接預金取引の経過を報告し、かかる取引が預金者本人の意図によるものか確認しつつ、預金者本人に注意喚起を行う、といった対応が考えられます。

3　代理人および成年後見制度の利用

　営業店の担当者が本人と面談等して、頻繁な払戻しが預金者本人の意図によるものであると確認できた場合には、預金者本人から家族を代理人として指名してもらい、代理人届を提出してもらう対応が考えられます。代理人届を提出してもらったうえで、そこで指名された家族を代理人として取引を行います。

　他方で、面談等した結果、本人の認知判断能力が低下していることが明らかとなったとします。預金者が意思能力を喪失した場合、その本人からの預金払戻し等の申出については無効なものと扱わざるをえません（民法3条の2）から、本人の認知判断能力が低下している状況下では、預金者の家族による払戻しの依頼に応じることはむずかしく、まずは成年後見制度の利用を勧めることになります。もっとも、成年後見制度の申立てには時間や手間がかかることから、たとえば、預金者の医療費や介護施設利用費等の支払のた

め、急ぎ資金が必要な場合等、成年後見制度の利用を待っていては十分な対応が困難な場面もあることになります。こういう場面では、顧客利便性等の観点から、真に本人のためであることを確認し、払戻し等を行うか検討することになると思われます。その際には、医療費等であることにつきエビデンスを提出してもらう、医療機関等への直接振込の方法により払戻しを行う、払戻金額の多寡により可能な限り多くの家族（推定相続人）から同意を得ておく、といった点を考慮することになります。

　なお、近時、このような場面に接することが散見されるようになっていることから、あらかじめ、本人から、当該家族を代理人として銀行へ届出をしてもらっておくことも有用と考えられます。ただし、この方法は、あくまで本人の認知判断能力が十分であるうちに、家族への代理権授与が行われていることが前提となることには留意が必要です。

【関連法規】

・民法3条の2、478条

ワンポイントアドバイス

① 　家族からの払戻依頼であっても、本人の意思を確認できない場合は、無権限者による払戻しとして無効となる可能性があります。特に、頻繁な払戻依頼がある場合には、預金者本人や家族に払戻しの事情を確認する等、慎重に対応すべきです。

② 　本人の認知判断能力が低下している場合は、成年後見制度の利用を勧めることが考えられます。また、あらかじめ代理人の届出がある場合は、当該代理人と取引を行うことも可能です。

③ 　成年後見制度や代理人制度の利用がない場合でも、やむをえないときには、本人の費用支払いのために行う払戻しであること等を確認のうえ、リスク判断のもと払戻しに応じることも考えられます。

Q.26 家族による預金者のキャッシュカードを利用した払戻し

預金者の家族が、預金者のキャッシュカードを使用してATMで出金しようとしている事態が発覚しました。どのように対応したらよいですか。

結 論　1　預金者本人以外の者が預金者のキャッシュカードを使ってATMにより払戻しを行う場合、銀行の善意・無過失が認められなければ、当該払戻しが無効となるおそれがあります。したがって、預金者の家族が預金者のキャッシュカードを用いてATMで出金しようとしている事態が発覚した場合、銀行としては、預金者本人からその事情を確認すべきであり、その確認ができるまでの間は、カード出金を止める等の対応が望ましいといえます。

2　預金者本人が、預金者の家族によるキャッシュカードでの出金を希望する場合は、かわりに、代理人カードや代理人届出制度の利用を案内することが考えられます。

3　銀行所定の代理人カードを発行する場合、トラブルリスク等を低減する観点から、預金者の同意に基づき、機械払いの1日および1回当りの引出限度額を少額に設定しておくことも有用です。

------------- ● 解　説 ● -------------

1　キャッシュカードによる払戻しのリスク

キャッシュカードによるATM等からの払戻し（機械払い）は、取引の安全性を確保する観点から、本人だけが暗証番号を知って行うことを前提としています。一般に、届出の暗証番号によって真正なキャッシュカードによる機械払いが行われた場合は有効な払戻しとされますから、本人が第三者に暗証番号を教えてしまうと、機械払いのシステム上の安全性が失われ、事故や

不正払戻しにつながります。

　判例は、無権限者が預金通帳またはキャッシュカードを用いて機械払いの方法で預金払戻しを受けた事案について、まず民法478条の適用があるとしたうえで、無権限者への払戻しであることにつき銀行が無過失であるというためには、「銀行において、預金者による暗証番号等の管理に遺漏がないようにさせるため当該機械払の方法により預金の払戻しが受けられる旨を預金者に明示すること等を含め、機械払システムの設置管理の全体について、可能な限度で無権限者による払戻しを排除し得るよう注意義務を尽くしていたことを要するというべき」としています（最決平15.4.8民集57巻4号337頁）。すなわち判例は、無権限者によるATMでの払戻しにつき銀行の（民法478条による）免責を認める前提として、（銀行に対して）暗証番号が預金者以外に知られないようにする管理体制を求めていると考えられます。そこで、預金者本人以外が暗証番号を知っていることを知ってしまった銀行が、漫然とそれを許容するならば、この前提を欠き、免責を受けられないことになると考えられます。

　したがって、預金者の家族が、預金者のキャッシュカードを使用してATMで出金をしようとしている場合には、暗証番号の第三者への漏洩が疑われますので、まずは当該出金の経緯等について預金者本人から事情を聞くべきであり、その事情を確認する間は当該口座からのカード出金を止める等の対応が保守的といえます。

　そのうえで、預金者が歩行困難等で外出できないといった理由から、預金者本人が家族による出金手続を希望し、かつ、家族も銀行の営業時間に来店できないといった事情が確認できた場合には、かわりに、銀行所定の代理人届出制度や代理人キャッシュカード等の利用を案内することが考えられます。すなわち、預金者本人の同意を前提として、銀行所定のカード規定により、同居の家族等を代理人とする代理人専用のカード（代理人カード）を発行するということです。この際、トラブルリスク等を低減する観点からは、代理人カードについて、あらかじめ本人の同意に基づき1日および1回当り

の引出限度額を少額に設定しておくことも有用です。

2　偽造・盗難カード預貯金者保護法の適用

　なお、一般的に、キャッシュカードの盗難や盗用による不正払戻しがあった場合には、偽造・盗難カード預貯金者保護法が適用され、被害者である預金者には銀行に対しその損害額の補てんを請求できる権利が認められます。ただし、その払戻しが不正に行われたことについて銀行が善意・無過失で、預金者に過失があったことを証明した場合は、損害額の4分の3相当額の補てんとなります。さらに、預金者に重過失があった場合には、銀行は免責され補てんの責任を負いません（同法5条）。なお、不正払戻しが預金者の配偶者、二親等内の親族、同居の親族その他の同居人または家事使用人によって行われた場合、同法は銀行がその不正払戻しについて善意・無過失であれば免責されると定めていますから（同法5条3項1号ロ）、同居の家族が預金者のキャッシュカードを盗用した場合には、預金者は補てんを受けることができないことがあります。このため、預金者としてはキャッシュカードや暗証番号を適正に管理する必要がありますし、家族に暗証番号を教えてキャッシュカードでの払戻しを依頼したのであれば、家族を預金の払戻しに関する使者としたものとして、そのリスクについては預金者自身が負わざるをえないことになります。

【関連法規】

・民法478条

・偽造カード等及び盗難カード等を用いて行われる不正な機械式預貯金払戻し等からの預貯金者の保護等に関する法律（偽造・盗難カード預貯金者保護法）5条等

━━━ ワンポイントアドバイス ━━━

①　家族といえども、暗証番号を教えてキャッシュカードを使わせることは事故および不正払戻しにつながりますから避けるべきです。

②　家族が預金者本人のキャッシュカードを使って払戻しを行った場

合、預金者は保護されず、銀行に補てんを要求することができない場合があります。

③　銀行所定の代理人カードを発行する場合、1日および1回当りの引出限度額を少額に設定することでリスクを低減することも考えられます。

Q27 預金者の代理人からの代理人届の受入れ。代理人が預金者の家族であった場合と第三者であった場合

　預金者の家族から、「預金者の代理人として登録してほしい」との申出がある場合、どのように対応したらよいですか。また、第三者から同様の申出がある場合は、どのように対応したらよいですか。

結論　1　預金者の家族が代理人となるためには、預金者から当該家族に対し代理権が授与されている必要があります。したがって、当該家族から代理人登録の依頼を受けた場合、まずは、預金者本人の意思を確認すべきです。

2　第三者から申出がある場合も、預金者本人の意思が確認できれば、代理人登録を行ってよいといえます。

- ● 　解　説　 ● -

1　家族からの申出

　預金者本人に意思能力があるうちに、代理人として登録された家族との間で委任契約が成立し、本人から家族への代理権授与がされていた場合、銀行は、当該家族を相手方として取引を行うことが可能です。また、本人の意思能力喪失は委任の終了事由に当たらないため（民法653条）、銀行としては、本人の意思能力喪失後も、当該家族を代理人として取引を行うことができます。

　しかし、代理人との取引については、あくまで、本人から当該代理人に対し代理権が授与されていることが前提となります。そのため、本問のように家族から申出があるケースで、銀行として預金者本人の意思を確認することなく、当該申出のみに基づき、当該家族を代理人として預金払戻し等の取引に応じた場合には、他の家族等より「実際には本人からの代理権の授与はなかった」と主張され、当該取引が無効となるおそれがあります。この場合、

代理権がないことにつき銀行として善意・無過失といえる場合には、受領権者としての外観を有する者に対する弁済（民法478条）による免責の主張や、表見代理の主張（民法109条）を行うことが一応考えられるものの、常に銀行に無過失が認められるとは考えにくいといえます。そのため、少なくとも代理人登録を行う際には、預金者本人の意思を確認すべきです。

なお、上記家族からの申出時点で、すでに預金者本人の認知判断能力が低下している場合には、本人において家族へ代理権を授与することができず（民法3条の2）、銀行としても代理人届出を受けることはできません。その場合、基本的な対応としては、成年後見制度の利用を勧めるということが考えられます。

ただし、たとえば、本人の医療費や介護施設費の支払のために資金が急ぎ必要な場合等、成年後見制度の利用開始を待つことが、必ずしも十分な対応とはいえないケースも想定されます。そこで、上記のような場合には、顧客利便性等の観点から、真に本人のためであることを確認のうえ、家族からの払戻依頼等へ応じることが検討されます。その際は、医療費等であることにつきエビデンスを提出してもらう、医療機関等への直接振込の方法により払戻しを行う、といった点を考慮することになります。

もっとも、本人からの代理権授与がない場合、当該家族については無権限者と考えざるをえないため、払戻し等の有効性について、将来的に他の家族等との紛争が生じる可能性があります。そこで、紛争リスクを低減する観点からは、払戻し等に際し、払戻金額の多寡により可能な限り多くの家族（推定相続人）より、同意を得ておく対応が望ましいといえます。

2　第三者からの申出

上述のとおり、代理権を授与するためには、本人と代理人となる者の間で委任契約が成立している必要があります。この点、第三者であっても、当該委任が成立していれば、法的には代理人となることができますので、第三者から代理人登録の申出がある場合には、まずは預金者本人の意思を確認すべ

きです。

なお、上記第三者からの申出の時点で、すでに預金者本人の認知判断能力が低下している場合、銀行として、代理人の届出を受けることはできません。ただ、その場合でも、医療費等の支払のため、急ぎ資金が必要であるとして、本人名義預金の払戻し等が求められるケースが想定されます。その際には、上記1「家族からの申出」の場合と同様に、家族の同意を確認する等必要なリスク低減策を検討しつつ、真に本人のための払戻し等であることを慎重に確認したうえ、対応を考えることになると思われます。

また、法的には、第三者を代理人とすることが可能ではあるものの、実際に、家族以外の第三者について代理人としたいとの申出があるケースはまれであり、そのようなケースでは、本人と家族の関係でなんらかのトラブルがある等の事情も懸念されます。したがって、第三者について代理人登録の申出がある場合、トラブルリスク回避の観点からは、事情を聴取したうえで、第三者を代理人とすることにつき合理性が認められるときに限り、申出に応じるといった対応が考えられます。

3 代理人との取引に関する留意点

まず、家族を代理人とする場合、第三者を代理人とする場合、いずれの場合であっても、代理人により預金者の資産が使い込まれるリスクや、預金者の家族（預金者の相続開始後は相続人）との紛争が生じるリスク等が考えられます。そこで、代理人届出を受ける際には、銀行として、預金者本人が代理人取引について十分理解しているかを確認することとし、また万一、代理人取引をめぐってトラブル等が生じた場合は、銀行に過失のない限り免責されることにつき本人より同意を得ておく対応が考えられます。

次に、代理人届出時の対応についてです。実務上、本人は健常であるものの、代理人として届け出る予定の家族が遠方に居住しており、一緒に来店することが困難である等の事情により、預金者本人からの申出のみに基づき代理人届出を受ける（代理人届出時に代理人の署名・捺印までは求めない）場合

もありうると思われます。ただ、代理人との取引は、あくまで本人からの代理権授与が前提となるため、代理人となる者の意思を確認していない場合には、後々、他の家族等より「（当該代理人には）代理権が授与されていない」と主張される可能性があります。そこで、本人から代理人届出を受けた際には、代理人に対し銀行からその旨通知しておく、という実務対応の検討も考えられます。

　また、そのほかの留意点としては、いったん本人による代理権の授与が行われたとしても、銀行の知らないところで、当事者間の委任が解除されるおそれがあります（民法651条）。そこで、銀行へ代理人を届け出てもらう際には、委任を解除した場合は銀行に対し必ず届出を行うこと、かかる届出を行わなかった場合に銀行が（元）代理人と取引をしても銀行に落ち度のない限り免責されること、を規定しておく対応が望ましいといえます。

【関連法規】

・民法３条の２、651条、653条等

ワンポイントアドバイス

①　代理人として届出された家族等と取引を行う場合、本人から当該代理人に対しあらかじめ代理権が授与されていることが前提となります。

②　第三者が代理人となる場合も、家族の場合と同様に、本人により代理権が授与されていることが前提となります。

Q28 日常生活自立支援事業における社協職員との取引

　社会福祉協議会の職員から、日常生活自立支援事業の代理人として預金の払出請求を受けた場合は、どのような点に注意すべきですか。

結論　日常生活自立支援事業は、全国の社会福祉協議会が事業として行う、認知症高齢者等判断能力が不十分な方の福祉サービス利用援助等を目的とする公益的な事業です。利用者は、社会福祉協議会との間で、「福祉サービス利用援助契約」を締結し、福祉サービスの利用援助や、日常的金銭管理や書類等の預りサービスを受けることができます。

　金融機関は、社会福祉協議会の理事を代理人とする預金取引が発生しますので、代理人の印章や事務取扱者の届出を受けます。金融取引は、利用者の日常生活に必要な入出金手続に限られます。多額の現金取引は対象外であり、後見人のような代理権や同意権の行使も認められていない点には注意しましょう。

------------● 解　説 ●------------

1　日常生活自立支援事業とは

⑴　定義と制度の沿革

　日常生活自立支援事業（以下、「本事業」という）とは、認知症高齢者、知的障害者、精神障害者等のうち判断能力が不十分な方が地域において自立した生活が送れるよう、利用者との契約に基づき、福祉サービスの利用援助等を行うものです。

　本事業は、福祉サービス利用の「措置から契約へ」の移行や、成年後見制度の導入にあわせて、成年後見制度の利用をはじめとする各種福祉サービスの適切な利用を支援する仕組みの必要性が認識され、平成11年10月、地域福祉権利擁護事業として創設されました。その後、社会福祉法の成立により、

福祉サービス利用援助事業として位置づけられ、平成19年度より、日常生活自立支援事業と名称が改められました。

本事業の実施主体は、当初都道府県社会福祉協議会だったものが、政令指定都市にも拡大されました。事業の一部を委託された区市町村の社会福祉協議会（これを「基幹的社会福祉協議会」といいます）が、実質的な運営を行っています。

(2) 制度の対象

本事業の利用対象者は、以下の両方の要件を満たす必要があります。

① 判断能力が不十分な方（認知症高齢者、知的障害者、精神障害者など日常生活を営むうえで必要となる福祉サービスの利用等について自分で判断することが困難な方）

② 本事業の契約内容に関して判断しうる能力を有していると認められる方

したがって、判断能力がまったく失われているような方、たとえば成年後見制度の後見類型に該当するような方は、本事業を利用することができません。

(3) サービス内容

本事業による代表的な援助の範囲は、次のとおりです（各地の社会福祉協議会により、援助の範囲に多少の差があります）。

① 福祉サービスの利用援助

1 福祉サービスを利用し、または利用をやめるために必要な手続の援助

2 福祉サービスについての苦情解決制度の利用援助

3 住宅改造、居住家屋の賃借、日常生活上の消費契約および住民票の届出等の行政手続に関する援助、その他福祉サービスの適切な利用のために必要な一連の援助

4 福祉サービスの利用料の支払手続

② 日常的金銭管理サービス

1 年金および福祉手当の受領に必要な手続

2 医療費の支払手続

3　税金、社会保険料、公共料金の支払手続

4　日用品の代金支払手続

5　1〜4の支払に伴う、預金の払戻し、預金の解約、預金の預入手続

③　書類等の預りサービス

1　年金証書

2　預貯金通帳・証書

3　不動産等の登記済権利証

4　重要な契約書類

5　保険証書

6　実印、銀行届出印

7　その他必要と認めたもの

(4)　利用料金

　本事業のサービス利用料は、各社会福祉協議会によって若干の差異があります が、国庫補助もあり、総じて成年後見制度の後見人等の報酬額に比べると低額です。また、生活保護受給者の利用料金は、無料または軽減措置が講じられています。たとえば、静岡県では、サービス利用料は以下のとおりです。

① 　相談、訪問調査、支援計画の作成（無料）

② 　生活支援員の訪問（利用援助、金銭管理等）（1回当り1,000円　全国平均では1,200円）

③ 　書類等の預りサービス（実費）

④ 　貸金庫からの出し入れ（1回当り750円）

(5)　利用の流れ

　本事業の具体的な援助の仕組みとその担い手の行う業務について、静岡県社会福祉協議会地域福祉部では以下のとおり案内されています（（　）内は担い手を示す）。

① 　相談受付（専門員）

② 　初期相談（専門員）……事業の説明、利用希望の確認、利用申込受付

③　具体的調査（専門員）……利用の必要性の把握・生活状況の把握、提供するサービスの特定、契約締結能力の確認

　　特に「契約締結能力の確認」は重要なポイントのため、利用希望者の能力に疑義がある場合は、本人の了解を得たうえで、都道府県（含政令指定都市）社会福祉協議会に設置された「契約締結審査会」に諮り、その審査結果をふまえ利用の可否判断を行います。

④　関係調整（専門員）……事業の効率化を図るための調整、家族等との関係調整、成年後見制度との関係の確認

⑤　契約書・支援計画作成（専門員）

⑥　契約締結（専門員）

⑦　援助開始（生活支援員）……専門員の指示を受け、サービス提供し日常生活支援を行う

　　生活支援員は、高齢者や障害者の日常生活の支援や、身体機能・生活能力の向上に向けた支援、創作・生産活動の支援を行う職種です。生活支援員になるために特別な資格は必要ありません。活動場所は、高齢者の介護施設や障害者支援施設など多岐にわたります。多くは、非常勤職員として採用されています。

⑧　支援計画の評価（専門員）……運営適正化委員会へ実施状況を報告

⑨　支援計画の内容確認（専門員）……運営適正化委員会へ実施状況を報告

⑩　契約の終了（専門員）

(6) 本事業の課題

①　利用状況……全国社会福祉協議会の報告によれば、年間の新規契約件数は約１万1,000件、令和２年３月末現在の利用件数は約５万6,000件となっています。新規利用者の内訳は、認知症高齢者が約６割、65歳以上が７割弱、１人暮らしが８割弱となっています。

②　事業の財源確保……本事業の運営経費は、専門員の給与、事務所の維持、職員の研修費用等ですが、利用料だけではコストをまかなうことはむずかしい状態です。国庫補助金は、国と都道府県等が折半のため、都道府

県の財政事情等に大きく左右され、いずれの社会福祉協議会も、安定的な運営財源の確保に苦慮しています。

③　自治体間の利用格差……本事業は、実施主体によって、契約者数に大きな差が生じていることが指摘されています。上記の財源問題のほか、事業の広報・普及啓発や、利用対象者の発見等の取組みの違いが原因です。

④　支援内容の質の変化……本事業が進展してきた結果、単なる福祉サービスの利用援助や日常金銭管理では足りず、日常生活の見守り支援が必要となるケースが多いことがわかってきました。社会福祉協議会がハブとなって、地域のネットワークで利用者を支えていく必要性が認識されています。

2　社会福祉協議会との取引と留意点

　日常生活自立支援事業は、成年後見制度に比べて知名度で劣るものの、判断能力が減退しつつある高齢者等の日常生活を守るための身近なサービスであり、なかでも「日常的金銭管理サービス」や「書類等の預りサービス」のニーズが高まっています。

　そこで同事業の主体となる社会福祉協議会では、地元の金融機関等との間で「金融関係機関連絡会議（またはこれと同趣旨の名称）」を設置し、事業で直接支援にあたる専門員や生活支援員が円滑に事業を推進でき、利用者の生活を継続的に援助することができるよう、金融機関等の関係者の理解を求める手段としています。

　金融機関は、本事業に基づく「福祉サービス利用援助契約」を締結した預金者から、社会福祉協議会の理事を代理人とする預金取引の届出を受け、代理人が取引に使用する印章と、実際に支援事務を行う専門員や生活支援員の氏名の届出を受けることとしています。

　静岡県社会福祉協議会では、「代理取扱依頼書（兼代理人届）」「代理取扱変更届」「代理取扱終了届」「代理人解任届」の４種類の届出書式を制定しています。実際に使用する書式等は、実施主体である都道府県ごとに異なります

ので、各都道府県社会福祉協議会に確認しましょう。

　本事業における金融機関との取引は、文字どおり利用者の日常生活に必要な入出金手続に限られます。多額の現金取引は対象外であり、後見人のような代理権や同意権の行使も認められていない点には注意しましょう。

　昨今では、社会福祉協議会の職員による不正事件も散見されます。本人確認は言うに及ばず、資金使途の確認等、未然防止・抑止等の対応も行いましょう。

【関連法規】

・社会福祉法

・民法

ワンポイントアドバイス

　法人代理人との取引の基本を押さえましょう。契約後の預金者本人の成年後見制度の申立ての要否についても確認しましょう。

Q29 成年後見人および成年被後見人との取引

　成年後見人と取引する場合、どのような点に注意すべきですか。

　成年被後見人と取引することはできますか。取引する場合には、どのような点に注意すべきですか。

結　論　成年後見人は、法定で包括的な財産管理権を付与されていますので、原則としてすべての金融取引に応じることは問題ありません。ただし、複数選任されている場合には、登記事項証明書を確認のうえ、財産管理権を有する者と取引を行う必要があります。

　成年後見人による預貯金の払出しについては、監督人の同意や家裁の許可は不要ですが、不正未然防止の観点から、普通預金に多額の残高がある場合は、後見預金等の利用を勧めましょう。なお、成年被後見人死亡後においては、一定の条件のもとで成年後見人は、払出し等の事務を行うことが可能です。

　成年被後見人は、制限行為能力者ですが、成年後見人には同意権がなく、金融機関は、原則として成年被後見人との取引は困難であると考えられます。

----------●　解　説　●----------

1　後見類型と成年後見人

(1)　後見類型の意義

　法定後見における「後見」の制度（後見類型）は、精神上の障害により判断能力を欠く常況にある者を保護・支援する制度です。家庭裁判所の後見開始の審判によって後見が開始します。後見開始の審判を受けた本人を成年被後見人（本問では本人と表記します）と呼び、本人保護の任務にあたる者を成年後見人と呼びます。成年後見人は、個人だけでなく、法人や複数による選任も可能です。

(2)　成年後見人の権限

後見類型の本人は、判断能力を欠く常況であり、単独で自己の財産に関する法律行為を行うことができないなど、独力で日常の暮らしを成り立たせることが困難な状態にあります。

そこで、成年後見人には、本人保護の実効性の観点から、法律行為全般について広範な代理権および包括的な財産管理権が与えられるとともに、本人の行為への同意の有無にかかわらず、取消権を行使することができます。本人は意思能力を欠く常況にあり、成年後見人が本人に事前の同意を与えたとしても、本人がそのとおり法律行為を行うことを期待できないことから、成年後見人には同意権が与えられていません。

なお、複数後見の場合の権限行使は、職務分掌のケースのほかに共同行使のケースもあることから、登記事項証明書の内容をよく確認する必要があります。

2　成年後見人との取引

(1)　就任手続・受入書類等

成年後見人に就任した旨の申出を受けた場合、原則として「登記事項証明書」の提出を受け、本人に後見が開始したことを確認します。成年後見人が手続を急ぐ場合には、登記事項証明書にかえて、「審判書」および「審判確定証明書」の提出を受け、後日登記事項証明書の提出を受けることも考えられます。いずれの書類もコピーをとり、原本を返却します。

後見開始の確認ができたら、「成年後見制度に関する届出書」（全銀協の参考例を参照）への署名・捺印を求めると同時に、成年後見人の本人確認書類の提出を受けます。最後に、成年後見人から、今後の取引において使用する成年後見人の印鑑届の提出を受け、本人の通帳の名義の変更等の手続を行います。

(2)　取引上の留意点

①　通帳の口座名義の表示

後見開始後の本人の口座名義（預金通帳）の表示については、「成年被後

見人○○○○　成年後見人△△△△」などの方法もみられますが、プライバシーに配慮し、通帳表示はそのままで、通帳の1ページ目に成年被後見人・成年後見人の氏名を記載する方法もみられます。

②　キャッシュカードの発行

成年後見人から代理人用のキャッシュカードの発行依頼を受けた場合、成年後見人の財産管理権を根拠に発行することはさしつかえありません。本人がキャッシュカードを保有している場合は、本人の財産保護の観点および本人の行為が取消権の対象となることから、通常は、本人カードの使用禁止登録を行い、カードを回収します。

③　インターネットバンキングの利用

自金融機関においてインターネットバンキング（IB）サービスを行っており、成年後見人から利用の申出を受けた場合、成年後見人の財産管理権を根拠に取引に応じることはさしつかえありません。ただし、積極的に応じる金融機関は多くないと考えられます。

成年後見人の主な利用目的は振込・振替手続であり、低コストで利便性の高いIBサービスは高いニーズがあります。ただし、預金や為替以外のさまざまな取引も技術上可能となることから、利用を認める場合は、取引範囲の限定等の検討課題が残ります。

④　郵便物の転送

本人には通信の秘密などの権利が保障されている一方、成年後見人が、財産管理の観点から、成年後見人宛てに本人宛ての郵便物を転送することの可否についての明確な根拠条文はありません。成年後見人が本人の郵便物の転送を受け、財産管理上必要と思われる郵便物を開披することは、成年後見人の包括的な財産管理権の範囲と考えられ、本人の財産保護の観点にも鑑み、依頼に応じて転送手続を行うことは問題ないと思われます。ただし、後見事務に不要なDMや私信については、成年後見人に開封権限はないと考えられます。

平成28年10月に施行された「成年後見の事務の円滑化を図るための民法及

び家事事件手続法の一部を改正する法律」（以下、「円滑化法」という）によって、成年後見人は、家庭裁判所の事前の許可を得て、郵便物の転送を受けることが可能になりました（民法860条の2ほか。転送期間は6カ月で更新も可能）。円滑化法は後見類型に限定されたものであり、保佐類型・補助類型・任意後見には適用がありません。

⑤　成年後見監督人の同意

成年後見監督人が選任されている場合、成年後見人は、本人の利害に重大な影響を与える行為（営業または民法13条1項各号で規定する行為）について代理行為を行う場合には、監督人の同意を得る必要があります（民法864条）。具体例としては、本人名義での借入れや、不動産の抵当権の設定、相続の承認等が考えられます。

法律上は、元本の領収（預金の払出し）について監督人の同意は不要とされていますので、成年後見人の求めに応じて払出しを行うことは問題ありません。ただし、後見人の不正が最も起きやすいのが、預金の払出しであることからみても、不自然な払出しが疑われる場合には、一声かけることや、後見信託・後見預金の利用を勧めるとよいでしょう。

⑥　後見制度支援信託・後見制度支援預貯金の利用

本人が（1,000万円以上など）多額の預貯金を有する場合には、家庭裁判所から、成年後見人に対して、後見制度支援信託や後見制度支援預貯金の利用を示唆される場合があります。この場合、成年後見人は、家庭裁判所が発行する指示書を持参のうえ、金融機関の窓口で利用手続を行います。指示書の内容を確認のうえ、口座の開設と預金の移動、払出し時の確認等の手続を行います（詳細はQ35を参照）。

⑦　本人との利益相反行為

成年後見人は、原則すべての法律行為についての法定代理人となりますが、本人との間で利益相反関係に立つ行為について代理することはできず、家庭裁判所が選任した特別代理人が本人の代理人となって、成年後見人との間で行為を行うこととなります。

具体例としては、成年後見人と本人が共同相続人となる相続についての遺産分割協議のほか、成年後見人自身の借入れに係る本人の保証や、本人が保有する資産への担保権の設定などが考えられます。相続預金を相続人に払い出す場合や、成年後見人に融資を行う場合に注意が必要です。

なお、後見監督人が選任されている場合は、後見監督人が後見人の権限を行使することになりますので、特別代理人を選任する必要はありません。

⑧ 居住用不動産の処分

成年後見人が、本人の居住用不動産の処分（所有・賃貸の別を問いません。処分には賃借権の解除や抵当権の設定等も含まれます）を行う場合には、事前に家庭裁判所の許可を得る必要があります（民法859条の3）。金融機関も、売却や抵当権の設定にかかわる場合には、確認を行う必要があると思われます。

⑨ 死後事務への対応

本人が死亡した場合、成年後見は当然に終了し、成年後見人は代理権を喪失します。しかし、実務上、成年後見人が死後事務を行うことを周囲から期待され、社会通念上成年後見人も拒否できない場合が少なくありません。

平成28年10月に施行された円滑化法によって後見類型における死後事務の範囲が一定程度明確になりました（民法873条の2ほか）。成年後見人は、後見人自ら事務を行う必要性があるなどの要件を満たせば、①保存行為、②弁済期が到来している債務の弁済（成年被後見人の医療費・入院費・公共料金等の支払など）、③火葬等の契約締結や債務弁済のための払戻し等については、職務を行うことができます。なお、上記の③については、家庭裁判所の許可を得る必要がありますので、注意が必要です。また、円滑化法は後見類型に限定されたものであり、保佐類型・補助類型・任意後見には適用がありません。

3 本人との取引

(1) 本人との取引の考え方

法律行為を行うときに意思能力を欠く場合には、その法律行為は無効とな

りますが（民法3条の2）、意思無能力であった立証責任等の本人負担と相手方の不測の損害を回避するため、単独で有効に法律行為をなしうる資格を制限された者を制限行為能力者と定め、その者の行為は取り消しうるとされています。

　後見類型の本人は、判断能力を欠く常況にあることから制限行為能力者とされており、本人単独で有効な法律行為を行うことはできません。本人の行為は、常に本人または成年後見人によって取り消すことができますので、金融機関は、原則として本人との取引は困難であると考えられます。

⑵　日常生活に関する行為の例外

　日常の家事に関する本人の法律行為（民法9条ただし書）については、成年後見人の取消権の対象から除外されています。日常の家事の範囲は、本人の状況や行為の目的など客観的な事情を総合的に考慮して判断するものとされており、日用品の買い物のほか、公共料金の支払や必要な範囲での預貯金の払出し等があげられます。このように法律上金融取引が禁止されているわけではありませんが、一般的には、本人が単独で金融取引を行うことはむずかしいと考えられます。

【関連法規】
・民法
・家事事件手続法
・後見登記等に関する法律
・老人福祉法
・成年後見制度の利用の促進に関する法律
・成年後見の事務の円滑化を図るための民法及び家事事件手続法の一部を改正する法律（円滑化法）

ワンポイントアドバイス

　後見監督人選任時の事務、後見信託・後見預金、郵便物の転送や死後事務など後見類型に特有の手続がありますので留意しましょう。

Q.30 保佐人および被保佐人との取引

保佐人と取引する場合、どのような点に注意すべきですか。

被保佐人と取引することはできますか。取引する場合には、どのような点に注意すべきですか。

結論　保佐人は、重要な財産行為については法定で同意権を付与されている一方、代理権は当然に付与されません。必要な範囲で代理権限を付与されますので、財産行為が代理権に含まれる場合には、保佐人と取引を行うことができます。登記事項証明書および代理行為目録を確認のうえ、財産管理権を有する者と取引を行う必要があります。

保佐人による預貯金の払出しについては、保佐人の権限を確認したうえで、手続に応じてかまいません。なお、被保佐人死亡後は、保佐人には、成年後見人に認められる権限はありません。

被保佐人は制限行為能力者に当たりますので、金融機関は、保佐人の同意を得たうえで、被保佐人と取引を行うことができます。

--------------------●　解　説　●--------------------

1　保佐類型の意義と保佐人の権限

(1)　保佐類型の意義

法定後見における「保佐」の制度（保佐類型）は、精神上の障害により判断能力が著しく不十分な状態にある者を保護・支援する制度です。家庭裁判所の保佐開始の審判によって保佐が開始します。保佐開始の審判を受けた本人を被保佐人（本問では本人と表記します）と呼び、本人保護の任務にあたる者を保佐人と呼びます。保佐人は、個人だけでなく、法人や複数の保佐人による選任も可能です。

⑵ 保佐人の権限

保佐類型の本人は、判断能力が著しく不十分な状態であり、単独で自己の財産に関する法律行為を行うことができないなど、常に他人の援助を受けることが必要な状態にあります。

そこで、保佐人には、本人保護の実効性の観点から、重要な財産行為（民法13条1項各号）について法定で同意権が与えられるとともに、必要に応じて対象となる行為の範囲を拡張することができます。保佐人が同意しなかった本人の行為について、保佐人は取消権を行使することができます。なお、平成29年の民法改正により、保佐開始の審判を受けている親は、保佐人の同意を得て、未成年の子の法定代理人として重要な財産行為を行うことができるようになりました（同項10号）。

さらに、保佐人は、本人の同意を得たうえで、家庭裁判所の審判により、特定の法律行為の代理権を付与されます（民法876条の4）。代理権の範囲に、財産行為が含まれる場合には、保佐人は、金融機関との取引について代理権を有します。代理権付与の審判の申立ては、保佐開始の審判の申立てと同時のほか、保佐開始後、追加で何度も行うことができます。

なお、複数後見の場合の権限行使は、職務分掌のケースのほかに共同行使のケースもあることから、登記事項証明書の内容をよく確認する必要があります。

2 保佐人との取引

⑴ 就任手続・提出書類等

保佐人に就任した旨の申出を受けた場合、原則として「登記事項証明書」の提出を受け、本人に保佐が開始したことを確認します。保佐人が手続を急ぐ場合には、登記事項証明書にかえて、「審判書」および「審判確定証明書」の提出を受け、後日登記事項証明書の提出を受けることも考えられます。いずれの書類もコピーをとり、原本を返却します。

保佐開始の確認ができたら、「成年後見制度に関する届出書」（全銀協の参

考例を参照）への署名・捺印を求めると同時に、保佐人の本人確認書類の提出を受けます。最後に、保佐人から、今後の取引において使用する保佐人の印鑑届の提出を受け、本人の通帳の名義の変更等の手続を行います。

(2) 取引上の留意点

① 口座名義（預金通帳）の表示

保佐開始後の本人の口座名義（預金通帳）の表示については、「被保佐人○○○○　保佐人△△△△」などのケースもありますが、プライバシーに配慮し、通帳表示はそのままで、通帳の1ページ目に被保佐人・保佐人の氏名を記載する方法もみられます。

② キャッシュカードの発行

保佐人から代理人用のキャッシュカードの発行依頼を受けた場合、保佐人に金融取引に関する代理権が付与されている場合には、その権限を根拠に発行することはさしつかえありません。本人がキャッシュカードを保有している場合は、保佐人の同意のない本人の行為が取消権の対象となることから、通常は、本人カードの使用禁止登録を行い、カードを回収します。

③ インターネットバンキングの利用

自金融機関においてインターネットバンキング（IB）サービスを行っており、保佐人から利用の申出を受けた場合、保佐人の代理権を根拠に取引に応じることはさしつかえありません。ただし、積極的に応じる金融機関は多くないと考えられます。

保佐人の主な利用目的は振込・振替手続であり、低コストで利便性の高いIBサービスは高いニーズがあります。ただし、預金や為替以外のさまざまな取引も技術上可能となることから、利用を認める場合は、取引範囲の限定等の検討課題が残ります。

④ 郵便物の転送

本人には通信の秘密などの権利が保障されている一方、保佐人が、財産管理の観点から、保佐人宛てに本人宛ての郵便物を転送することの可否についての明確な根拠条文はありません。財産管理権を有する保佐人が本人の郵便

物の転送を受け、財産管理上必要と思われる郵便物を開披することは、保佐人の財産管理権の範囲と考えられ、本人の財産保護の観点にも鑑み、依頼に応じて転送手続を行うことは問題ないと思われます（財産管理権のない場合でも一律に転送してよいかは疑問が残ります）。ただし、後見事務に不要なDMや私信については、保佐人に開封権限はないと考えられます。

平成28年10月に施行された「成年後見の事務の円滑化を図るための民法及び家事事件手続法の一部を改正する法律」（以下、「円滑化法」という）は、保佐類型には適用がありません。

⑤ 保佐監督人の同意

保佐監督人が選任されている場合、保佐人は、本人の同意を得たうえで、家庭裁判所の審判によって個別に代理権を付与されていることから、成年後見人とは異なり、保佐監督人の同意を必要とする定めはありません（民法864条の準用はありません）。

⑥ 後見制度支援信託・後見制度支援預貯金の利用

後見制度支援信託および後見制度支援預貯金は、現時点では、後見類型のみの制度となっているため、保佐類型では利用できません（詳細は、Q35を参照）。

⑦ 本人との利益相反行為

保佐人は、個別に代理権を付与されていますが、本人との間で利益相反関係に立つ行為について代理することはできず、家庭裁判所が選任した臨時保佐人が本人の代理人となって、保佐人との間で行為を行うこととなります。

具体例としては、成年後見人の場合と同様、保佐人と本人が共同相続人となる相続についての遺産分割協議のほか、保佐人自身の借入れに係る本人の保証や、本人が保有する資産への担保権の設定などが考えられます。

なお、保佐監督人が選任されている場合は、保佐監督人が保佐人の権限を行使することになりますので、臨時保佐人を選任する必要はありません。

⑧ 居住用不動産の処分

保佐人が、本人の居住用不動産の処分（所有・賃貸の別を問いません。処分

には賃借権の解除や抵当権の設定等も含まれます）を行う場合には、事前に家庭裁判所の許可を得る必要があります（民法859条の3、876条の3）。金融機関は、後見類型と同様、確認を行う必要があると思われます。

⑨ 死後事務への対応

本人が死亡した場合、保佐は当然に終了し、保佐人は代理権を喪失します。しかし、成年後見人同様、死亡後も保佐人が死後事務を行う場合が少なくありません。

平成28年10月に施行された円滑化法によって後見類型における死後事務の範囲が一定程度明確になりました（民法873条の2ほか）が、保佐類型には適用がありません。死後事務を託せる相続人がいない場合には、生前から死後事務を任せられる人を探しておくよう、保佐人に助言を行うとよいでしょう。

3 本人との取引

(1) 本人との取引の考え方

保佐類型の本人は、判断能力が著しく不十分な状態にあることから制限行為能力者とされており、重要な財産行為（民法13条1項各号）については、保佐人の事前の同意を得なければ有効に法律行為を行うことはできません。保佐人の同意を得ないで行った行為は、本人または保佐人によって取り消すことができます。金融取引は重要な財産行為に該当しますので、金融機関は、本人と取引を行う場合には、保佐人の同意を得て取引を行うことになります。

保佐の場合、保佐人の同意を得た本人との取引と、保佐人による代理取引の両方がありえますが、民法は、本人の残存能力の活用の観点から、本人との取引が優先すると考えています。法の趣旨にのっとり、まず本人との取引が可能かどうか検討すべきであると考えられます。

(2) 日常生活に関する行為の例外

日常の家事に関する本人の法律行為（民法9条ただし書）については、成

年後見人と同様、保佐人の取消権の対象から除外されています。保佐類型の場合、たとえば、保佐人の指示のもと、家計口座とは別に生活費等の払出し専用の小口口座を設けることによって、本人単独での取引を可能ならしめることが考えられます。

【関連法規】

・民法

・家事事件手続法

・後見登記等に関する法律

・老人福祉法

・成年後見制度の利用の促進に関する法律

・成年後見の事務の円滑化を図るための民法及び家事事件手続法の一部を改正する法律（円滑化法）

ワンポイントアドバイス

　保佐人に代理権が付与されていない場合がありますので、代理行為目録の有無や財産行為が含まれているかをきちんと確認しましょう。

補助人および被補助人との取引

補助人と取引する場合、どのような点に注意すべきですか。

被補助人と取引することはできますか。取引する場合には、どのような点に注意すべきですか。

結論 補助人は、同意権も代理権も当然に付与されず、必要な範囲で同意権および代理権を付与されます。代理権に財産行為が含まれる場合には、補助人と取引を行うことができます。代理行為目録を確認のうえ、財産管理権を有する者と取引を行う必要があります。

補助人による預貯金の払出しについては、補助人の権限を確認したうえで手続に応じてかまいません。なお、被補助人死亡後は、補助人には、成年後見人に認められる権限はありません。

同意権を付与された被補助人は制限行為能力者に当たりますので、金融機関は、補助人の同意を得たうえで、被補助人と取引を行うことができます。また、同意権を付与されていない場合は、被補助人と単独で取引を行うことができます。

-------------------------● 解 説 ●-------------------------

1 補助類型の意義と補助人の権限

(1) 補助類型の意義

法定後見における「補助」の制度（補助類型）は、精神上の障害により判断能力が不十分な状態にある者を保護・支援する制度です。家庭裁判所の補助開始の審判によって補助が開始します。補助開始の審判を受けた本人を被補助人（本問では本人と表記します）と呼び、本人保護の任務にあたる者を補助人と呼びます。補助人は、個人だけでなく、法人や複数の補助人による選任も可能です。

⑵ 補助人の権限

　補助類型の本人は、判断能力が不十分な状態にありますが、一定水準以上の判断能力を有する者であることから、保佐類型や後見類型と異なり、本人が同意権・取消権の付与について選択できる仕組みになっています。

　そこで、補助人には、本人の自己決定権の尊重の観点から、本人が自ら同意権・取消権の付与を選択した場合に、その範囲内の特定の法律行為について同意権・取消権を付与することとしています。補助人が同意しなかった本人の行為について、補助人は取消権を行使することができます。

　さらに、補助人には、本人の同意を得たうえで、家庭裁判所の審判により、特定の法律行為について代理権を付与されます。代理権の範囲に、財産行為が含まれる場合、補助人は、金融機関との取引について代理権を有します。代理権付与の審判の申立ては、補助開始の審判の申立てと同時のほか、補助開始後、追加で何度も行うことができます。

　なお、複数後見の場合の権限行使は、職務分掌のケースのほかに共同行使のケースもあることから、登記事項証明書の内容をよく確認する必要があります。

2　補助人との取引

⑴　就任手続・提出書類等

　補助人に就任した旨の申出を受けた場合、原則として「登記事項証明書」の提出を受け、本人に補助が開始したことを確認します。補助人が手続を急ぐ場合には、登記事項証明書にかえて、「審判書」および「審判確定証明書」の提出を受け、後日登記事項証明書の提出を受けることも考えられます。いずれの書類もコピーをとり、原本を返却します。

　補助開始の確認ができたら、「成年後見制度に関する届出書」（全銀協の参考例を参照）への署名・捺印を求めると同時に、補助人の本人確認書類の提出を受けます。最後に、補助人から、今後の取引において使用する補助人の印鑑届の提出を受け、本人の通帳の名義の変更等の手続を行います。

(2)　取引上の留意点

①　口座名義（預金通帳）の表示

　補助開始後の本人の口座名義（預金通帳）の表示については、「被補助人○○○○　補助人△△△△」などの方法もみられますが、プライバシーに配慮し、通帳表示はそのままで、通帳の1ページ目に被補助人・補助人の氏名を記載する方法もみられます。

②　キャッシュカードの発行

　補助人から代理人用のキャッシュカードの発行依頼を受けた場合、補助人に金融取引に関する代理権が付与されている場合には、その権限を根拠に発行することはさしつかえありません。預金取引について補助人に同意権が付与されている場合であって、本人がキャッシュカードを保有している場合は、補助人の同意のない本人の行為が取消権の対象となることもあり、通常は、本人カードの使用禁止登録を行い、カードを回収します。

③　インターネットバンキングの利用

　自金融機関においてインターネットバンキング（IB）サービスを行っており、補助人から利用の申出を受けた場合、補助人の代理権を根拠に取引に応じることはさしつかえありません。ただし、積極的に応じる金融機関は多くないと考えられます。

　補助人の主な利用目的は振込・振替手続であり、低コストで利便性の高いIBサービスの利用ニーズは高いです。ただし、預金や為替取引以外のさまざまな取引も技術上可能となることから、利用を認める場合、取引範囲の限定については検討課題と思われます。

④　郵便物の転送

　本人には通信の秘密などの権利が保障されている一方、補助人が、財産管理の観点から、補助人宛てに本人宛ての郵便物を転送することの可否についての明確な根拠条文はありません。しかし、財産管理権を有する補助人が本人の郵便物の転送を受け、財産管理上必要と思われる郵便物を開披することは、補助人の財産管理権の範囲と考えられ、本人の財産保護の観点にも鑑

み、依頼に応じて転送手続を行うことは問題ないと思われます（財産管理権のない場合でも一律に転送してよいかは疑問が残ります）。ただし、後見事務に不要なDMや私信については、補助人に開封権限はないと考えられます。

平成28年10月に施行された「成年後見の事務の円滑化を図るための民法及び家事事件手続法の一部を改正する法律」（以下、「円滑化法」という）は、補助類型には適用がありません。

⑤ 補助監督人の同意

補助監督人が選任されている場合、補助人は、本人の同意を得たうえで、家庭裁判所の審判によって個別に代理権を付与されていることから、成年後見人とは異なり、補助監督人の同意を必要とする定めはありません（民法864条の準用もありません）。

⑥ 後見制度支援信託・後見制度支援預貯金の利用

後見制度支援信託および後見制度支援預貯金は、現時点では、後見類型のみの制度となっているため、補助類型では利用できません（詳細は、Q35を参照）。

⑦ 本人との利益相反行為

補助人は、個別に代理権を付与されていますが、本人との間で利益相反関係に立つ行為について代理することはできず、家庭裁判所が選任した臨時補助人が本人の代理人となって、補助人との間で行為を行うこととなります。

具体例としては、成年後見人の場合と同様、補助人と本人が共同相続人となる相続についての遺産分割協議のほか、補助人自身の借入れに係る本人の保証や、本人が保有する資産への担保権の設定などが考えられます。

なお、補助監督人が選任されている場合は、補助監督人が補助人の権限を行使することになりますので、臨時補助人を選任する必要はありません。

⑧ 居住用不動産の処分

補助人が、本人の居住用不動産の処分（所有・賃貸の別を問いません。処分には賃借権の解除や抵当権の設定等も含まれます）を行う場合には、事前に家庭裁判所の許可を得る必要があります（民法859条の3、876条の10第1項）。

金融機関は、後見類型と同様、確認を行う必要があると思われます。

⑨　死後事務への対応

本人が死亡した場合、補助は当然に終了し、補助人は代理権を喪失します。しかし、成年後見人同様、死亡後も補助人が死後事務を行う場合が少なくありません。

平成28年10月に施行された円滑化法によって後見類型における死後事務の範囲が一定程度明確になりました（民法873条の2ほか）が、補助類型には適用がありません。死後事務を託せる相続人がいない場合には、生前中から死後事務を任せられる人を探しておくよう、補助人に助言を行うとよいでしょう。

3　本人との取引

(1)　本人との取引の考え方

補助類型の本人のうち、同意権付与の審判を受けた本人は制限行為能力者とされており、同意権の範囲内の特定の法律行為については、補助人の事前の同意を得なければ有効に法律行為を行うことはできません。補助人の同意を得ないで行った行為は、本人または補助人によって取り消すことができます。

金融取引が、同意行為目録のなかに含まれていれば、金融機関は、補助人の同意を得て本人との取引を行うことになります。逆に同意権を付与されていない場合は、本人と単独で取引を行うことができます。

補助の場合も、保佐類型の場合と同様、補助人の同意を得た本人との取引と、補助人による代理取引の両方がありえますが、法の趣旨にのっとり、まず本人との取引が可能かどうか検討を行うべきであると考えられます。

(2)　補助の場合の取引の相手

日常の家事に関する本人の法律行為（民法9条ただし書）については、成年後見人と同様、補助人の取消権の対象から除外されています。補助類型の場合、生活費等の払出し等の行為については、本人は単独で取引を行うこと

[補助類型における取引の相手方]

	同意権あり	同意権なし
代理権あり	補助人の同意を得た本人または補助人	本人または補助人
代理権なし	補助人の同意を得た本人	本人

(出所) 両部美勝『高齢者との取引Q&A』(第二地方銀行協会、2016年) 97頁より

は十分に可能と考えられます。

　補助類型の場合は、同意権と代理権の組合せによって、金融機関の取引の相手が異なることになります(上記図表参照)。実務的によくみられるのが、代理権あり・同意権なしのケースです(図表右上の象限)。この場合、金融機関は本人・補助人双方と取引を行うことができます。

【関連法規】

・民法

・家事事件手続法

・後見登記等に関する法律

・老人福祉法

・成年後見制度の利用の促進に関する法律

・成年後見の事務の円滑化を図るための民法及び家事事件手続法の一部を改正する法律(円滑化法)

ワンポイントアドバイス

　同意権と代理権の組合せによって取引する相手方が変わってきますので、同意権・代理権の有無について留意しましょう。

Q32　任意後見人および本人との取引

任意後見人と取引する場合、どのような点に注意すべきですか。

本人と取引することはできますか。取引する場合には、どのような点に注意すればよいですか。

結論　任意後見人は、任意後見契約によって本人から必要な代理権を付与されますので、代理権に財産行為が含まれる場合には、任意後見人と取引を行うことができます。登記事項証明書および任意後見契約書の代理行為目録等を確認のうえ、財産管理権を有する者と取引を行う必要があります。契約発効前は、任意後見受任者に財産管理契約が締結されており、財産行為の代理権が付与されている場合には、任意後見受任者と取引することが可能です。

本人は、契約発効後は判断能力低下の程度が明確でなく、判断能力の十分な確認が必要となるため、法律上は取引可能ですが取引を避けることが妥当と思われます。契約発効前は、本人と取引することに問題はありません。

----------●　解　説　●----------

1　任意後見の意義と任意後見人の権限

(1)　任意後見の意義

任意後見とは、あらかじめ本人が後見人候補者との間で任意後見契約を締結することで、精神上の障害により判断能力が不十分な状態になった者を保護・支援する制度です。任意後見契約は、財産管理や身上保護の法律行為についての代理権付与を目的とし、任意後見監督人の選任を停止条件とする委任契約です。契約は公正証書による要式行為です。

本人の意思能力が不十分となった場合、家庭裁判所の任意後見監督人選任の審判によって任意後見が開始します。任意後見監督人選任の前後を問わ

ず、契約の委任者を本人と呼び、契約の受任者を、監督人選任前は任意後見受任者、監督人選任後は任意後見人と呼びます。任意後見人は、個人だけでなく、法人や複数による契約も可能です。

任意後見の利用形態としては、以下の3つのタイプに分けられます。本問では、最も多く利用されている移行型（見守り・財産管理委任契約と任意後見契約を同時に締結するもの）を前提に解説を行います。

① 移行型……任意代理の委任契約から任意後見契約に移行するタイプ

② 即効型……契約締結と同時に効力を発生させるタイプ

③ 将来型……将来の能力低下時点で契約の効力を発生させるタイプ

(2) 任意後見人の権限

任意後見人は、契約において、具体的な委任事項に関する法律行為について代理権を付与されます。代理権付与の対象は、財産管理や身上保護に関する法律行為ですが、法律行為に付随する事実行為も含まれます。

任意後見は、自己決定権の尊重の観点から、本人保護のための公的な関与は必要最小限にとどめる制度であり、任意後見人には、法定後見のような同意権・取消権は与えられていません。したがって、本人は、任意後見人の同意がなくても単独で法律行為を行うことができる半面、その行為を任意後見人が取り消すことはできません。

そこで、実務においては、①クーリング・オフ制度、②詐欺や脅迫による行為、③消費者契約法違反の行為のような紛争処理に関する取消権の代理権を付与することによって、本人にかわって任意後見人が取消権を行使することが行われます。どうしても後見人固有の権限としての取消権の行使が必要な場合には、あらためて法定後見の申立てを行い、法定後見人が取消しを行うことになります。このように、任意後見は、法定後見に比べて本人保護の面で劣る点があります。

なお、複数後見の場合の権限行使は、職務分掌のケースのほかに共同行使のケースもあることから、登記事項証明書・任意後見契約書の内容をよく確認する必要があります。

2 任意後見監督人選任前（契約発効前）の取引

⑴ 任意後見受任者との取引

　移行型任意後見を開始した旨の申出を受けた場合、「財産管理委任契約書」（多くは任意後見契約書と一体の公正証書ですが、別々でも問題ありません）の提出を受け、本人に財産管理委任契約が締結されたことを確認します。あわせて任意後見契約に関する「登記事項証明書」の提出を求める金融機関が多いようです。この点、法律上の根拠はありませんが、適切なタイミングでの契約発効確認の観点からは、「登記事項証明書」の提出を求めることには一定の意義が認められます。いずれの書類もコピーをとり、原本を返却します。

　移行型任意後見では、契約発効前は、任意後見受任者は財産管理委任契約における任意代理人となります。委任事務に自金融機関との取引が含まれる場合には、金融機関は、任意後見受任者と取引を行うことができます。印鑑届の提出など、任意代理人取引に必要な手続を行います。代理権の範囲等については、本人に確認することも考えられます。

⑵ 本人との取引

　移行型任意後見では、契約発効まで本人は十分な判断能力がありますので、本人は単独で有効に法律行為を行うことができます。取引の相手方を任意後見受任者のみとする金融機関もみられますが、本人の取引を拒む法律上の根拠はありません。

3 任意後見監督人選任後（契約発効後）の取引

⑴ 任意後見人との取引

① 就任手続・提出書類等

　任意後見人に就任した旨の申出を受けた場合、原則として任意後見監督人に関する「登記事項証明書」の提出を受け、本人に任意後見が開始したことを確認します。いずれの書類もコピーをとり、原本を返却します。

　任意後見開始の確認ができたら、「成年後見制度に関する届出書」（全銀協

の参考例を参照）への署名・捺印を求めると同時に、任意後見人の本人確認
書類の提出を受けます。最後に、任意後見人から、今後の取引において使用
する任意後見人の印鑑届の提出を受け、本人の通帳の名義の変更等の手続を
行います。

② 口座名義（預金通帳）の表示

任意後見開始後の本人の口座名義（預金通帳）の表示については、「本人
○○○○　任意後見人△△△△」などの方法もみられますが、プライバシー
に配慮し、通帳表示はそのままで、通帳の1ページ目に本人・任意後見人の
氏名を記載する方法もみられます。

③ キャッシュカードの発行

任意後見人から代理人用のキャッシュカードの発行依頼を受けた場合、任
意後見人に金融機関取引に関する代理権が付与されている場合には、その権
限を根拠に発行することはさしつかえありません。本人がキャッシュカード
を保有している場合、本人の財産保護の観点から、本人カードの使用禁止登
録を行い、カードを回収します。

④ インターネットバンキング

自金融機関においてインターネットバンキング（IB）サービスを行ってお
り、任意後見人から利用の申出を受けた場合、任意後見人の代理権を根拠に
取引に応じることはさしつかえありません。ただし、積極的に応じる金融機
関は多くないと考えられます。

任意後見人の主な利用目的は振込・振替手続であり、低コストで利便性の
高いIBサービスは高いニーズがあります。ただし、預金や為替以外のさま
ざまな取引も技術上可能となることから、利用を認める場合は、取引範囲の
限定等の検討課題が残ります。

⑤ 郵便物の転送

本人には通信の秘密などの権利が保障されている一方、任意後見人が、財
産管理の観点から、任意後見人宛てに本人宛ての郵便物を転送することの可
否についての明確な根拠条文はありません。しかし、財産管理権を有する任

意後見人が本人の郵便物の転送を受け、財産管理上必要と思われる郵便物を開披することは、任意後見人の財産管理権の範囲と考えられ、本人の財産保護の観点にも鑑み、依頼に応じて転送手続を行うことは問題ないと思われます。ただし、後見事務に不要なDMや私信については、任意後見人に開封権限はないと考えられます。

平成28年10月に施行された「成年後見の事務の円滑化を図るための民法及び家事事件手続法の一部を改正する法律」（以下、「円滑化法」という）は、任意後見には適用がありません。

⑥　任意後見監督人の同意

任意後見では、必ず任意後見監督人が選任されます。任意後見人は、基本的に代理権目録に定める特定の法律行為について代理行為を行いますが、不動産の購入・処分など重要な財産行為については、本人または任意後見監督人など第三者の事前の同意（承認）を求める特約を設ける実務もあります。特約の有無の確認や、特約が存在する場合の同意権者の同意の有無について確認を行う必要があります。

⑦　後見制度支援信託・後見制度支援預貯金の利用

後見制度支援信託および後見制度支援預貯金は、現時点では、後見類型のみの取扱いとなっているため、任意後見は利用できません（詳細は、Q35を参照）。

⑧　本人との利益相反行為

任意後見人は、代理権目録に定められた代理行為を行うことができますが、本人との間で利益相反関係に立つ行為について代理することはできず、任意後見監督人が本人の代理人となって、任意後見人との間で行為を行うこととなります。

具体例としては、任意後見人と本人が共同相続人となる相続についての遺産分割協議のほか、任意後見人自身の借入れに係る本人の保証や、本人が保有する資産への担保権の設定などが考えられます。

⑨　居住用不動産の処分

　任意後見人が、本人の居住用不動産の処分（所有・賃貸の別を問いません。処分には賃借権の解除や抵当権の設定等も含まれます）を行う場合には、法定後見と異なり、事前に家庭裁判所の許可を得る必要はありません。そこで、前述のように代理権目録の特約を設けて、本人または第三者の同意を求める方法が考えられます。

⑩　死後事務への対応

　本人が死亡した場合、任意後見は当然に終了し、任意後見人は代理権を喪失します。

　平成28年10月に施行された円滑化法によって後見類型における死後事務の範囲が一定程度明確になりました（民法873条の２ほか）が、任意後見には適用がありません。死後事務を託せる相続人がいない場合は、任意後見契約と同時に死後事務委任契約も同時に契約する実務が定着しています。

⑵　本人との取引

　任意後見監督人選任の申立て時において、本人の判断能力が不十分であることは間違いありませんが、不十分さの程度は明確ではありません。任意後見監督人選任の申立てにおいては本人の同意が必要ですが、本人がなかなか同意しないケースも多く、能力低下が顕著になってからの申立てとなる可能性もあります。

　本人との取引は法律上禁止されていませんが、任意後見人には取消権がないこともあり、任意後見監督人選任後の本人との取引は避けることが妥当と考えられます。

【関連法規】

・民法

・家事事件手続法

・任意後見契約に関する法律

・成年後見制度の利用の促進に関する法律

・成年後見の事務の円滑化を図るための民法及び家事事件手続法の一部を改

正する法律（円滑化法）

ワンポイントアドバイス

　任意後見契約締結後は、本人の判断能力が十分にあるか、監督人選任の必要性がないか、定期的に確認を行うとよいでしょう。

Q.33 高齢者を委託者とする民事信託の受託者との取引

顧客の長男から民事信託で利用する普通預金口座の開設を求められています。どのように対応したらよいですか。

結論 金融機関は、信託当事者間で正しい民事信託契約が成立しているかを信託契約書によって確認し、受託者名義の普通預金口座（以下、「信託口口座」という）の開設を行います。口座開設にあたっては、委託者、受託者、受益者等、関係する当事者が多いことから反社チェックの範囲、税法上・預金保険法上の取扱いに注意が必要です。

--------------- ● 解 説 ● ---------------

1 信託口口座の必要性

民事信託の受託者は、信託財産の分別管理を行うため、信託口口座を必要とします。

民事信託における預金口座の管理方法として、①受託者固有名義の口座での混合管理、②受託者固有名義の別口口座での分別管理、③受託者の信託口口座での分別管理が考えられますが、以下の理由より、③の信託口口座を利用することが必要であり、賢明です。

信託法では、受託者の分別管理を定める34条1項2号ロにおいて、金銭の管理については「その計算を明らかにする方法」で足り、必ずしも信託口口座で管理する必要はないとされるため（任意規定。同項本文ただし書）、上記①および②の受託者固有名義にて分別管理を行っているケースが少なからずあります。また、金銭は信託法14条に定める公示方法（登記または登録）の適用がない財産であり、判例・通説においても金銭が受託財産であることを第三者に対抗するために公示は必須とされていません。

しかし、受託者の固有財産からの独立性、受託者の相続財産からの排除を

制度的に明確にするためには、実務上、受託者表示のある③の信託口口座の存在が重要となります。あえて、①や②のような受託者の固有財産と誤認されるような名義での口座を開設し、受託者の債権者からの相殺や差押えを受けるリスク、受託者個人の（相続）財産とみなされるリスクをとる必要はありません。

2 信託口口座の種別と性質

信託口口座では、通常、受託者名義の普通預金、決済用預金が使われることが多いですが、金融機関によって、定期預金や金銭信託を使うことも可能です。

信託口口座の法的性質は、受託者を寄託者、金融機関を受寄者とする消費寄託契約となります。

3 民事信託受託者の新規取引

民事信託は、受託者に対して反社チェックをするだけでは不十分ですので、契約ごとにチェック対象となる関係当事者の確認が必要です。税法上も受託者に課税はされず、受益者課税となります。預金保険法上の取扱いは明確ではありませんが、名寄せの方法等につき方針を検討しておく必要があります。

【関連法規】

・信託法 3 条、14条、34条 1 項 2 号ロ

ワンポイントアドバイス

① 信託契約には信託法等の法律知識が必要であることから、信託の組成や契約事務の法律専門家により作成されることが望ましいです。また、信託法上、自己信託を除き公正証書によることは信託行為の要件とされていませんが、信託の有効性を担保するとともに、紛争を防止するために、信託行為は、公文書であり高い証拠能力をもつ公正証書でつくられることが望ましいといえます。

② 受託者の信託口口座は「委託者名　信託受託者　受託者名」のように信託受託者の表示がなされることが通常です。

Q34 成年後見人からの多額の払戻請求

成年後見人から、預金者の口座から多額の現金の払戻しを求められています。どのように対応したらよいですか。

結論　1　預金の払戻しを求めている者が成年後見人であること、および預金の払戻権限があることをあらかじめ届出を受けた「成年後見制度に関する届出書」「登記事項証明書」および本人確認書類等によって確認し、払戻しを行います。
2　払戻しに際しては、多額の現金の資金使途等を聴取し、必要に応じて支払先に直接振り込むなどの扱いをします。

- ● 解　説 ● -

1　成年後見人の権限

　成年後見人には、成年被後見人（成年後見を受ける者）の財産を管理し、かつその財産に関する法律行為について成年被後見人を代表（代理）する財産管理権が与えられるとともに、成年被後見人の生活・療養看護について義務が課されます。そのため、成年後見人は成年被後見人の法律行為について広範な代理権と取消権を有するものとされています（民法858条、859条1項）。ただし、例外として成年被後見人の居住用不動産の処分や利益相反取引については、成年後見人の代理権は制限されます（民法859条の3、860条）。また、日常生活に関する行為は、成年被後見人単独で行うことができるとされています（民法9条）。

　成年後見人による成年被後見人の預金の払戻しは成年後見人の管理権および代理権に基づく行為ですから、それが多額の払戻しであっても、払戻請求者が預金者の成年後見人であることについて、銀行があらかじめ届出を受けた「成年後見制度に関する届出書」「登記事項証明書」および本人確認書類

等によって、確認のうえ払戻しに応じたのであれば、その払戻しは原則として有効です。ところで、成年被後見人が行った法律行為は、日常生活に関する行為を除き取り消すことができますから（民法9条）、成年被後見人に対して預金の払戻しに応じると取り消されるおそれがあります。このため銀行実務としては、届出によって成年後見人が選任されていることを知っているときは、成年後見人を相手として払戻しに応じることになります。通常、届出があった場合は、成年被後見人に対して発行しているキャッシュカードは取引停止を登録して回収します。

成年後見監督人が選任されている場合には、成年後見人が一定の行為を行うにはその同意を得ることが必要と定められていますが（民法864条本文）、多額の場合であっても、預金の払戻しすなわち「元本の領収」については、成年後見監督人の同意は不要とされていますので（民法864条ただし書）、銀行は成年後見人からの払戻請求に応じることができます。

2 成年後見人等の届出

銀行実務としては、預金規定で家庭裁判所の審判によって預金者について成年後見が開始され、成年後見人および成年後見監督人が選任されたときは、本人（または成年後見人等）から、直ちに成年後見人等の氏名その他必要な項目を銀行所定の書面（成年後見制度に関する届出書）によって届け出るべきことを定めているので、本人（または成年後見人等）からその届出を受けることになります。その際、確認書類として成年後見に係る「登記事項証明書」、成年後見人等の「住民票・印鑑証明書」「印鑑届」も徴求します。これらの書類により、銀行は払戻請求者が成年後見人であることを確認します。なお、後見登記がすんでいない場合は、「登記事項証明書」にかえて「審判書の銀行届出用抄本」と「確定証明書」によることができます。

3 成年後見人の権限

全国銀行協会が令和3年2月18日に公表した「金融取引の代理等に関する

考え方および銀行と地方公共団体・社会福祉関係機関等との連携強化に関する考え方について」でも「法定代理人（成年後見人等）との取引は、法的な裏付けのある代理権者との取引となることから、法定代理人であることを確認のうえ、各行の取引手順に則って対応する」とされたように、成年後見人による多額の払戻しであっても原則として有効ですが、次のような場合には注意が必要となります。

⑴　複数の成年後見人が選任されている場合

　成年後見人が複数選任されている場合は、成年後見人のそれぞれが一定の範囲の行為について事務や権限を分担するように定めることができます。また、家庭裁判所も職権で権限の共同使用や事務の分掌を定めることができますから、預金の払戻しがそれを請求する成年後見人の権限に属するのか確認のうえ、権限を有する成年後見人と取引をする必要があります。

⑵　成年後見人の権限違反が疑われる場合

　成年後見人が自分自身で金銭を使う目的で払戻請求をする場合など権限濫用の場合は、成年後見人が権限を濫用している事実を銀行が知っていたとき、またはそれを知ることができたときは、払戻しが無効とされるおそれがあります。したがって、成年後見人から通常とは異なる多額の払戻請求があった場合には、成年後見人にその資金使途を聴取し、後見事務を遂行するために必要なものか確認する必要があります。また、成年後見人から請求書等の提出を受け、支払先に直接振り込むなどの方法をとることも考えられます。成年後見監督人が選任されているのであれば、その多額の払戻請求の適否について確認することもできますし、それでも疑いが払しょくできないのであれば、場合によっては家庭裁判所に相談することも考えられます。

　また、成年被後見人の財産の保全を図るため、日常的な支払をするのに必要な金銭は成年後見人が預金等として管理し、通常は使用しない多額の金銭は、銀行に後見制度支援信託や後見制度支援預金として預けている場合があります。これらの信託・預金では、多額の一時金を払い戻したり、契約を解約したりする際には、あらかじめ家庭裁判所が発行する指示書が必要となる

ので、これらの信託・預金について、成年後見人から払戻請求があった場合
には、指示書の提示を受けて払戻手続をすることになります。

【関連法規】

・民法7条、9条、13条、858条、864条、859条、859条の2、859条の3、
860条

・全国銀行協会「金融取引の代理等に関する考え方および銀行と地方公共団
体・社会福祉関係機関等との連携強化に関する考え方について」(令和3
年2月18日)

ワンポイントアドバイス

　成年後見人には広範な代理権・取消権が認められていますが、成年後
見人に預金を払い戻す際は、成年後見人の本人確認および払戻権限を確
認することが必要です。成年後見人が複数の場合、登記事項証明書や成
年後見制度に関する届出書等によって各成年後見人の事務分掌や権限を
確認する必要があります。

Q.35 後見制度支援信託・後見制度支援預貯金の活用

後見制度支援信託や後見制度支援預貯金の利用の申出があった場合、どのようにすればよいですか。

成年後見人から払出請求を受けた場合は、どのような点に注意すべきですか。

結論 後見制度支援信託（以下、「後見信託」という）および後見制度支援預貯金（以下、「後見預金」という）ともに、成年被後見人本人の財産の適切な管理・利用のための仕組みです。いずれも裁判所と金融機関の取決めによって導入された仕組みであり、法律上の根拠に基づく制度ではありません。後見信託は信託銀行等に限られますが、後見預金は全国の金融機関の8割を超えるまでに普及しています。

後見信託および後見預金の大宗のケースでは、金融機関は、家庭裁判所が発行する指示書に基づいて、成年後見人との間で預金取引を行います（家裁指示書方式）。商品スキーム上は、既存の普通預金や決済用預金を利用すればよく、大規模なシステム対応等も不要です。

-------------------------- ● 解 説 ● --------------------------

1 後見信託と後見預金

(1) 後見信託の意義と後見預金

後見信託とは、後見制度の利用者本人の財産のうち、日常的な支払をするのに必要十分な金銭を預貯金等として成年後見人が管理し、通常使用しない金銭を信託銀行等に信託する仕組みのことです。後見信託は、成年後見（後見類型のみ）だけでなく、未成年後見においても利用することができます。信託された財産は、元本が保証され、預金保険制度の保護対象になります。後見信託を利用すると、信託財産を払い戻したり、信託契約を解約したりす

るには、あらかじめ家庭裁判所が発行する指示書を必要とします。

　財産を受託する信託銀行等や信託財産の額などについては、原則として弁護士や司法書士等の専門職後見人が、本人にかわって決めたうえ、家庭裁判所の指示を受けて、信託銀行等との間で信託契約を締結します。

　後見預金とは、後見信託に並立・代替する新たな預金サービスのことです。通常使用しない金銭は、信託ではなく預貯金であるという違いがありますが、意義や基本的な仕組みは、後見信託とほぼ同様です。

(2)　導入の経緯

　利用が低迷する成年後見制度は、後見人による本人財産の横領という問題も抱えています。平成23年から取り始めた最高裁判所の統計によれば、そのほとんどが親族後見人によるものですが、専門職後見人による不正もみられます。財産を横領された本人の親族等による一連の国家賠償請求訴訟（広島高判平24．2．20判タ1385号141頁、宮崎地判平26.10.15判時2247号92頁等）において、家庭裁判所が管理を怠ったとして国に賠償請求の支払が認められたことが、後見信託導入に向けた大きな契機となりました。

　そこで、裁判所は、本人が多額の預貯金を有する事案では、親族後見人の選任を避け、専門職後見人の選任や監督人の選任を増やすだけでなく、後見人不正の確実な防止を図り、本人の利益のために適切な財産管理を目的として、後見信託の仕組みを導入することとしました。後見信託は、平成24年2月から運用が始まっており、平成26年をピークに、不正報告の件数・被害額とも減少傾向にあります。

　裁判所は、これまで本人が継続して利用してきた身近な金融機関において利用可能なサービスの実現を目指していたところ、成年後見制度の利用の促進に関する法律（平成28年5月施行）を根拠とする成年後見制度利用促進基本計画（平成29年4月～令和4年3月）において「後見制度支援信託に並立・代替する預貯金等の管理の在り方」が提言されました。これが後見預金導入の経緯です。後見預金は、平成29年7月、静岡県信用金庫協会と静岡家庭裁判所との取扱いを皮切りに、全国の金融機関に広がっています。

⑶ スキーム上の要件

後見信託は、最高裁判所等の主導により制度設計された商品であるのに対し、後見預金は、後見信託に並立・代替する機能をもつ預貯金であることが求められているにすぎず、明示的な要件はありません。そこで、以下の要件を満たす預金サービスは、すべて後見預金(口座)と呼んでさしつかえありません。

① 成年後見人が、大口の預金取引を単独でなしえないこと

預金取引の利便性と安全性を考慮して、預金口座を日常的な支払を行う小口の「生活口座」と、通常使用しない大口の「後見口座」に分離する方式が一般的です。そのため、年金収入等だけでは生活費が足りず、定期預金等からの補てんが必要な場合には、後見口座から生活口座への定時定額送金機能をつけると利便性が向上します。

② 成年後見人が後見口座から払出しを行う場合には、家庭裁判所や監督人の関与を必要とすること

現状、後見信託と同様に、家庭裁判所が指示書を発行する方式が大宗を占めていますが、後見人と監督人が連名で手続を行う方式もあります。このように、後見預金は、要件の設定において後見信託よりも柔軟性があります。

③ 預金の商品性・商品概要について、管轄の家庭裁判所の確認をとること

原則として金融機関本店所在地の管轄の家庭裁判所が商品性の確認を行った後、後見預金として運用開始されます。

⑷ 商品概要

一般的な後見預金の商品概要は、おおむね以下のとおりです。

① 預金種別……普通預金または決済用預金との併用

② 預入金額……1円以上1円単位

③ 利息……通常の預金金利

④ 預入方法……後見預金口座への振込入金は不可

⑤ 取扱店舗……原則として口座開設店でのみ手続可能

⑥ 口座振替……取扱いなし

⑦ キャッシュカード……発行しない

⑧ その他……マル優、総合口座、インターネットバンキングの取扱いなし

なお、口座開設手数料や振込手数料、生活口座から後見預金口座への自動送金手数料の徴収については、各行によって取扱いが異なります。

(5) 利用状況・運用状況

後見信託の取扱金融機関は、専業信託銀行などを中心に6金融機関となっています（令和2年3月末）。一方、後見預金の取扱金融機関は、信金業界を先頭に導入ずみ（導入予定も含む）の金融機関は、全金融機関数の8割を超える状態まで普及が進んでいます。

後見信託および後見預金ともに、利用件数および残高を伸ばしており、平成24年2月から令和元年12月末までの後見信託および後見預金の累計利用者数は約2万8,000人、令和元年12月末時点での預入財産額の合計は、約9,200億円に達しています（最高裁判所統計資料）。

報告書の提出から指示書の発行までの期間は、即日か翌日が約4割、7日以内まで含めると約8割となっており、家庭裁判所の指示書発行までの期間は比較的早いといえます。また、後見口座からの一時金交付の請求理由としては、被後見人等の生活費や学費の支払、建物の修繕や解体費用、納税などが多くなっています。

(6) 制度の拡張に向けた論点

後見信託・後見預金ともに、利用は後見類型に限定されていますが、後見人の不正は、後見類型に限ったことではなく、保佐・補助・任意後見においてもみられます。保佐や補助では、同意権付きの本人取引が可能であり、保佐人や補助人への代理権限の付与の方法やあり方にはさまざまな態様が想定されるところ、商品設計上画一的な処理をするスキーム構築がむずかしいという理由で、継続的な検討課題となっています。現在、裁判所を中心に、保佐・補助・任意後見への利用の拡張に向けて検討が進められています。

2 取引上の留意点

後見信託および後見預金ともに要件自体に大差はありませんので、ここで

は、後見預金の大宗を占める家裁指示書方式を例にとって、手続上の留意点を解説します。

(1) 利用の申出があったとき

成年後見人から後見預金口座開設の申出があったときは、成年後見人が提示する家庭裁判所が発行した指示書を受け入れ、指示書の内容に基づいて後見口座開設の手続を行います。

家庭裁判所の指示書の書面には、預入金額や後見預金口座への定期自動送金の有無や内容が記載されていますので、預入金額と指示書に記載された金額が一致していることを確認し、指示の内容に従って事務手続を行います。

(2) 払出しの申出を受けたとき

成年後見人から後見預金口座から一部払出しの申出があった時は、成年後見人が提示した家庭裁判所が発行した指示書を受け入れ、指示書の内容に基づいて払出手続を行います。

成年後見人が提示する家庭裁判所の指示書の書面には、払出しの金額や理由が記載されていますので、払出金額と指示書に記載された金額の一致を確認します。払出事由を裏付ける書類等の徴求は行いません。

(3) 解約の申出を受けたとき

成年後見人から後見口座解約の申出があったときは、成年後見人が提示した家庭裁判所が発行した指示書を受け入れ、指示書の内容に基づいて解約手続を行います。

なお、本人死亡による後見の終了の場合は、指示書による解約ではなく、相続手続による解約手続等を行うことになります。

【関連法規】

・なし

ワンポイントアドバイス

親族後見の増加や後見報酬の透明化など、成年後見の制度運用を左右する重要な仕組みですので、金融機関は積極的に取り組みましょう。

成年後見人等からのキャッシュカードの発行依頼

預金者の成年後見人から、預金口座のキャッシュカードの発行依頼がありました。どのように対応したらよいですか。また、預金者の保佐人、補助人または任意後見人の場合は、どのように対応したらよいですか。

結論　1　成年後見人からのキャッシュカードの発行依頼については、依頼者が成年後見人本人であることを「登記事項証明書」「成年後見制度に関する届出書」および本人確認書類等によって確認し、代理人カードを発行します。

2　保佐人、補助人および任意後見人については、本人確認書類によって依頼者が保佐人、補助人および任意後見人本人であることを確認するとともに、依頼者に対し預金取引に関する代理権が付与されていることを「登記事項証明書」「成年後見制度に関する届出書」等によって確認のうえ、代理人カードを発行します。また、任意後見人については、任意後見監督人の選任により任意後見契約の効力が生じていることを確認して、代理人カードを発行します。

-------------●　解　説　●-------------

1　成年後見制度に関する届出

高齢の判断能力が低下した預金者またはそのおそれがある預金者が成年後見制度（成年後見、保佐、補助、任意後見）を利用する場合、それによって預金取引の相手方が預金者ではなく成年後見人に限定されるなどの制約が生じます。そのため、銀行は預金者本人または成年後見人等（代理権者）から銀行所定の書面（成年後見制度に関する届出書）の提出を受け、その内容に応じてその後の取引を行うことになります。預金者に発行していたキャッシュ

カードについては取引停止を登録したうえで回収するとともに、預金取引について代理権を付与された成年後見人等からの依頼に応じて代理人カードを発行するなどします。なお、銀行への成年後見制度に関する届出書の提出は、預金規定において預金者の義務とされています。

2 成年後見人へのキャッシュカード（代理人カード）の発行

　成年後見人は、成年被後見人の財産について広範な管理権が認められており、成年被後見人にかわって法律行為を行う代理権および成年被後見人が行った法律行為を取り消す取消権が認められています。なお、成年被後見人が行う日用品の購入その他日常生活に関する行為については、成年後見人の取消権の対象外とされています。したがって、成年被後見人の少額の預金払戻しについては日常生活に関する行為として認められる余地はありますが、その範囲については明確ではなく事案ごとに異なる解釈がなされる懸念がありますから、銀行実務としては成年後見制度の利用がある場合は、成年後見人と取引を行うのが原則です。

　成年後見人には財産管理に関する代理権がありますから、全国銀行協会が公表した「金融取引の代理等に関する考え方および銀行と地方公共団体・社会福祉関係機関等との連携強化に関する考え方について」で「法定代理人（成年後見人等）との取引は、法的な裏付けのある代理権者との取引となることから、法定代理人であることを確認のうえ、各行の取引手順に則って対応する」と述べられているように、銀行は成年後見人からキャッシュカードの発行依頼があれば、依頼者が成年後見人本人であることを「登記事項証明書」「成年後見制度に関する届出書」および本人確認書類等によって確認し、代理人カードを発行することができます。その際、すでに預金者にキャッシュカードを発行している場合は、そのキャッシュカードに取引停止を登録したうえで回収します。預金の名義は従前の預金口座をそのまま使用するのであれば預金者（成年被後見人）名義のまま、新たに預金口座を設定するのであれば「○○○○（成年被後見人の氏名）　成年後見人△△△△△」と

するのが通常です。

　なお、成年後見人が複数選任されているときは、役割分担でそのうち特定の成年後見人のみが財産管理の代理権を有している場合があるので、カード発行の依頼者である成年後見人が銀行取引に関する代理権を有していることを「登記事項証明書」「成年後見制度に関する届出書」等で確認する必要があります。また、複数の成年後見人が代理権を共同行使する場合は、代理人カードは発行しません。

　成年後見制度支援預金については、多額の一時金を払い戻したり、契約を解約したりする際には、あらかじめ家庭裁判所が発行する指示書が必要とされますが、ATMからの引出しでは指示書の有無や内容を確認することができないため、キャッシュカードは発行しない取扱いとなっています。したがって、代理人カードも発行しません。

3　保佐人、補助人および任意後見人に対するキャッシュカードの発行

　家庭裁判所は、審判により、保佐人および補助人に対して特定の法律行為（民法13条1項所定の行為）について代理権を付与することができます。したがって、上記全銀協の考え方に従って、キャッシュカード発行の依頼者が保佐人または補助人本人であることを本人確認書類によって確認し、「登記事項証明書」「成年後見制度に関する届出書」等によって預金取引について代理権が付与されていることを確認のうえ、代理人カードを発行することができます。その際、すでに預金者にキャッシュカードを発行している場合、多くの銀行では、そのキャッシュカードについて取引停止の登録または解約をするのが通常の取扱いです。

　保佐人、補助人に預金取引について代理権が付与されていない場合、被保佐人、被補助人は自ら預金取引を行うことになりますが、保佐の場合、被保佐人による預金の引出しは、保佐人の同意が必要とされる「元本を領収」する行為（民法13条1項1号）に該当し、同意を得ずに行われた預金の引出しは日常生活に関する行為と認められない限り、保佐人または被保佐人による

取消しの対象となります。また、補助の場合、家庭裁判所は被補助人による特定の法律行為（民法13条1項所定の行為）の一部について補助人の同意を要すると定めることができますから、預金取引が補助人の同意の対象とされたときは、同意を得ずに行われた預金の引出しは日常生活に関する行為と認められない限り、補助人または被補助人による取消しの対象となります。これらの場合、キャッシュカードによるATMを使った引出しが行われたとき、銀行は保佐人または補助人の同意を確認することはできません。したがって、保佐および補助の届出があった場合、銀行実務としては、すでに発行しているキャッシュカードについて取引停止の登録または解約をしたうえで、その後は預金者との間での通帳・届出印鑑による店頭取引に切り替えるのが通常です。

　任意後見の場合、家庭裁判所の審判により任意後見監督人が選任されたとき、任意後見契約の効力が生じ、任意後見契約によって任意後見人に委任された事務について代理権が生じます。したがって、キャッシュカードの発行依頼者が任意後見人本人であることを本人確認書類で確認し、「登記事項証明書」「成年後見制度に関する届出書」等によって委任された事務に預金取引が含まれていることを確認したうえで、代理人カードを発行します。

　また、任意後見契約と同時に財産管理に関する委任契約（財産管理契約）を締結して、委任契約の受任者（すなわち任意後見人となる者）に対し代理権を付与し、任意後見が効力を生じる前から、預金の払戻しを含めた金銭管理を委任することがあります。このような移行型の任意後見の場合は、これまで受任者に対し代理人カードを発行しないのが一般的な取扱いだったと思われますが、上記全銀協の考え方で、「任意後見監督人が選任される前であっても、任意後見人が顧客本人の預金取引を代理できるよう、任意後見契約とともに委任契約を締結している事例もある。その場合は、任意後見監督人が選任される前であっても委任契約の受任者である任意後見人との取引が可能」とされ、さらに任意代理人との取引に関し、「本人から親族等への有効な代理権付与が行われ、銀行が親族等に代理権を付与する任意代理人の届出

を受けている場合は、当該任意代理人と取引を行うことも可能（本人の認知判断能力に問題ない状況であれば、本人との取引が可能なケースもある）」とされたことから、今後の銀行実務としては、本人に発行したキャッシュカードとは別に、親族等（法令上の限定はないので、銀行によって二親等以内の同居の親族等に限定するなど取扱いが異なることが考えられます）を任意後見人かつ委任契約の受任者として代理人カードを発行することが考えられます。

【関連法規】

・民法7条以下、864条
・全国銀行協会「金融取引の代理等に関する考え方および銀行と地方公共団体・社会福祉関係機関等との連携強化に関する考え方について」（令和3年2月18日）

ワンポイントアドバイス

① 成年後見人、保佐人、補助人および任意後見人へのキャッシュカード（代理人カード）の発行については、登記事項証明書およびあらかじめ届出を受けた「成年後見制度に関する届出書」等によって、預金取引についての代理権を確認のうえ行います。

② 成年後見制度に関する届出があった場合、預金者にすでに発行していたキャッシュカードは取引停止の登録または解約をするのが通常の取扱いです。

成年後見人・保佐人・補助人・任意後見人とのインターネット取引

　高齢者の成年後見人・保佐人・補助人・任意後見人からインターネットで取引を行いたいとの申出がありました。どのように対応したらよいですか。

結論　成年後見人・保佐人・補助人・任意後見人がその代理権の範囲内に限ってインターネット取引を行うことは理論上可能ですが、インターネット取引の実務上は権限の逸脱・濫用、利益相反行為等を防止することはできず、金融機関として責任を負うおそれも排除できないこともふまえつつ、インターネット取引を許容するか否かについて判断することが必要です。

------------------------●　解　説　●------------------------

1　インターネットで行う取引（インターネットバンキング）

　各金融機関のインターネットバンキングで行うことのできる取引内容は多岐にわたります。残高や入出金明細の照会、振込・振替、税金・公共料金の支払および住所や電話番号の変更の届出等、個人顧客が日常的に利用する預金取引であれば、たいていのことはインターネットバンキングで行うことができるといっても過言ではありません。

　インターネットバンキングは、顧客にとっては、店舗やATMで取引を行う場合と比較して手数料が安い、24時間いつでもどこでも取引が可能である等のメリットがある場合が多く、金融機関にとっても、対面取引における事務コストやATM設置・管理コストの削減が期待できるため、個人向け預金業務においては欠かせない存在となっています。

2 代理人とのインターネット取引に係る留意点

インターネットバンキングは、インターネットバンキングにログインを行うタイミングや各取引を行うタイミングで、パスワードや生体情報等による認証を行って取引を行うことが一般的です。また、インターネットバンキングによる各取引は、金融機関の職員による人的な確認のプロセスを経ることなく、ひとたび認証情報が入力されれば、非対面かつ自動で取引が完結することが一般的と思われます。そのため、取引ごとに代理権限の有無の確認、代理人の目的の確認、利益相反の有無の確認といった個別事情の確認を行うことはできず、このような個別事情の確認を要する取引にはなじみません。

また、インターネットバンキングのシステムの仕様上、特定の取引についてのみ行うことができるようにしておく、といった個別の設定をあらかじめ行うことも一般的に困難と考えられます。すなわち、インターネットバンキングの利用を認めることは、結果的に、インターネットバンキングを通じて行うことのできる取引全般が代理人によって行われる余地を与えることになります。

したがって、代理人が当該取引については代理権を有していないケース（権限の逸脱）、代理人が代理権を濫用して当該取引を行うケース（権限の濫用）または代理人と本人の利益相反取引に該当するケース（利益相反行為）等においても、金融機関においてそれを認識することができずに取引が完結してしまうことが想定されます。これらの個別の事情について金融機関が現実に認識していなかったとしても、そのようなケースも想定されるインターネットバンキングを金融機関が許容したこと自体について、金融機関の過失を問われるおそれは必ずしも排除できず、場合によっては、本人に対して損害賠償責任を負ったり、本人に対する預金債務を免れない結果として二重払いのリスクを負ったりすることに留意すべきです。

3 実務上の対応

実務上は、インターネットバンキングの申込受付の時点において、代理人

の本人確認や代理人の権限確認を行ったうえで、インターネットバンキングの利用、ひいてはインターネットバンキングを通じて行うことのできる取引全般が代理人によって行われることを許容するかしないかの判断を行うことになります。一般的には、代理人にキャッシュカード（代理人カード）を発行する場合よりも代理人が行うことのできる取引の範囲がより広範となりますので、キャッシュカード（代理人カード）を発行する場合と比較して、より慎重な判断が求められると考えられます。

　なお、インターネットバンキングの申込受付の時点において注意すべき点は、インターネットによらずに各代理人と取引を行う場合と同様ですので、Q29〜Q32を参照してください。

【関連法規】

・民法

ワンポイントアドバイス

　各金融機関のインターネットバンキングにおいて行うことのできる取引内容をふまえて判断することが肝要です。

Q.38 預けた金銭が入金されていないとの外勤先のクレーム

高齢者またはその家族から「自宅を往訪した銀行職員に入金するように預けた現金が入金されていない」とのクレームがありました。どのように対応したらよいですか。

結論　1　営業店の責任者が預金者およびその家族から外勤担当者が金銭を預かったとされた時の状況を聴取し、さらに外勤担当者に預金者等との応対の状況や営業店に帰った際の事務処理の経過を調査するなどして事態を確認します。

2　外勤担当者が預金者から現金を預かった事実がないのであれば、その旨家族を交えて高齢者に説明し了解を得るようにします。その際、銀行における外勤時の所定の手続を説明し、金銭を預かっていないことを明確にします。

3　高齢者および家族の納得が得られない場合には、訴訟や調停・あっせんといった法的な手続が提起される可能性もありますので、日頃から往訪した際の状況が説明可能な記録や資料を整備しておく必要があります。

-------------------------●　解　説　●-------------------------

1　外勤時の手続

高齢の預金者との取引では、外勤担当者が自行預金の受払手続（入出金手続）を依頼されることが多いと思われます。時には他行預金の入出金等の手続を依頼されることがあり、親しくなると他行の手続であるにもかかわらず、気安く請け負ってしまうことがあると思われます。しかし、自行預金については外勤担当者の役職に応じて預金の受払いに関する権限が銀行から与えられていますが、他行預金については営業外の行為であり、事故につながる可能性も高いので謝絶すべきです。

自行預金については、銀行所定の手続によって適切に処理することが必要です。外勤担当者が顧客から手続のために金銭や通帳等を預かった際は、必ず預り物件の種別・数量および預かった目的を記入した「預り証」（あるいは「取次票」「受取票」等）を起票のうえ、その本紙（または複写の控）を顧客に交付し、手続終了後に手続ずみの通帳等を返却する際に、顧客に交付した本紙（または複写の控）を回収するのが一般的な銀行実務です。このような手続を着実に行うことにより、現金等現物の授受とその後の処理手続が適正に行われることを確保しています。

　したがって、現金が入金されていないというクレームを受けたときには、営業店の責任者が直ちに顧客や外勤担当者から事情を聴取するとともに、そのような預り証等が起票されたのか、預り証等による預金の入金手続が行われたのか事実を確認します。これらの行内調査によって、金銭を預かった事実がないことが確認されたのであれば、預金者や家族に事態を説明し、了解を得るよう説明することとなります。その際は、預金者本人だけでなく家族を交え、営業店の責任者が外勤担当者を同道のうえ外勤担当者に往訪時の手続を再現させながら、銀行における所定の手続を説明し理解を得るようにするのが一般的と思われます。説明には時間がかかっても丁寧に順を追って説明し、納得を得ることが必要です。

2　外勤時の注意事項

　高齢の顧客との取引では、このような勘違いはしばしば生ずるものと考えるべきです。このため、外勤担当者は預金者に1人で相対するのではなく、極力家族の同席を求め、家族の前で現金・通帳の授受等の手続をすることが望まれます。また、事故の発生を避けるため、届出印鑑を預かるなどの銀行の行内規則で禁止されている行為は決して行ってはなりません。また、必ず「往訪日誌」や「顧客取引記録」を作成し、外勤先での取引内容や出来事を記入し、記録として整備することにより、後日のクレーム・紛争の発生に備える必要があります。また、独居の高齢者の場合は、外勤担当者に上席者等

が同道して、外勤先において複数の担当者が手続を行うといった対応をすべきと思われます。

【関連法規】

・民法657条

ワンポイントアドバイス

① 外勤時における現金等現物の授受は必ず銀行所定の手続に従って行うものとし、現金等を預かった場合は「預り証」を交付するという手続を励行する必要があります。

② 外勤した際は、外勤先での出来事について「往訪日誌」や「顧客取引記録」を必ず作成し、保存します。

Q39 受託者名義の口座に差押えがあった場合の対応

　民事信託受託者である長男の口座について差押命令が送達されました。どのように対応したらよいですか。

結論　信託口口座の預金は、受託者が管理する信託財産であることから、委託者や受託者の債権者は、信託財産責任負担債務に係る債権に基づく場合を除き、当該預金について差押えができません（信託法23条1項）。

　第三債務者である金融機関は、債務名義等で請求債権が信託債権であることが確認できれば支払うこともできますが、確認できない限り、原則、取立てに応じることはできないというのが信託法の建前です（信託財産の独立性）。

------------------------- ● 解　説 ● -------------------------

　受託者を債務者とする信託口口座に対する差押えがあった場合、通常、差押えに係る請求債権目録には請求債権に関する記載はないため、差押命令を受領した金融機関にとって、請求債権が信託財産責任負担債務に係る債権であるかが不明確です。

　金融機関としては、①債権差押命令を申し立てる場合、債権者には差押債権を特定することが要求されている（民事執行規則133条2項）ため、差押債権が特定されていないことを理由に取立てに応じないとする対応、②受託者等に対して差押えがあったことを知らせて、異議の申立て（信託法23条5項）を促す等の対応をとることが可能です。

【関連法規】
・信託法23条1項・5項
・民事執行規則133条2項

① 日本弁護士連合会の「信託口口座開設等に関するガイドライン」（令和２年９月）によれば、差押債権目録において信託財産が差押対象に含まれることが記載されていない限り、第三者債務者である金融機関は、受託者の固有財産である預貯金のみを対象とするものと解すれば足りるとする考え方があるとされています。この考え方による場合、差押債権者からすでに流出した信託口口座の預貯金を差押対象に含むものとの主張があったとしても、金融機関は、民法478条にいう無過失として免責されるものと考えられます。

② 最近の研究（「商事信託法研究会報告（平成30年度）」25〜29頁（『信託』280号））のなかには、民事信託の信託口口座に信託の独立性を認めず、第三債務者である金融機関は、差押えに応じて支払うことができ、受託者に対して差押えを受けたことの通知や異議申立てに関するアドバイスをする法的義務はないとするものも現れています。

Q40　民事信託の受託者が死亡した場合の対応

　当行に信託口口座を開設している民事信託の受託者について死亡届が出されました。どのように対応したらよいですか。

結論　信託財産は受託者の相続財産に含まれないため、受託者の相続人が信託口口座の手続を行ったり信託財産から出金することはできません。金融機関は、受託者の死亡の届出があった場合、民事信託契約書を確認し、新（後継）受託者が指定されている場合には新（後継）受託者から受託者変更の届出を受け、前受託者が死亡したことを確認できる書類を受領したうえで、信託口口座の名義変更手続を行います。信託契約の内容に従い、受託者死亡で信託が終了するケースもあります。

------------●　解　説　●------------

　信託法において、受託者の死亡は受託者の任務終了事由（信託法56条1項1号）ではありますが、信託の終了事由ではないことから、民事信託は当然に終了するわけではありません（信託法163条参照）。よって、金融機関は通常、受託者死亡の場合、所定の届出を受けて新（後継）受託者への名義変更手続を行います。

　信託財産は受託者の相続財産には含まれないため、信託財産たる信託口口座に預け入れられている預貯金は、口座名義人たる受託者に相続が生じたという扱いにはならず、受託者の相続人が信託口口座から出金することはできません。金融機関においては、受託者死亡を知った後、新（後継）受託者から届出があるまでは、信託口口座からの出金を停止する必要があります。

　信託契約に新（後継）受託者が指定されておらず、委託者および受益者の合意により新（後継）受託者を選任する場合もありますが、その場合はかかる手続を経たことを確認できる書類を提出してもらい、新（後継）受託者に

おいて信託口口座からの入出金を行い、停止していた自動口座引落しについても再開することとなります。

　一方、信託行為において受託者死亡を信託の終了事由（信託法163条9号）としている場合、委託者および受益者の合意により信託を終了する場合（信託法164条1項）には、信託は終了し、取引停止の手続を行うこととなります。

【関連法規】

・信託法56条1項1号、163条9号、164条1項

ワンポイントアドバイス

① 受託者が死亡したとしても信託財産である信託口口座の預金は、受託者の相続財産にならず、相続手続は発生しないことに注意する必要があります。

② 受託者の個人名義の取引が信託口口座と別にある場合は、相続手続を行う必要があります。

③ 金融機関としては、信託口口座のスムーズな承継手続のために、信託契約で新（後継）受託者があらかじめ設定されていることを確認すべきです。

Q41 預金者の死亡を知らずに行った払戻し

　高齢の預金者が死亡したことを知らず、預金者の家族からの預金の引出しにすでに応じてしまいました。どうすべきですか。

結論　1　銀行が預金者の死亡を知らずに預金を払い戻しても、その事実を知らないことについて過失（不注意）がなければ、銀行所定の手続に従って払い戻している限り、有効な払戻しとなります。

2　預金者の家族等から預金者の死亡の連絡を受けたとき、または預金者が有名人等でその死亡が新聞やテレビで報道されるなどして公知の事実であるときは、銀行に不注意があるとして払戻しが無効とされる場合があります。なお、この場合、銀行は払戻しを受けた相手方に対して、払い戻した金銭相当額の返還を求めることができます。

-------------------●　解　説　●-------------------

1　預金者の死亡と相続

　従来の判例は、預金者が死亡したとき、預金は不動産や有価証券等の通常の財産と異なり、分割可能な金銭債権であるため、相続開始とともに相続人の相続分に応じて当然に分割相続され、遺産分割の対象とはならないとしていました（最判平16.4.20金法1711号32頁）。しかし、最高裁判所はそれを変更し、「共同相続された普通預金債権、通常貯金債権及び定期貯金債権は、いずれも、相続開始と同時に当然に相続分に応じて分割されることはなく、遺産分割の対象となる」としました（最決平28.12.19民集70巻8号2121頁）。このため、共同相続における相続預金は、遺産分割協議が調うまで相続人の共有財産となり、原則として相続人の1人が他の相続人の同意を得ずに預金を払い戻すことはできなくなりました。銀行が預金者の死亡を知ったときは、その預金口座について支払停止を登録し入出金を行わないものとしま

す。銀行実務では、相続預金の払戻しは、遺産分割協議の成立前は、相続人全員による同意のもとに行うのが原則です。遺産分割協議の成立後はその内容に従いそれぞれの相続人に払戻しまたは承継を行うことになります。

　なお、葬儀費用の支払や生活費に困った場合など、相続人からのやむをえないと判断される払戻請求については、主な相続人の同意を得て支払うなどの便宜的な対応をとることも考えられますが、このような場合の対応として民法が改正され、遺産分割前の相続預金の一部払戻しが認められました（民法909条の2）。これによれば、「各共同相続人は、遺産に属する預貯金債権のうち相続開始の時の債権額の3分の1」に払戻しを行う相続人の「法定相続分を乗じた額」については、単独での払戻しができることになりました。ただし、法務省令の定めにより上限額は、銀行ごとに150万円とされています。また、相続人が家庭裁判所の審判によって預金の払戻しを行うこともできます（家事事件手続法200条3項）。家庭裁判所は、相続財産に属する債務の弁済、相続人の生活費の支払その他の事情を勘案し払戻額を判断します。

2　預金者の死亡を知らずに行われた払戻し

　銀行は、通常、相続人から預金者死亡の届出がないと預金者の死亡を知ることができないので、相続人の1人からの払戻請求に応じてしまうことや銀行が預金者の死亡を知って預金口座等の支払停止をシステム登録する前にキャッシュカードを用いた引出しが行われてしまうことがあります。このような払戻しは他の相続人からすれば相続財産の侵害に当たるので、他の相続人は払戻しを行った相続人に対して不法行為による損害賠償を請求することができます。

　銀行が預金者の死亡を知らずに預金の払戻しを行ったとき、銀行が預金者の死亡を知らず（善意）、知らなかったことについて不注意（過失）がなかった場合は、真正な通帳・届出印鑑を持参した者に対して払い戻したのであれば、ほかにその者が預金者本人またはその代理人または使者ではないと疑うべき特段の事情がない限り、その払戻しは「取引上の社会通念に照らして受

領権者としての外観を有するもの」に対して行った弁済（従来の「債権の準占有者に対する弁済」に当たります）として有効とされ（民法478条）、また銀行の預金規定またはカード取引規定の免責条項により、有効な払戻しとなります。なお、銀行が預金者の死亡を知った場合は、すみやかに預金口座等に対して死亡を理由とする支払停止のシステム登録を行いますから、預金者の家族が自由に払戻しを行うことはできなくなります（これを「預金の凍結」ということがあります）。

3 預金者の死亡を知って行われた払戻し

　預金者の家族から営業店に連絡があったにもかかわらず放置して、預金口座等の支払停止のシステム登録を怠っていた場合や、預金者が有名人あるいは事件・事故の被害者でその死亡が新聞やテレビで報道され公知の事実となっているときなど取引のある営業店が預金者の死亡を当然に知りえた場合は、銀行に不注意があったものとされ、相続人の１人に対する預金の払戻しが無効とされる場合があります。このような場合には、払戻しを請求した相続人の相続分を超える預金の払戻しを行っていると、他の相続人から預金の払戻しの無効を主張され、二重払いのリスクを負うことになります。もっとも、銀行は先の支払の相手方（払戻請求した相続人の１人）に対して支払金額相当額について不当利得として返還を求めることができます（民法704条）。

　このような銀行の注意義務は、預金（消費寄託契約）の受寄者である金融機関が負う善管注意義務ですから、預金の取扱窓口である営業店の担当者は、家族からの連絡や新聞またはテレビの報道等によって預金者の死亡を知ったときは、すみやかに預金口座等に対して支払停止のシステム登録を行うなど所定の手続を行うことが必要となります。

【関連法規】
・民法478条、704条、909条の２
・家事事件手続法200条３項

① 銀行が預金者の死亡を知っているにもかかわらず、預金の払戻しを行った場合、その払戻しは無効とされ、二重払いのリスクを負うことがありますので注意が必要です。

② 営業店の担当者は預金者が死亡したことを知ったときは、家族に確認したうえですみやかに支払停止のシステム登録など銀行所定の手続を行う必要があります。

Q42 預金者死亡の連絡があった場合の手続

　高齢の預金者が死亡したとの連絡がありました。どのような手続をすればよいですか。

結論

1　家族等から預金者の死亡という連絡を受けたら、必ず家族に連絡内容の確認を行い、預金者の死亡が確認できたら正式な届出の前であっても、営業店で預金に支払停止のシステム登録を行います。支払停止の登録後は払戻しが制限され、原則として相続人全員からの請求や法律上の払戻制度に基づく請求でなければ払戻しを行いません。

2　正式な届出を受領する際には、公的書類をもって預金者の死亡を確認します。

3　家族から葬儀費用や生活費用に充てる目的での払戻しを求められたときは、相当額の範囲で支払に応ずることがあります。

----------●　解　説　●----------

1　届出の受領と支払停止

　高齢の預金者が死亡したとの連絡を営業店の担当者が受けたときは、家族からの連絡の場合を含めて、その連絡内容が正しいものか再度家族に確認します。預金者の死亡が確認できたら、担当者は預金者との取引種別・内容を確認し、責任者の承認を得て死亡した預金者の預金（相続預金）について、すみやかに死亡を理由とする支払停止のシステム登録を行います。それを行うことによって、営業店の責任者が個別に承認しない限り預金の払戻しはできなくなり、二重払いリスクのある不注意な払戻しが防止できることとなります（このため、「預金の凍結」といわれることがあります）。

　また、担当者は死亡の連絡を受けた際の内容や状況を営業日誌または顧客取引記録等に記入することが必要です。相続預金の管理に必要になるととも

に、後日、相続人等との間で相続預金の払戻しに関してクレーム・紛争が生じた場合の備えにもなります。ただし、公共料金自動引落口座については支払停止をシステム登録すると電気、ガス、水道等の公共料金の引落しが不能となり、残された家族の不便となることがあるので、同居の相続人等と相談のうえ、利用者の名義変更手続が完了するまでの短期間、支払停止のシステム登録を行わないことも考えられます。

支払停止のシステム登録を行うのは、相続人間の遺産分割協議で相続預金の帰属が確定する前に無効となる不注意な払戻しが行われないようにするためで、不注意な払戻しの結果、銀行が他の相続人に二重払いせざるをえなくなるリスクを防止するためのものです。すなわち、共同相続の場合は、相続預金は預金者の死亡によって共同相続人に相続されますが、遺産分割の対象となり（最決平28.12.19民集70巻8号2121頁）、原則として遺産分割協議が調うまで、共同相続人の共有財産となりますから、1人の共同相続人が他の共同相続人全員の同意を得ずに相続預金を払い戻すことはできません。また、預金者の遺言があれば、相続は遺言の内容に従ってされることになるので、相続人であるからといってその払戻請求に応じることができないからです。

2　相続預金の払戻し

相続預金が遺産分割の対象とされたことで、相続人に相続預金の払戻しをするための手続は、相続届など銀行所定の書類、相続人の範囲・各相続人の相続分が確認できる書類および相続人の本人確認書類とともに、遺言書の有無、遺言執行者の選任の有無および遺産分割協議の前後などの状況に応じて必要とされる書類の提出を受けて行うことになります。なお、提出書類は各銀行によって異なることがあります。

⑴　遺言書がある場合

遺言書があれば、被相続人の財産は遺言の内容に従って相続されます。したがって、特定の預金を指定して特定の者（受遺者）に遺贈するとの遺言があれば、受遺者は銀行に対し単独でその預金の払戻しまたは解約の請求をす

ることができます。ただし、預金債権が特定贈与された場合には、遺贈義務者の債務者に対する通知または承諾による対抗要件がなければ、受遺者は債務者に対抗できないとするのが判例の立場なので（最判昭49.4.26金法725号42頁）、銀行実務としては、遺贈義務者（遺言者の全相続人）からの受遺者に譲渡した旨の通知を確認して支払うことになります。この場合に必要となる書類は、遺言書、被相続人および受遺者の戸籍抄本、受遺者の実印と印鑑証明書および銀行所定の相続関係届出書（銀行によって名称は異なることがあります。また、相続人全員の署名・捺印を求める銀行もあります）などです。遺言が自筆証書遺言等の場合は、家庭裁判所の検認がすんでいることを確認できる検認済証明書等が必要となります。なお、法務局による遺言書の保管制度を利用している遺言書については、検認は不要です。

遺言執行者が遺言によって指定されているときは、受遺者ではなく遺言執行者が銀行に対し払戻しまたは解約の請求を行います。遺言執行者は、遺言の内容を実現するための相続財産の管理その他遺言の執行に必要ないっさいの行為をする権利義務を有するものとされ（民法1012条）、遺言執行者がいる場合には、相続人は相続財産の処分その他遺言の執行を妨げるべき行為をすることができないとされています（民法1013条1項）。また、この規定に違反して相続人がした行為は無効とされますから（民法1013条2項本文）、銀行が遺言書を提示され、遺言執行者が指定されていることを知った場合、他の相続人に相続預金を払い戻すと、遺言執行者からその払戻しの無効を主張されるリスクがあります。したがって、遺言執行者が指定されている場合は、払戻しは遺言執行者に対して行います。

なお、「相続させる」内容の遺言について遺言執行者が指定されている場合の対応は、Q76を参照のこと。

⑵　**遺言書がない場合**

①　**遺産分割協議書がある場合**

相続が発生した際、相続人全員で協議し相続財産の分割について合意することができます。これを遺産分割協議といい、法定相続分や遺言の内容と異

なる割合で相続分を決めることもできます（民法907条1項）。相続人全員の合意により遺産分割協議が成立したときは遺産分割協議書を作成します。なお、遺産分割協議が相続人間でまとまらない場合は、家庭裁判所に遺産分割の調停または審判を申し立てることができます（同条2項）。遺産分割協議の成立後は、相続人は協議によって合意した内容での払戻しまたは解約を銀行に対し請求することができます。銀行実務としては、相続人のうち1人をすべての相続人の代表者として、その者を相手に相続手続を行うことが通常なので、その場合は相続人全員の署名・捺印のある遺産分割協議書、被相続人および相続人の戸籍抄本、相続人の実印・印鑑証明書および銀行所定の相続関係届出書などの提示を受けて取引を行います。

② 遺言書・遺産分割協議書がない場合

遺産分割協議が行われず、遺言書も遺産分割協議書もない場合があります。この場合であっても、相続預金の分割に関して相続人全員の同意があれば、銀行としては払戻しに応じることができます。

3 遺産分割前の預金の払戻制度

相続預金が遺産分割の対象となったことで、遺産分割協議の成立前は、相続人全員の同意がなければ相続預金の払戻しができないことになりますが、遺産分割協議が成立するまでの間、相続人が相続預金から葬儀費用や生活費の支払を受けたい、あるいは被相続人の債務を弁済したいと考えても、相続人の1人にでも反対されたときは、払戻しを受けることができないという不都合が生じます。このため、次のような2つの制度が民法改正によって設けられました。

(1) 遺産分割前の相続預金の払戻制度

各相続人は、相続預金のうち預金口座ごと（定期預金の場合は明細ごと）に次の計算式で求められる金額については、家庭裁判所の判断を得ずに、銀行から単独で払戻しを受けることができます（民法909条の2）。ただし、同一の銀行からの払戻しは150万円が上限とされています。

単独で払戻しができる額

　　＝相続開始時の預金額（口座・明細基準）×1/3×払戻しを行う相続人
　　の法定相続分

　銀行実務としては、払戻しを行う相続人の法定相続分が確認できる書類の提示を受けて払い戻すことになります。

(2)　家庭裁判所の判断による払戻制度

　家庭裁判所に遺産分割の審判や調停を申し立てている場合に、各相続人は家庭裁判所に申し立てて、その審判を得ることにより、保全処分として相続預金の全部または一部を仮に取得し、銀行から単独で払戻しを受けることができます。遺産分割前の預金の払戻制度のような上限額の定めがなく、家庭裁判所の判断で払戻額が決まります。ただし、相続人について、生活費用の支弁等の事情により相続預金の仮払いの必要性が認められ、かつ他の相続人の利益を害しない場合に限られます。

4　葬儀費用の支払

　葬儀費用は、被相続人を葬る宗教上の儀式に要した費用であり、被相続人の遺産から優先して支払われるべき性格の資金です。判例（東京地判平24．5．29平22㈠20174号等）でも社会通念として一般に認められる程度の葬儀費用は、被相続人の遺産から優先的に支払われ、もし葬儀費用に見合う遺産がない場合には、相続人が共同して負担するものとしています。したがって、葬儀費用に充てる目的で預金の払戻しを求められたときは、喪主（葬儀の主宰者）といった主な相続人を含めたできるだけ多くの共同相続人が署名・捺印した依頼書に基づき、その預金者の居住していた地域での標準的な葬儀費用相当額を払い戻すことができるものと考えられます。それ以上の額の葬儀費用を払い戻す場合には相続人全員の同意を得るようにします。また、葬儀費用をめぐって相続人間で紛義を生ずることもありますから、葬儀費用は直接葬儀社等に振り込むこととするのも相続人間のクレーム・紛争に巻き込まれないようにする方法の1つと考えられます。

【関連法規】

・民法882条以下（相続）

ワンポイントアドバイス

① 預金者の死亡を確認したら、預金について支払停止のシステム登録を行います。

② 相続預金の払戻しは、原則として相続人全員の同意を得て行うことが銀行実務ですが、遺言書の有無や遺産分割協議書の有無、遺産分割協議の前後などの状況に応じて適切に対応する必要があります。

③ 葬祭費用の払戻しは、その地域における標準的な額を払い戻すようにします。

Q43 死後事務処理に委任または信託の活用

高齢の１人暮らしの預金者から、自身の死後の病院費用の支払、葬儀・法要等の費用の支払、世話になった人への謝礼金の支払などについて、預金を取り崩して銀行がかわって行ってほしい旨の依頼がありました。銀行はこの依頼に応じることができるでしょうか。また、銀行が応じることができない場合は預金者にはどういったアドバイスが考えられますか。

結論 いわゆる「死後事務委任契約」の成立が認められれば、これによる取扱いは可能と思われます。ただし、その内容によっては、銀行業務になじまない場合もありますので、銀行が直接受任するのは困難と思われます。そこで、死後事務委任契約は専門の事業者を受任者とし、その費用等を管理するために銀行を受託者とする信託契約を利用することが適当と考えられます。また、成年後見の申立てが可能な場合は、成年被後見人として保護を図りつつ、死亡後の事務については成年後見人がその権限の範囲内で処理することも有益です。

-------------●　解　説　●-------------

1　死後事務委任契約と信託

(1)　問　題　点

自身の死後の病院費用の支払、葬儀・法要等の費用の支払、世話になった人への謝礼金の支払などを、自身にかわってやってほしい旨の依頼を受け、これを引き受けた場合に、委任者の死亡によっても終了しない「死後事務委任契約」が成立するかどうかが問題になります。

これは、「委任者の死亡」が委任の終了事由とされており（民法653条1号）、委任者が死亡すれば委任契約の存続は認められないからです。しかし、

たとえば、明示的にその旨が特約されている場合や、委任契約の性質・内容、契約時の事情によって委任者が死亡しても委任が終了しないと考えられる場合など、当事者の死亡にかかわらず終了しない委任契約も認められています。これが、「死後事務委任契約」です。

ただし、「死後事務委任契約」は、その受任する事務の内容によっては、銀行業務になじまないこともありますので、ビジネスとして取り組む以上、専門の事業者を受任者として契約するのが適当と考えられます。

⑵　死後事務委任契約の成立を認める判例

著名な判例の事案は、A（死亡した委任者）がYに預金通帳、印章等を交付して、Aの入院中の諸費用の支払、死後の葬式、法要等の実施とその費用の支払、身の回りの世話をした者に対する応分の謝礼金の支払などを依頼してYがこれを承諾（委任契約の成立）、Yはこれに従って預金の払戻しや支払等を行ったのに対して、X（Aの異父妹・相続人）がYに預金通帳、印章や金員等の返還を求めたというものです。

最高裁は、「自己の死後の事務を含めた法律行為等の委任契約がAとYとの間に成立したとの原審の認定は、当然に、委任者Aの死亡によつても右契約を終了させない旨の合意を包含する趣旨のものというべく、民法653条の法意がかかる合意の効力を否定するものでない」とし、自己の死後の事務を委任した委任契約は、委任者の死亡によっても当然に終了すべきものとはいえないとしました（最判平4．9．22金法1358号55頁）。

同様の考え方は、その後の下級審裁判例でも採用されています。Aが生前に、母親の生活費や療養費ならびに家産の維持や祭祀のために使用することを条件として、その管理を委託したという事案（東京高判平11.12.21判タ1037号175頁）、また、Aの葬儀等と将来にわたってB（Aの娘、統合失調症を発症しAの世話を受けていた）の世話をすることを委託したという事案（高松高判平22.8.30判時2106号52頁）において、Aの委託に従って預金の払戻しや払戻金を使用することについて、それぞれ死後事務委任契約の成立を認めています。いずれも委任事務の内容から、委任者死亡後の委任契約存続の合意を含

むことを認めたものと理解することができます。

しかし、学説のなかには、死後の財産処分のために遺言制度があり、遺言による死亡者の最終意思の確認には厳格な様式が定められていることとの関係から、死後事務委任契約の有効性を認めたとしても、遺言制度など相続秩序との関係が問題になる場合には、公序良俗（民法90条）に反するとして、その効力は認められないと考える立場も有力ですので注意が必要です。

(3) 死後事務委任契約の受任者に対する預金払戻し

事例とは離れますが、預金者の死亡後に、その代理人になった受任者に預金の払戻しが行われた場合、相続人と相続預金を受領した代理人との間の争いに、銀行が巻き込まれるといった事態が考えられます。

具体的には、相続人から銀行に対して、本来相続人に帰属する預金を権限のない代理人に払い戻したなどとして、損害賠償請求などの訴訟が提起されることです。この場合において、銀行は、払戻しにあたり、相手方の受領権限確認につき善意・無過失であるとして、払戻しの有効性を主張することになります（これが認められた最近の事例として、東京地判令元.6.6金商1571号14頁があります）。

(4) 信託契約の利用

ある信託銀行の取扱事例として、お客さま（委託者兼受益者）と信託銀行（受託者）との間の信託契約により信託された財産を、お客さまの相続が発生した際に、あらかじめ専門の事業者との間で締結された「死後事務委任契約」に係る費用等に充当するものがあります（特約付合同運用指定金銭信託）。

信託は、特定の者（受託者）が一定の目的に従い財産の管理または処分などをすることをいうものとされていますので（信託法2条1項）、死後事務委任契約に要する費用等を管理または処分するために用いられます。受託者は財産権の移転を受け、信託契約の定めるところに従って管理・処分し、信託事務の遂行にあたって受託者は善管注意義務・忠実義務を負います（同法29条、30条）。信託報酬が発生しますが、委託者の死後事務委任のための費用

等を管理しておくために適した方法と考えられます。

2　成年後見制度が利用されていた場合

　本問の高齢の預金者について、意思能力がないなど、判断能力を欠く状況にあるときは、単独で契約を締結することはできません（民法3条の2）。そこで、この者の保護を図りつつ、必要な契約を有効に締結できるようにするため、「成年後見制度」（民法7条以下）の利用が考えられます。

　成年後見制度は、平成28年の「成年後見の事務の円滑化を図るための民法及び家事事件手続法の一部を改正する法律」において、民法873条の2が新設され、成年被後見人死亡後の成年後見人の権限が明確化され、①相続財産に属する特定の財産の保存に必要な行為、②相続財産に属する債務の弁済、③その死体の火葬または埋葬に関する契約の締結その他相続財産の保存に必要な行為等をすることができることとされるようになったことは、事例のような問題の解決にあたって重要です。ただし、これを行うにあたっては、(i)その必要があること、(ii)成年被後見人の相続人の意思に反することが明らかではないこと、(iii)相続人が相続財産を管理することができるに至るまでであること、(iv)③は、家庭裁判所の許可を得ていること等の要件を満たしていることが必要とされています。

　病院費用の支払などは②に該当し、この費用を捻出するために預金口座から払戻しを受けることは③に該当しますので、死後事務のほとんどが家庭裁判所の許可を得て行われます。1の死後事務委任契約と比較すると、金融機関と相続人等との間でトラブルになることが少ない方法だと思われます。

【関連法規】
・民法3条の2、7条以下、90条、653条、873条の2
・信託法2条1項、29条、30条、34条

──────── ワンポイントアドバイス ────────
　一部の信託銀行で取り扱われている死後事務委任契約と信託契約のセット商品を別にすれば、家庭裁判所の許可を得て成年後見人が成年被

後見人の死後事務を行うこととするのが確実と考えられます。ただし、本制度は成年後見のみを対象としており、保佐、補助、任意後見には適用されませんので注意が必要です。

融 資 業 務

1 本人との取引

Q44 署名できない場合の融資取引

高齢者と融資取引を行う予定ですが、手が不自由で字を書くことができません。どのように対応したらよいですか。

結論　1　融資取引の契約書の代筆は適切ではありませんが、手が不自由であるといった事情がある場合には、家族などに融資取引の契約締結時に同席してもらい、契約の意思を本人に確認したうえで本人の面前で家族の1人に代筆をしてもらうという対応が考えられます。記入ずみの契約書は、必ず本人に記載事項を確認してもらう必要があります。

2　また、事後の紛議に備えて、営業日誌等に代筆の理由、代筆した人、確認した事項および契約締結当日のやりとり等を事細かに記録しておくことが重要です。

-------------------------●　解　説　●-------------------------

　本問のように、顧客本人が手が不自由で字を書くことができない場合の対応としては、顧客本人が高齢者かどうかを問わず、融資契約書への代筆による契約締結の可否を検討することが多いと思われます。

　融資取引の契約書は、顧客本人が契約書に自署をすることで、顧客本人の融資取引意思を確認することができます。

　代筆の場合だと、融資契約書からの顧客本人の取引意思の確認が自署の場合と比較してもかなり困難であり、融資取引契約そのものが本人の意思に基づいて成立していない（よって契約は無効である）、とされる可能性があります。よって、融資取引の契約書の代筆は、「真にやむを得ない事由」がある場合に限定すべきです。

また、高齢者との融資取引において、融資契約書への代筆を認める場合は、そもそも高齢者本人に十分な判断能力があることが前提となります。代筆を認めるのは、あくまでも高齢者本人が身体的に字を書くことができない場合であって、そもそも十分な判断能力を備えていない場合には、自署にせよ代筆にせよ、後に契約が取り消される可能性がありますので、十分な注意が必要です。

　一方で、平成25年には「障害を理由とする差別の解消の推進に関する法律」（以下、「障害者差別解消法」という）が制定され、事業者は正当な理由なく障害を理由として財、サービスや各種機会の提供を拒否するなどして障害者の権利利益を侵害してはならないことが明確にされるとともに、障害者から現に社会的障壁の除去を必要としている旨の意思表示があった場合において、その負担が過重なものでない場合には、当該障害者の性別、年齢および障害の程度に応じて、社会的障壁の除去について合理的な配慮をするよう努めなければならないものとされました（同法8条）。したがって、代筆の検討においては、障害者差別解消法の趣旨もふまえた対応が求められることになります。

　以上より、融資契約書への代筆による契約締結の場合は、以下の点に留意する必要があります。

① 　まず、すでに判断能力の不十分な成年者を保護するための成年後見制度を利用していないか、成年後見登記の有無を確認する（成年後見登記の登記事項証明書は、本人や配偶者、四親等以内の親族等一定範囲の人からの請求に対してのみ発行されるので、高齢者本人もしくは家族等の協力が必要となる）。

② 　もし成年後見制度の利用がない場合であっても、顧客本人の判断能力に不安がある場合は、成年後見制度の利用を促す。

③ 　代筆を行うという、異例な対応をするに値する「真にやむを得ない事由」があることを、高齢者本人に確認する（「真にやむを得ない事由」の確認資料として、医師の診断書の提出を求めることも検討する）。

④ 代筆を行う者は、家族など近親者に限定する。

⑤ 契約締結時は双方複数名による立ち会いとする。

⑥ 契約意思を高齢者本人に確認する。

⑦ 記入済契約書の内容を、読合せ等により、高齢者本人に記載事項（特に金額、利息、支払期日、支払方法は念入りに）を確認してもらう。

⑧ 上記①〜⑦を含め契約締結当日のやりとりを、意思確認記録表や営業日誌等に極力事細かに記録する（事後の紛議の際に重要な証拠となる）。

　また、上記に加え、借入金の資金使途について、通常の融資取引以上に注意し、確認する必要があります（使用目的が高齢者本人のためではない場合、融資取引が高齢者本人の意思に基づくものではない、とされる可能性がより高くなります）。

　なお、「金融庁所管事業分野における障害を理由とする差別の解消の推進に関する対応指針」では、合理的配慮の例として「書類の内容や取引の性質等に照らして特段の問題が無いと認められる場合に、自筆が困難な障害者からの要望を受けて、本人の意思確認を適切に実施した上で、代筆対応する」こと等があげられています。これをふまえると、融資取引という重要な契約において、後日の立証を確実にし、本人の意思を適切に把握するために、上記のような相応の措置をとるように求めることは書類の内容や取引の性質等に照らして必要なことであり、障害者差別解消法の趣旨にも反するものではないと考えられます。

【関連法規】

・障害を理由とする差別の解消の推進に関する法律（障害者差別解消法）

・金融庁「金融庁所管事業分野における障害を理由とする差別の解消の推進に関する対応指針」

ワンポイントアドバイス

　高齢者との融資取引という、そもそも貸手側のリスク（後に契約の取消や契約無効とされる可能性など）が高い取引において、さらに融資契約書への代筆を認めるということは、きわめてリスクの高い取扱いであ

り、障害者差別解消法の趣旨をふまえつつも、取引の性質等をふまえると慎重に対応するべきだといえます。

Q45　意思能力に疑問のある者との融資取引

　高齢者と融資取引を行う予定ですが、時々意識を失うこともあり、その意思能力に疑問があります。どのようにすればよいですか。

結論
1　判断能力が不十分であると想定し、成年後見制度の利用を促すほうがよいと思われます。
2　選任された成年後見人に高齢者を代理して融資契約を締結してもらうか、保佐人あるいは補助人の同意を得れば、事後に意思無能力により融資契約を無効とされる可能性は低くなります。
3　ただし、本問融資取引が成年後見人等との間で、利益相反行為に当たる場合、別に特別代理人等を選任してもらい、特別代理人と取引する、もしくはその同意を得る必要があります。

---------------------●　解　説　●---------------------

　本問のように、時々意識を失うことがあるなど、その意思能力に疑問のある高齢者については、安易に「意識がはっきりしているときに契約を締結すればいい」などと考えずに、判断能力が不十分であると想定し、通常の融資取引とは別個の対応を検討することが必要です。

　その理由は以下のとおりです。

　改正前の民法において、明文規定はありませんでしたが明治38年5月11日の大審院判例に「意思能力を欠く人の意思表示は無効である」とあり（大判明38.5.11民録11輯706頁）、意思無能力者の意思表示は無効とされていました。改正民法においては、法律行為の当事者が意思表示をした際に意思能力を有しなかったときはその法律行為は無効とする旨が明文で定められました（民法3条の2）。

　よって、法律行為を行った当時、行為者において意思能力がなかったこと

を立証できれば、その法律行為が無効とされる（本問でいえば、融資取引が無効とされる）こととなります。実際にその当時意思無能力であったことを立証することは困難であるとはいえ、取引の相手方である貸手からすれば、いつ法律行為を無効とされるか不安定な状態に置かれ、不測の損害を被る可能性があります。

判断能力が不十分な高齢者と融資取引を行うにあたっては、前述のとおり、事後に法律行為を無効とされる可能性がありますから、その対応には注意が必要です。

本問のような成年で判断能力が不十分な者を保護する制度として、成年後見制度が制定されています。

本問の場合、成年後見制度のうち、法定後見制度を利用してもらうことになります。任意後見制度という制度もありますが、この制度は「本人が意思能力を有している間に、精神上の障害により意思能力を欠く状態に至った場合の後見事務について、任意後見人に対し代理権を与える」ものであり、本問のような、すでに意思能力を欠いていると想定される場合は、その代理権の授与自体が無効とされる可能性がありますので、利用できないと思われます。

ただし、法定後見制度は、意思能力・判断能力を欠く理由を「精神上の障害による」としていますので、本問のような、「時々意識を失う」状態が「精神上の障害ではない」とされた場合、これら成年後見制度の利用ができない可能性があります。

法定後見制度を利用した場合は、家庭裁判所によって選任された成年後見人、保佐人および補助人（以下、これらをまとめて表す場合は「成年後見人ら」という）の法律行為の代理もしくは同意により、融資取引を行うことになります。

成年後見人らの違いは、簡単に説明すると下記のとおりです。

① 成年後見人……精神上の障害により、意思能力・判断能力のない状態が通常状態である、成年被後見人に対し選任される（民法7条）。成年被後

見人の財産管理権および代理権を有する（民法859条1項）。

② 保佐人……精神上の障害により、意思能力・判断能力が著しく不十分とされる被保佐人に対し選任される（民法11条）。被保佐人が、借財または保証を含む一定の重要な財産上の法律行為を行う場合は、保佐人の同意が必要となる（民法13条）。

③ 補助人……精神上の障害により、意思能力・判断能力が不十分とされる被補助人に対し選任される（民法15条）。被補助人が、借財または保証を含む一定の重要な財産上の法律行為のうち、補助人の同意を要する旨の審判がなされた法律行為を行う場合は、補助人の同意が必要となる（民法17条）。

なお、本問融資取引において、成年後見人らの不動産購入資金のために成年被後見人である高齢者本人が借入れをするなど、高齢者本人と成年後見人らとの利益が相反する場合は、監督人がいる場合を除き、家庭裁判所の選任する特別代理人等の同意や代理によることが必要となります。また、成年被後見人の居住用不動産の担保提供を受ける場合は、家庭裁判所の許可が必要ですので、審判書による確認が必要となります。

【関連法規】

・民法

ワンポイントアドバイス

　意思能力がない者の法律行為は無効となるため、取引の相手方の能力については慎重に確認します。その結果、相手方の意思能力に疑問がある場合には、法定後見制度等を活用する必要があります。

Q46 高齢者との保証契約

　高齢の資産家に融資契約の保証人になってもらう予定ですが、会話の内容が理解できないことがあります。どのように対応したらよいですか。

結論 1　会話の内容等を理解できない状態ということは、意思能力が不十分な可能性があり、契約の内容も理解できておらず、保証が無効となるおそれがあります。

2　このような場合に保証人になってもらうことが適切かはそもそも慎重に検討するべきですが、検討の結果、保証人になってもらう場合、保証人の意思能力が不十分であることも想定し、成年後見制度の利用を促したうえで成年後見人と保証契約を締結するか、保佐人あるいは補助人の同意を得るほうがよいでしょう。

3　なお、利益相反行為に当たる場合は、特別代理人等を選任してもらう必要があります。

------------●　解　説　●------------

　会話の内容が理解できない高齢者と、保証契約のような本人の財産に大きな影響を与えうる契約を締結することは、後に意思能力が十分でなかったとして保証契約の無効を主張される可能性があります。また、保証契約の相手方である貸手の説明義務違反を問われる可能性も生じます。このため、そもそもそのような高齢者に保証人になってもらうことが適切かを慎重に検討するべきです。

　検討の結果、保証人になってもらう場合、保証契約締結時に保証金額や保証の種別（根保証か特定保証かなど）、期間等、保証契約の内容を保証人本人が理解するまで十分に説明し、本人の保証意思確認をしたことにつき、その

時の交渉記録を詳細に残すことが必要です。記録として残しておくことは、訴訟において保証人から意思能力が十分でなかったと主張された場合の有力な反論材料になります。

　民法において、意思能力を有しない者の行った法律行為は無効であり（民法3条の2）、法律行為を行った当時、行為者において意思能力がなかったことが立証されれば、その法律行為は無効となります。実際にその当時意思能力がなかったことの立証は困難とはいえ、取引の相手方（貸手）からすれば、いつ法律行為を無効とされるか不安定な状態に置かれ、不測の損害を被る可能性があります。

　このため、意思能力が不十分な高齢者と融資取引を行うにあたっては注意が必要です。

　具体的には、成年後見制度のうち、法定後見制度を利用してもらうことになります。

　法定後見制度を利用した場合は、家庭裁判所によって選任された成年後見人、保佐人または補助人の法律行為の代理もしくは同意により、保証契約の締結を行うことになります。

　保証契約にあたって、成年被後見人である高齢者本人と成年後見人との利益が相反する場合は、後見監督人がいる場合を除き、家庭裁判所の選任する特別代理人によることが必要となります（民法860条）。具体的には、成年後見人の借入れに対し高齢者本人が保証契約を締結するというケース等が想定されます。

　なお、そもそも成年後見制度における成年後見人の使命は、被後見人の適切な身上保護と財産管理を行うことにあります。個人が第三者の保証人になる場合、当該第三者との関係から保証人にならざるをえないことも多く、保証人にとっては一方的に経済的な負担を負うことが少なくありません。このため、成年後見人においては、保証金額等もふまえ、被後見人が保証人になることが、被後見人にとって合理的といえるのか、過度な負担を課すものでないのか、などを慎重に検討する必要があります。場合によっては、事前に

家庭裁判所に相談すべきであることもあります。

　以上に加えて、いわゆる経営者保証の場合等を除き、事業のために負担した貸金等債務を主たる債務とする保証契約または主たる債務の範囲に事業のために負担する貸金等債務が含まれる根保証契約は、保証契約締結日の前1カ月以内に作成された公正証書で保証人となる者が保証債務を履行する意思を示していなければ効力を生じないとされています（民法465条の6～465条の9）。また、主債務者は保証人に対し、情報提供義務を負います（民法465条の10）。このように特に経営者以外の第三者から事業性融資について保証を受け入れる場合は、保証人が高齢者か否かにかかわらず、安易に個人保証に頼らないよう、厳格な手続が求められています。高齢者との保証契約を締結する場合には、さらに意思能力の確認を確実に行うことが必要です。

【関連法規】
・民法3条の2、465条の6～465条の10、860条

ワンポイントアドバイス

① 　まずは、保証人となる高齢者の意思能力が十分か確認することが必要です。

② 　保証人となる高齢者の意思能力に不安がある場合、法定後見制度の利用を促すことになります。

③ 　成年後見人等が選任されて保証契約を締結する場合でも、高齢者と成年後見人等との利益相反がないかの確認や、事業のための保証においては、公正証書による意思確認も必要となります。

高齢者による担保提供

第三者に対する貸出の担保として、高齢者の主たる財産である自宅を担保に提供してもらう予定です。どのように対応したらよいですか。

結　論　高齢者の意思能力を確認する必要があります。意思能力に疑問がある場合は、医師の診断書の提出等を求め、意思能力の確認を行います。正常な意思能力を有することの確認がとれない場合は、成年後見制度の利用を親族等に促し、選任された成年後見人と契約を締結する等します。この際、成年後見人が成年被後見人である高齢者の自宅への担保設定について、家庭裁判所の許可を得ていることを確認します。また、成年後見人が主債務者である場合、成年被後見人と成年後見人とが利益相反となるため、裁判所に選任された特別代理人と取引を行う必要があります。

------------------------- ● 　解　説　 ● -------------------------

1　意思能力の確認を行う

　個人が有効な法律行為を行い、具体的な権利を取得し、義務を負うためには、意思能力が必要であり、意思能力を欠く者のした法律行為は無効です（民法3条の2）。

　一般に、高齢になるほど意思無能力となるリスクは上昇し、高齢者と担保設定契約を締結した場合、相続人等から当該高齢者は契約当時に意思無能力であったとして契約の無効を主張されることもありえます。このような事態を避けるため、高齢者との契約締結にあたり、意思能力に不安がある場合には、複数人で複数回の面談を行ったり、医師の診断書の提出を求めたりすることによって、高齢者の意思能力を十分に確認することが必要です。意思能力が十分であることを確認できない場合、高齢者本人と契約を締結してはいけません。

2 成年後見制度の利用も検討する

　成年後見制度のうち、成年後見人は制限行為能力者の法定代理人であり、成年被後見人の財産を管理し、その財産に関する法律行為について成年被後見人を代理する権限を有します。成年後見人は成年被後見人にかわって、成年被後見人の所有する不動産を処分（売却・担保設定等）することも可能です。しかし、成年後見人の代理権には一定の制限が加えられる場合があり、成年後見人が成年被後見人にかわって、居住用不動産の処分行為（担保設定を含みます）を行う際は、家庭裁判所の許可を得なければなりません（民法859条の3）。居住用不動産には、成年被後見人が現に居住している不動産が当てはまり、家庭裁判所の許可を欠く場合、その処分は無効と解されています。次に、成年被後見人と成年後見人との関係性によっては処分行為が利益相反となる場合があります。具体的には、成年後見人が負担する債務を被担保債務として成年被後見人が所有する不動産に抵当権を設定する場合などが考えられます。このように成年後見人と成年被後見人との利益相反に該当するときには、成年後見人は家庭裁判所に特別代理人の選任を請求し、審判により選任された特別代理人が成年被後見人を代理して契約行為を行うことになります。後見監督人がある場合は、後見監督人が代理して契約行為を行います（民法860条、826条）。

3 高齢者の主たる財産である自宅の担保提供について

　高齢者の主たる財産である自宅を担保にとる場合は、担保処分の結果、高齢者が自宅を失い、居住場所を失う可能性があるため、生活実態をふまえた慎重な対応が必要です。貸出の担保として自宅を担保提供すること自体のリスクについて十分な説明を行うことに加えて、担保処分により高齢者が生活できなくなる危険性がないことを確認する必要があります。

　本問のように、主債務者が高齢者自身ではなく第三者である場合、主債務者と高齢者の関係性も確認しておくべきです。また、被担保債務の返済が完了しないうちに相続が発生する可能性も比較的高く、相続人から当該高齢者

は契約当時に意思無能力であったとして、担保提供について無効を主張されることもありえます。こうした相続人との将来のトラブルを回避するという観点では、契約締結に関し相続人の同意を得ておくことも有効です。もっとも、相続人らの意向と本人の意思能力の有無は別の問題です。

【関連法規】

・民法3条の2、859条の3、826条、860条

ワンポイントアドバイス

① まずは、担保提供者となる高齢者の意思能力が十分か確認することが必要です。

② 保証人となる高齢者の意思能力に不安がある場合、成年後見制度の利用を促すことになります。

③ 成年後見制度を利用したうえで自宅を担保提供する場合、家庭裁判所の許可が必要になります。また、成年後見人と成年被後見人の間に利益相反が生じる場合、特別代理人を選任してもらって契約を締結する、もしくは、後見監督人を代理人として契約を締結することになります。

Q48 保証人の死亡

保証人が死亡したが、どのような手続をとればよいですか。

結論 保証人が死亡した場合は、その保証債務は、相続人に相続されます。

保証債務の種類によっては、相続されない場合もあるため、保証の種類を確認のうえ、相続手続を行う必要があります。

------------● 解　説 ●------------

1 保証債務は相続されるか

民法では、相続の効力に関する一般規定において、一身専属の義務は相続の目的とはならないことを規定するにとどまっており、保証債務の相続性の有無に関する直接の規定は存在しません。しかし、現在の判例・通説の考え方に従えば、保証人が死亡したときは、その相続人は被相続人である保証人のいっさいの権利義務を承継することになるので、この保証債務も上記の相続に関する一般規定に従って相続人に承継されます。

2 保証の種類

(1) 特定債務の保証

特定債務の保証とは、手形貸付、証書貸付による債務の保証のようにすでに発生している債務の保証と、特定の割引手形の買戻請求権、特定の支払承諾の求償権のような将来発生する債務の保証とがありますが、他の債務と明確に区別することができる特定の債務の保証です。相続人は被相続人が負担している保証債務と同一内容の債務を承継することになります。

問題となるのは同一の主債務につき連帯保証人が複数存在している状況下、連帯保証人のうち1人が死亡し、共同相続となった場合の、当該連帯保

証債務の帰趨です。

　共同保証の場面（同一の主債務について数人が保証人となる場合）において、当該保証が連帯保証でない場合には、各保証人は債権者に対して平等の割合で分割された金額についてのみ保証債務を負いますが、当該保証が連帯保証となっている場合は各相続人は全額の保証債務を負うことになります。

　そして、共同保証が連帯保証であり、複数の保証人のうちの１人に相続が発生した場合には以下のとおりとなります。

　相続人が単独相続人の場合、被相続人（保証人）と同様に分別の利益をもたないため、その全額の保証債務を相続することになります。

　他方、共同相続の場合においては、各相続人は債務の全額ではなく、相続分に応じた金額の範囲内で、他の連帯保証人と同様の保証責任を負うことになります（最判昭34．6．19民集第13巻６号757頁参照）。

(2)　根保証債務の相続

　一定の期間に一定の取引範囲で継続的に生ずる不特定の債務に係る保証を根保証といいます。根保証には、身元保証、信用保証、賃借人の保証があります。

・身元保証の相続については、保証人と被用者の人的信頼関係を基礎にしていることから、相続されないと解されています（大判昭18．9．10民集22巻948頁参照）。

・信用保証の相続については、相続発生時点で元本が確定し、保証債務が限定されるため、その部分は相続されますが、保証人の死後生じた債務については限度額や期間の定めがなければ保証人にとってきわめてリスクが高いため、相続人は保証債務を負担するものではないとされています（最判昭37.11.９民集16巻11号2270頁参照）。個人根保証契約（一定の範囲に属する不特定の債務を主たる債務とする保証契約であって保証人が法人でないもの）については、極度額を定めないと効力を生じないこと（民法465条の２第２項）、個人根保証契約であってその主たる債務の範囲に金銭の貸渡しまたは手形の割引を受けることによって負担する債務が含まれるものについて

は元本確定期日が法定されていること（最長５年、元本確定期日の定めがない場合や定めが効力を生じない場合は３年。民法465条の３第１項・２項）により根保証人の責任が合理的な範囲に限定されています。主たる債務者や保証人が死亡すると、個人根保証契約における主たる債務は確定します（民法465条の４第１項３号）。

・賃借人の保証の相続の場合は、信用保証と同様に死亡時すでに発生している具体的な債務は相続されます。さらに保証人の死亡後に生じた賃料債務についても、保証人の相続人は保証債務を相続すると判例では示されています（大判昭９．１.30民集13巻103頁参照）。賃借人の賃料債務は賃貸借契約から生じる特定の債務のため、期間、金額は限定されており、保証人の負担は大きくないためです。

3　ま　と　め

　金融取引に基づく債務を主たる債務とする保証人が死亡した場合、複数の共同相続人がいる場合には、相続人が、相続分に応じて、相続開始時点の債務を分割して承継することになります。特定の貸付金返還債務を保証している場合は当該貸付金について、継続的金融取引に基づく債務を保証している場合には、その時点での貸付金等について極度額を限度として（元本確定期日が到来している場合は、当該確定時点における貸付金等について極度額を限度として）相続人が分割承継することになります。

　以上の法的効果を考慮しつつ、金融機関としては、債務者の信用状況や取引ぶりを考慮し、必要に応じて、保証人の差替えに応じたり、保全を強化したりする等、臨機応変に対応することになります。

【関連法規】

・民法896条以下（相続の効力関連）、446条以下（保証関連）

ワンポイントアドバイス

　保証人が死亡した場合には、まずは保証の種類を確認し、保証が相続されるかどうかを確認のうえ、債務者の信用状況や取引ぶりを考慮し、

必要に応じて、保証人の差替えに応じたり、保全を強化する等、臨機応変に対応することが必要です。

Q49 債務者の死亡と債権保全

借主が死亡したが、債権を保全するため、どのような手続をとればよいですか。

結論 債務者が死亡し相続が開始した場合には、戸籍謄本・除籍謄本等で、死亡の日時・事実および法定相続人を確認します。また、遺言ないし遺産分割協議の存否・内容や、限定承認・相続放棄の有無の確認等を行い、根抵当権がある場合には今後取引を継続させるのか確定させるのか、今後の取引・返済についてどうするのか、根保証人がいる場合には、今後の取引についても保証してもらう必要の有無、相続発生から相続手続完了までの間の弁済をどうするか、預金との相殺の検討等、取引全般について、相続人と協議しながら対応を決める必要があります。死亡した債務者の相続人が今後も取引や返済を継続していくという場合には、免責的債務引受契約の締結およびしかるべき保証人の徴求、担保の変更登記等の手続を進めることになります。

---------------------------●　解　説　●---------------------------

1　相続人と相続分

相続人は被相続人のいっさいの資産や負債を承継するが、複数の相続人がいる場合は一定の割合での承継となり、その承継の割合を相続分といいます。相続分は被相続人が遺言により指定できますが、特になければ法定相続分によります。相続については、積極財産（遺産）の相続と消極財産（債務）の相続があり、複数の共同相続人がいるような場合には、積極財産については、遺産分割協議がなされます。この協議においては、法定相続分とは異なる割合や形態による遺産分割が可能です。遺産分割に際しては、債務の負担についても、あわせて取決めがなされる場合がありますが、判例によれ

ば、金融機関からの借入金債務のような金銭債務については、相続開始により法定相続分に応じて当然に分割承継されるものとされています（最判昭34.6.19民集13巻6号757頁参照）。したがって、これと異なる内容で債務の負担を相続人間で取り決めたいという場合には、いったん相続の開始により分割承継された債務を他の相続人が引き受けるという行為が必要になります。そして、このような債務引受を金融機関に主張するためには、金融機関の承諾が必要になるのです。金融機関としては、相続人のだれがどのような資産を取得し、債務を承継しようとするのかという内容を債権保全上問題がないかという点をふまえて、相続人と交渉し、手続を進めることになります。

2　相続の方法

相続の方法には単純承認、限定承認があり、その他には相続人不存在、相続放棄の場合があります。

(1)　単純承認があった場合

単純承認とは、相続人が被相続人の債権・債務をすべて承継することです。相続人が複数いる場合に各相続人がそれぞれの相続分の割合で、被相続人の債務を承継することになりますが、各相続人の負担する相続債務は各自連帯するものではないとされているので、保全方法を検討する必要があります。

相続人のうち弁済能力のある者と、弁済能力に疑問のある者とがいたり、1つの貸金債権が各相続人に分割されるため、債権者として貸金の管理に不便が生じる場合があるため、下記の方法について相続人に検討を依頼することが必要です。

① 各相続人に他の相続人の債務について連帯して保証することを依頼します。

② 相続人のうち特に支払能力のある者に他の相続人の相続債務について債務引受（可能であるならば免責的債務引受）を依頼し、他の相続人には保証人となることを依頼します。

免責的債務引受については、民法上、債権者と引受人の契約（および債務者への通知）でする方法と、債務者と引受人（および債権者の承諾）でする方法がありますので、金融機関としてはいずれの方法によるかを選択することとなります（民法470条2項・3項）。また、引受債務について第三者が担保提供している場合や保証人がいる場合には、その者の承諾も得ておきます。免責的債務引受においては、その同意がないと担保や保証が消滅することになるからです（民法472条の4第1項・3項）。

⑵　限定承認の場合

限定承認の場合は、被相続人の債権者は被相続人の財産からのみ弁済を受ける権利があります。回収不足分が生じた場合は、保証人など相続人以外の者からの弁済に重点を置いて債権回収を行う必要があります。つまり、保証人への責任追及や担保権の実行です。限定承認であったとしても、債権に対する保証人への保証責任追及や担保権の実行には影響がありません。

⑶　相続人不存在の場合、相続放棄の場合

債務者が死亡したがその相続人が存在しないときは、形式的に被相続人の所有していた財産は所有権者が存在しないことになり、被相続人に対する債権は債務者が存在せず弁済を請求する相手がいないことになります。すべての法定相続人が相続放棄した場合も相続人が不在となり、弁済請求をする相手がいないことになります。そのような場合は、債務者が残した財産は相続財産法人を形成し、債務はその法人が承継します。その法人は裁判所によって選任される相続財産管理人によって債権債務の清算をしますが、管理人が選任されておらず、債権者としてその必要が生じた場合には、自ら裁判所にその選任の申立てをしなければなりません。

【関連法規】

・民法470条以下（債務引受関連）、915条以下（相続の承認および放棄関連）、951条以下（相続人の不存在関連）

ワンポイントアドバイス

債務者が死亡し相続が開始した場合には、戸籍謄本等で、死亡の日

時・事実および法定相続人を確認のうえ、相続人と協議しながら対応を決める必要があります。

2 本人以外との取引

> ### Q50 高齢者の土地を担保とした家族からの借入申出
>
> 高齢の親が所有している土地を担保に借入れをしたいとの申出を家族から受けました。親に面談したところ、担保に提供することの意味を正確に理解しているかどうかの点で不安があります。このまま手続を進めてもいいですか。

結論 高齢者から担保提供を受ける際には、慎重に意思確認を行う必要があります。意思能力はあっても担保契約についての知識に乏しい高齢者に対しては、面談により担保の意味をわかりやすく説明し、十分に納得してもらったうえで、契約書への自署・捺印を求めることが重要です。

意思能力に疑問がある場合は、高齢者を制限行為能力者として保護するための成年後見制度の利用を勧め、後見人による代理や、保佐人または補助人による同意に基づいて対応することが必要です。その場合でも、被後見人の居住用不動産を処分（売却、賃貸または抵当権設定等）するには、家庭裁判所の許可が必要ですので、審判書の提示を求めて確認します。

家族による借入れについて高齢の親が担保提供を行う場合、後見人（保佐人、補助人）と被後見人等の利益相反取引に該当するようであれば、家庭裁判所へ後見（保佐、補助）監督人の選任を請求し、審判により選任された後見監督人等と取引を行うか、同様に特別代理人（保佐人・補助人の場合は臨時保佐人・臨時補助人）の選任を請求し、審判により選任された特別代理人等と取引を行わなければなりません。

日常生活自立支援事業を利用している高齢者については、同事業の対象範囲があくまでも日常生活に限られており不動産取引の代行等はできない制約がありますので、本問のような担保設定行為については利用できません。

1　担保権設定契約の注意事項

　家族の借入れの担保として高齢の親が所有する土地を差し入れることは、家族と高齢の親との間の利益相反となる可能性があり、また所有する土地を担保として提供することは資産価値の低下につながる行為であること、さらに一般的に土地の資産価値は大きいことから、下記の事項に留意しながら慎重に手続を進める必要があります。

2　意思確認を慎重に行うこと

　担保提供行為は資産処分行為であり、自らの不利益となる行為であることから、本人の意思確認が重要となります。

　意思確認にあたっては、本人に意思能力および行為能力があることが前提となります。

　意思能力および行為能力を十分に備えた高齢者ではあるものの、いままで不動産取引とは縁がなく抵当権や根抵当権等に関する知識に乏しい者を相手として、不動産担保設定契約を締結する場合は、本人との面談により契約内容をわかりやすく説明し、本人が納得したうえで署名・捺印の手続を行うことが必要です。

　なお、金融庁が策定した主要行等および中小・地域金融機関向けの総合的な監督指針においても、「与信取引等（貸付契約並びにこれに伴う担保・保証契約及びデリバティブ取引）に関する顧客への説明態勢」のなかで、大要、「契約の際には取引内容やリスク等に加えて契約締結の客観的合理的理由の説明を行い、担保提供意思を確認したうえで職員の面前での自署・押印により契約を締結し、契約書等の書面交付を行うことに加えて、貸付に関する基本的な経営の方針（クレジットポリシー等）においても担保・保証（特に第三者保証）に過度に依存しない融資の促進に留意して、利用者保護を図るべき」とされています。

3 制限行為能力者の場合は法定代理人を相手にすること

　高齢者本人の意思能力に問題があると思われる場合は、すでに判断能力（事理弁識能力）の不十分な成年者を保護するための成年後見制度を利用しているかどうか確認します。確認にあたっては成年後見登記の有無を調べることになりますが、これは戸籍へ登記されることなく後見等に関する事項のみが登記ファイルに記録されるとともに、「登記事項証明書」は、本人や配偶者、四親等内の親族等の一定範囲内の者からの請求に対してのみ発行されることなどの点に注意する必要があります。

　もし成年後見制度をまだ利用していないときは、本間の担保契約だけでなく、今後の本人の身上保護、財産管理を適切に行うために、親族等に同制度の利用について説明し、法定後見等の審判申立てを行うように促すべきでしょう。なお、成年後見制度は、判断能力（事理弁識能力）の程度により、欠如している場合は後見、著しく不十分な場合は保佐、不十分な場合は補助と、3類型に分かれます。

　成年後見制度利用者との取引は、原則として被後見人については後見人を代理人とし、被保佐人や被補助人については保佐人や補助人の同意を得て取引を行うのが基本です。

　また、例外的に裁判所の審判に基づき特定の法律行為について保佐人（補助人）に後見人と同様の代理権が付与されることがありますので、「登記事項証明書」や「代理行為目録」等の提出を求めることにより確認し、その内容に応じて取引を行う必要があります。

　なお、被後見人の居住用不動産を処分（売却、賃貸または抵当権設定等）するには、家庭裁判所の許可が必要ですので（民法859条の3）、審判書の提示を求めて確認します。

4 後見人と被後見人の利益相反時は後見監督人等が取引相手

　後見人と被後見人の利益が相反することになった場合は、後見人、被後見人または親族からの請求または家庭裁判所の職権により後見監督人を選任す

るか、あるいは後見人から家庭裁判所への請求により特別代理人を選任する必要があります。

　一方、保佐人（補助人）と被保佐人（被補助人）の利益が相反する場合は、保佐人（補助人）、被保佐人（被補助人）または親族からの請求または家庭裁判所の職権により保佐（補助）監督人を選任するか、あるいは保佐人（補助人）から家庭裁判所への請求により臨時保佐（補助）人を選任する必要があります（民法860条）。

　本問のような家族の借入れにつき高齢の親が担保提供を行う場合、家族が後見人等に就任しており利益相反取引に該当するようであれば、後見監督人等または特別代理人等の選任を家庭裁判所へ請求し、選任された後見監督人等を相手に取引を行わなければいけません。

5　成年後見人の期待される使命に反しないか

　また、そもそも成年後見制度による成年後見人の使命は被後見人の適切な身上保護と財産管理を行うことにありますが、被後見人の所有不動産を家族のために担保提供する行為が成年後見人に期待されるものなのかは疑問です。したがって、たとえ担保提供行為が成年後見人にとって利益相反行為に該当しない場合であっても、それが被後見人の利益となるものか、必要不可欠のものなのか等の視点で判断する必要があります。それは、被後見人の居住用不動産への担保権設定行為のように家庭裁判所の許可を必要とするものに該当しない行為であっても、成年後見人による後見事務の内容が定期的に家庭裁判所（または成年後見監督人）に報告されると（民法863条）、担保提供行為が問題視される可能性が高いからです。

6　担保設定は日常生活自立支援事業の対象外

　全国の社会福祉協議会が手掛けている「日常生活自立支援事業」は、成年後見制度の利用までは不要で契約を締結する判断能力を有する高齢者が利用できる制度で、手軽な存在です。

しかし、その対象範囲は、あくまでも日常生活に限られるため、50万円を超える金銭の取扱いはできないとされており、不動産取引契約の代行もできない制約があるので、本問のような担保提供取引では利用できません。

【関連法規】

・民法859条の３、860条、863条

ワンポイントアドバイス

　高齢者との担保権設定契約では、意思判断能力が正常で、かつ担保権設定契約の意味を十分に理解していることが前提となります。また成年後見制度利用者の場合は、成年後見人等の保護者が本人を代理するか同意を与えて担保権設定契約を締結する行為について、契約の内容が本人の利益の面から合理性があるかどうかについて判断しなければなりません。

高齢者を借主とする家族からの借入申込み

　高齢者を借主とする借入れについて息子から申出を受けています。家族の説明によれば借入金の資金使途は高級外車の購入で、親も十分に承知しているとのことです。この申出についてどう対応すべきですか。

結論　まず、借主の意思能力が借入れに関する事項を理解できる状態にあるかを十分に確認しなくてはなりません。この点に不安がある場合には、法定もしくは任意の成年後見等の制度の利用を依頼することも必要となります。また、高齢者を借主とする場合、高齢であるという事情をふまえ、その借入れが本当に借主の意思や目的に基づくものなのか、その申込内容につき実態的に検討し、判断することも必要となります。

-------------------------●　解　説　●-------------------------

1　意思能力と契約の有効性

　意思無能力者の行った法律行為について改正前民法では規定を設けておらず、判例（大判明38.5.11民録11輯706頁）で無効の立場をとっていましたが、令和2年4月1日施行の改正民法（債権関係）では無効とする旨が明示されました（民法3条の2）。

　高齢者との融資取引では、後日融資契約締結時の債務者の意思能力に問題のあったことが主張・立証された場合、きわめて複雑な法律問題を惹起し、金融機関に損害が生じることがありますので、債務者に予定している者の意思能力についての慎重な確認を必要とします。一般に、高齢であることのみをもって意思能力に問題が生じるわけではありませんが、年齢とともにその能力が衰えるのは自然の摂理であり、壮年の個人に対する場合とは異なった対応が必要です。

2　本人との面談と意思能力等の確認

　また、本問は家族からの高齢者を借主とする借入れの申込みですが、この申込みが高齢者本人の要請によるものかどうか不明です。したがって、まず、借入人本人と面談をすることが必要になります。融資の申込みですから、その借入金額、借入目的、資金使途、返済計画等融資契約の基礎となる事情は、直接本人から説明を受けるべきことになります。また、この申込内容を精査したうえで融資ができると判断された場合、今度は融資に係る金額、利率、返済方法、担保条件、期限の利益喪失に係る事項等の諸条件を契約に基づき説明し、借主本人の意思が明確であることと理解が十分にできていることを前提に、契約書等に必要となる署名・捺印等の手続を行う必要があります。こうした手続は通常の借主についても基本となりますが、高齢者を借主とする場合、こうした一連の手続につき、その内容の一つひとつを理解できているか、注意深く確認していくことが貸手としての銀行の担当者には求められます。

　一口に高齢者といっても、身体・意思能力いずれも若者と遜色ない生活をされている方もいれば、身体能力や意思能力につきなんらかの問題を抱えている方もいるなど千差万別であり、その対応も各事案により異ならざるをえません。いずれの場合においても、上記融資契約締結に至るまでの各事項につき、なんらかの理解不足が懸念される場合には、意思能力の面で瑕疵がないか確認のうえ、慎重に手続を進めていかなくてはなりません。借入れの申込みについての本人の説明を聴取する時から契約に至るまで、銀行員としてどのように意思能力を確認し、その契約の有効性につき後日争いが生じても、意思能力が十分であったことの証拠をどこまで提出できるか、という観点で用意をすることが必要です。たとえば、必ず複数の職員や家族（推定相続人）立ち会いのもとで話をする、かかりつけの医師等があれば、本人の許諾を得て、本人の意思能力に関する状況を確認する、場合によっては立ち会いを依頼する、会話内容の録音を行い保存する等、借入人の状況にあわせて意思能力の有無や契約内容の理解の程度をどのように確認して取引をしたの

かを記録し、客観的に説明できるようにしておくことが重要です。

3 成年後見制度等の利用

いかに銀行員が意思能力の確認に手を尽くしても、意思能力の有無を専門医ではない銀行員が完全に確認することはむずかしいことです。また、後日争いが生じた場合、年齢は重い判断要素となり、かつ、日常生活をともにする家族から意思能力にかかわる事実が主張された場合、記録等が十分であっても「意思能力は十分であった」という銀行の主張が必ずしも認められるとは限りません。万一、意思能力に問題があったと判断された場合、意思能力のない者の意思表示は民法の定めのとおり無効とされますから、借入契約自体が無効とされてしまう蓋然性が高いことになります。したがって、高齢者との融資契約に際しては、より慎重な説明、交渉をするとともに、その段階で少しでも意思能力に不安がある場合には、無理に融資契約を進めることなく、成年後見制度の利用の検討を家族に依頼してみることが必要です。

4 借入内容の検討

高齢者からの借入申出を検討する際、本人の意思能力の確認は大前提ですが、その借入内容についても十分に検討する必要があります。まず、その借入れが借入人が高齢であるという事情を前提としても不自然でないか、という観点での検討を要します。本問は高級外車の購入を目的とする借入申出ですが、車の免許も有さない方が高額の自動車を購入するための借入れを希望する場合、本当にその借入れが本人の意思によるかは疑問です。本人に確認し「孫にあげるためのものである」等の事情が明確であれば検討は進められますが、「本当は借入れはしたくないのだが、息子に強制されて」というような事情があるかもしれません。銀行は借入人の私生活に踏み込むことまでは許容されていませんが、明らかに使途に違和感のある借入れであれば、本人が亡くなった後、他の相続人から本人の借入れでなく、銀行も当然その事実は認識していた、というような主張をされる懸念もあります。

また、借入れの弁済計画についても、どのような計画かは十分に検討する必要があります。いずれにしても、借入人本人が弁済できる期間には限りがあり、高額の借入れであれば弁済途上での相続の開始が想定されます。こうした場合、その資金使途や返済原資等につき相続人に納得性のあるものであれば特段の問題はありませんが、相続人のうちの1人の利益のための借入れであったりした場合、相続人間で紛争が生じ、債務承継が支障なく進まなくなる懸念もあります。このような観点で、高齢者の借入れに際しては、意思能力が十分なケースであっても、推定相続人にも借入れの概要を事前に理解してもらうように努めることも、後日の紛争を防止するためには有効となります。

5　融資契約の有効性確保のための次善策

　借手として予定される高齢者の意思能力について気がかりな点があり、かつ成年後見制度の利用を拒絶された場合、通常の与信判断では融資の回避となるでしょう。しかしながら、なんらかの事情で融資を採択せねばならない場合は、最低限債権者として権利行使できる手段を確保しておくことが必要です。

　その手段の1つは、本問でいえば借入申出のあった債務者の息子との間で連帯保証契約を締結することです。これは、後日息子から、融資契約締結時の債務者の意思無能力についての主張がなされた場合、「行為能力の制限によって取り消すことができる債務を保証した者は、保証契約の時においてその取消しの原因を知っていたときは、主たる債務の不履行の場合又はその債務の取消しの場合においてこれと同一の目的を有する独立の債務を負担したものと推定」され（取り消すことができる債務の保証。民法449条）、息子に対して保証債務の履行を求める途が残されるからです。ただし、この場合、融資契約締結時の債務者の行為能力に関する息子の悪意を立証することが必要となり、かつ高齢者との間で締結した担保契約等は無効とされる問題点が残ります。

次に、融資契約上の債務者を高齢者とその息子の連帯債務とする手段があります。これは、「連帯債務者の1人について法律行為の無効又は取消しの原因があっても、他の連帯債務者の債務は、その効力を妨げられない」（連帯債務者の1人についての法律行為の無効等。民法437条）ことによります。このため、高齢者の行為能力を原因とする無効が認められたとしても、残る連帯債務者である息子に対する債務履行請求は可能となります。この場合も、高齢者との間で締結した担保契約等が無効とされる問題点が残ります。

【関連法規】

・民法3条の2、449条、437条

ワンポイントアドバイス

　家族から高齢者を借主とする申出があった場合、本人の意思確認をしっかり行い、その交渉内容等を綿密に記録し、意思能力に懸念があれば、成年後見制度等の利用検討を依頼します。また、借入れの目的、内容、返済方法等、高齢者の借入れという観点で、その妥当性を十分に検討することが必要です。

個人事業者からの事業資金借入れに、高齢の親を保証人にしたいとの申出を受けています。親は評判の資産家であり、この申出を前向きに検討する予定ですが、留意点は何ですか。

また、別の個人事業者の融資先は大幅な担保不足に陥り、みるべき保全強化策もないことから、保有資産に特にみるべきものがない高齢の親を保証人とするよう交渉するつもりですが問題ないですか。

結論 高齢の両親を保証人にすること自体に法的な問題はありませんが、万一借入人である家族が借入れの弁済を継続できなくなった場合、高齢の親を相手として弁済を要請していくことになります。この場合、高齢の親に資産や資金等の背景が十分にあれば、この取扱いにも妥当性はありますが、こうした事情が認められず、形式的に保証人もしくは連帯債務者とすることは、単に高齢者に過重な負担のみを負わせることになりますから避けるべきです。

保証契約として妥当な場合には、保証意思宣明公正証書の作成や、保証契約締結に係る情報提供義務の履行が必要です。

---------------------------● 解 説 ●---------------------------

1 意思能力と保証契約の有効性

前問（Q51高齢者を借主とする家族からの借入申込み）での融資契約と同様に、保証契約についても、無能力者との契約は無効とされますので、保証人予定者の意思能力について確認する必要があります。しかも、融資契約では主債務者の意思能力に問題があった場合でも、「取り消すことができる債務の保証」（民法449条）や、「連帯債務者の1人についての法律行為の無効等」（民法437条）のような次善策をとる途が残されていますが、保証契約ではそ

のような手段をとることができません。このため、高齢者である保証人予定者の意思能力の確認はより慎重に行う必要があります。

2　保証契約内容の理解

　次に、正常な意思能力を有することが確認できたとしても、保証契約の内容について正確に理解できるのかどうかの点が重要です。往々にして家族の借入れの保証人になる場合、主債務者から「迷惑はかけないから」とか「形式的なものだから」との説明と説得を受けていることがありますが、そのような誤った認識については払しょくする必要があります。一般的に保証人となる者の立場は何の利益もなく、単に情誼的に頼まれた保証を引き受けることが多いものですが、それだけに債権者から保証債務履行請求を受けた場合「そんなつもりはなかった」とか、「保証契約当時の意思能力に問題があった」との抗弁を受けることがあります。そのため、銀行担当者は保証契約の内容について「最悪の場合」を想定した説明を行い、理解と納得が得られたことを確認のうえ契約を締結しなければなりません。

3　保証意思宣明公正証書の作成

　保証人予定者の意思能力が正常であることと、保証契約内容に理解が得られたことを確認した場合は、個人の保証人について保証対象の主債務が事業性融資の場合、保証契約締結に先立ってその1カ月前以内に公証人が保証人になろうとする者の保証意思を公正証書（保証意思宣明公正証書）により確認しなければ、効力が生じないものとされます（民法465条の6）。この運用対象の例外には、主債務者が法人である場合の「その理事、取締役、執行役又はこれらに準ずる者」やその法人の「総株主の議決権（中略）の過半数を有する者」等があり、主債務者が個人の場合は「主たる債務者（中略）と共同して事業を行う者」や「主たる債務者が行う事業に現に従事している主たる債務者の配偶者」がありますが（民法465条の9）、本問ではそれらのいずれにも該当しません。

公証人は保証人予定者から保証契約の内容（債権者、主債務者、主たる債務の元本、利息、損害金、保証極度額と主たる債務の範囲、連帯保証人には催告の抗弁権や検索の抗弁権が認められず、複数名の保証人の場合の分別の利益も認められないこと等）を口述によって確認します（民法465条の6第2項）。

4　保証契約締結に係る情報提供義務等

　個人の保証人について保証対象の主債務が事業性融資の場合、主債務者は保証の委託に際して「財産及び収支の状況」「主たる債務以外に負担している債務の有無並びにその額および履行状況」「主たる債務の担保として他に提供し、または提供しようとするものがあるときは、その旨及びその内容」を保証人に対して情報提供しなければなりません（民法465条の10第1項）。そして、主債務者が情報提供せず、または事実と異なる情報を提供したことを債権者である銀行が知り、または知ることができたときは、保証人は保証契約を取り消すことができます（同条2項）。なお、公証人が保証意思宣明公正証書の作成に際して保証人予定者から保証内容等について口述を受ける際には、これらの情報提供が主債務者からなされたかどうかについて確認することとなっています。

　このほかに「主たる債務の履行状況に関する情報の提供義務」（民法458条の2）や、「主たる債務者が期限の利益を喪失した場合における情報の提供義務」（民法458条の3）が、債権者として留意すべき事項です。

5　不必要な契約はしない

　家族の借入れに際して、親が保証人となるケースはよくありますが、その借入れの目的、資金使途、返済計画、返済原資等をよく検討し、その借入れに親を保証人にしなくてはならない明確な理由は何かをよく見極めることが必要です。特に本問では後者の場合、主債務者との取引で大幅な担保不足に陥っているため、今後の業況次第では保証人への保証債務履行請求を行わなければならない可能性が高いことが想定されます。しかしながら、みるべき

資産もない高齢者の場合は保証債務履行請求の実効性に欠けるばかりでなく、高齢者本人やその家族を苦しめることとなります。

顧客保護に関する金融機関に対する視線は日々厳しくなってきています。現実に必要であるならば保証人の追加もやむをえませんが、その場合は保証債務を履行できるだけの資力が見込まれる者に保証人を限定すべきであり、いたずらに契約を締結することが金融機関にとってリスクにもなるという認識をもつことが必要となります。

6　保証人である親が先に亡くなった場合

家族を債務者とした場合、親のほうが高齢ですから、通常は保証人のほうが早く亡くなることが想定できます。この場合、相続債務は原則法定相続割合で相続されますから、相続放棄等の手続がない場合、他の相続人が法定相続割合に応じて、突然に保証人になることになります。この場合、借入人と他の相続人は、親が存命中はなんら債権債務がなかったにもかかわらず、親の死亡という事実により、突然借入人である他の相続人の借入れの保証の義務を特段の受益もなく負担することになります。このような事情が生じた場合、銀行と他の相続人との間で紛議が生じる余地もあり、その段階において、他の相続人から保証契約の目的や妥当性の説明を求められ、銀行がそれらを説明しきれない場合、無効等の主張がされる可能性は否定できません。

7　契約する目的を明確にすること

結局、どのような契約でも当然に当てはまることですが、契約する目的を明確にすることが重要となります。高齢の親を保証人とする場合、その契約の理由や目的は何かを相続関係もふまえて、銀行としてもしっかりと認識することが必要です。

「親が一緒に暮らしているから」とか、「親に資産がありそうだから」といったあいまいな理由で、保証契約を締結した場合、その債務の履行は事実上無理であるにもかかわらず弁済要請をせざるをえない状況も想定されま

す。また、資産余力がないにもかかわらず保証契約や連帯債務契約を締結すること自体、信義則等から無効とされる可能性もあります。

【関連法規】

・民法449条、437条、465条の6、465条の9、465条の10、458条の2、458条の3

ワンポイントアドバイス

　高齢の両親を保証人にする場合、その契約の目的を明確にするとともに、万一その債務履行を要請しても弁済が可能なのか否かを十分に検討することが必要です。明確な理由もなく、また弁済も望めない場合には、このような契約を締結すること自体が種々のリスクをはらむことになる点に留意が必要です。

Q53　高齢者を委託者とする民事信託の受託者からの借入申込み

　当行に信託口口座を開設している民事信託の受託者から賃貸物件の建替資金の借入れの申込みがありました。どのように対応したらよいですか。

結論　金融機関は、民事信託契約書において、受託者の権限として借入れや担保提供の権限が定められているか、また、当該不動産や賃料等の管理についての信託条項があるかを確認する必要があります。信託内借入れであれば、対象の賃貸不動産（土地）が受託者の名義になっているか、信託登記がなされているのかの確認も必要です。また、事案によっては、面談等により委託者の保証意思を確認する必要もあります。実務的には、建築の請負契約書、（不動産管理処分に係る）民事信託契約書、ローン契約書等の内容の事前調整・確認を行うことになります。

----------●　解　説　●----------

　一般に受託者の新規借入れ（信託法21条1項5号）においては、貸手の金融機関において信託契約内容の確認・借入審査（仮審査）が同時に行われ、信託契約の内容が確定すれば、それに基づく貸出について正式審査を行います。さらに、委託者の保証意思宣明公正証書の作成（借入れ1カ月前）、信託契約書の締結、信託口口座の開設、ローン契約の締結という順番で手続を進めることが通常でしょう。

　借入れの申込みを受けた場合、最も重要な観点は、委託者の意思能力です。不動産に関する借入れにおいては、建築計画、事業計画、借入計画など考慮するファクターが多くあり、その権限の全部を受託者に授権しているのか、後々推定相続人等とトラブルとなる可能性がないのかを検討する必要があります。また、担保余力等の問題から、委託者兼受益者である高齢者本人

が保証人となることが少なくなく、その場合、公正証書による保証意思宣明書の作成が必須であり、高齢者には難易度が高いこと等に留意が必要です。

【関連法規】

・信託法21条1項5号、26条

―――― **ワンポイントアドバイス** ――――

　信託法26条は、「その他の信託の目的の達成のために必要な行為」（たとえば、信託財産を引当とする借入行為）をする権限を明らかにしたものとされていますが（寺本昌広『逐条解説新しい信託法［補訂版］』（商事法務、平成20年）103頁）、信託契約書中に借入権限の付与を明記することが実務上の取扱いとなります。また、通常、受託者は信託財産である不動産に関し排他的支配権をもちますが、将来、他の推定相続人等との争いを避けるためにも、授権内容や信託財産の管理等に係る信託事務についてできるだけ詳しい記載をしておく必要があります。

窓 販 取 引

1 本人との取引

Q54 高齢者に対する金融商品の説明責任のポイント

高齢者に対する金融商品の説明責任は、一般の顧客に対する説明責任と異なりますか。

結論 高齢者に対する商品説明においては、一般成人と比べていっそうの配慮をもって説明を行う必要があります。私たちが普段使用している「リスク」という言葉についてもどういうものなのか、丁寧に説明しましょう。また、通常のスピードで話をしても理解するために時間がかかる場合が多く、また、理解されたと思っていても、理解したことを忘れてしまう可能性が高いです。金融商品を購入するまでに通常以上の時間や日数を十分にかけ、そうした説明を当人のみならず、家族の同席の場で行い、役席者も再確認するなど、説明・理解に関する適切性を十分に担保する必要があります。

------● 解　説 ●------

金融商品取引法施行とともに強化された事項として、金融サービス提供法(旧金融商品販売法)4条2項「説明は、顧客の知識、経験、財産の状況及び当該金融商品の販売に係る契約を締結する目的に照らして、当該顧客に理解されるために必要な方法及び程度」を満たす必要があります。したがって、当該高齢者が理解するために必要な方法と程度とは、以下のような態様が考えられます。

① 株式市場の仕組みや日経平均等の指標の見方など基本的な説明をわかりやすく行う

② 金融商品の基本的な性質や仕組みの説明をわかりやすく行う

③　契約締結の目的に対して適合する商品であることの説明を行う（顧客の真の意思との一致）

④　個別商品の特色やリスク、コスト等の説明をわかりやすく行う

⑤　上記の説明を日数や時間をかけて行う

⑥　家族の同席を求め、家族と相談することを前提とする

　高齢者の属性に照らして必要な方法と程度をもって、こうした態様の十分な説明を行い、かつ、説明の経緯を証跡として記録しておく必要があります。「説明しました」「理解いただきました」だけではなく、「適切な方法と程度をもって理解いただけました」とする姿勢をもつとともに、ご家族の同席と理解、役席者等の判断を確保しましょう。

　親密な高齢者との折衝においては、担当者の熱意に応え、十分な理解をしていないにもかかわらず、購入を申し出られるケースがありますが、受付を行いたい気持ちを抑えて、「○○については十分におわかりいただけましたか」などと、説明した内容を十分に理解してもらっているのか、慎重に確認する姿勢が重要です。説明することに意識が偏りすぎていて、一方通行的なセールスになってしまうケースがありますが、説明しながらつど、説明したことが高齢者に理解されているのか確認しましょう。多忙のあまり、説明が急ぎがちとなりやすいのですが、高齢者への説明は「高齢者の理解の速度にあわせる」といった姿勢が何より重要です。こうした姿勢を終始、高齢者に対して貫くことで、最終的に「理解するために必要な方法と程度」を履行することにつながっていきます。「あせらず、急がず、高齢者のペースにあわせて」説明することを心がけます。

　なお、高齢者には投資経験豊富な人もいます。高齢者だからという理由で、上述の十分かつ慎重な対応をすべて行わなければならないということではありません。一律的な対応は逆に顧客からの苦情を生む可能性があり、個別に判断する必要があります。たとえば、投資信託リピーターや株式等の投資経験が豊富な人に対しては、上述①、②は省略して商品説明を行い、当該商品の理解度によっては、⑤を省略することが必要となるケースもありま

す。法令が求める趣旨にのっとり、判断していきます。

　ただし、その時点で説明を理解できる能力をもっていても、保有期間を経過して、記憶が減退し、「説明を受けた覚えがない」といった主張をされるケースが増えています。認知能力が十分と思える段階でも、「家族の同席」や「家族の同意」などをご本人の尊厳を傷つけない方法で確保する努力が金融機関に求められています。

　金融サービス提供法の改定施行（令和３年11月）により、代理業・仲介業・媒介による金融商品販売体制が「金融サービス仲介業」の創設により、預金・有価証券・保険に係る所属金融機関を求めなくなったため、「金融サービス仲介業者」として内閣総理大臣への「登録」により業務を行う場合は、金融サービス提供法４条（説明義務）や同法５条（断定的判断の提供等の禁止）に違反した場合は、「金融サービス仲介業者」自身に損害賠償責任を負うことになるため、本社部門は「訴訟」「ADR」への対応ルールを整備しておく必要があります。

【関連法規】

・金融サービスの提供に関する法律（金融サービス提供法）５条（断定的判断の提供等の禁止）「不確実な事項について断定的判断を提供し、又は確実であると誤認させるおそれのあることを告げる行為」、６条（損害賠償責任）
・金融商品取引法38条２号（禁止行為・断定的判断の提供等の禁止）
・日本証券業協会「協会員の投資勧誘、顧客管理等に関する規則」３条２項（適合性）、３条３項「適合する顧客が想定できないものは、販売してはならない」
・日本証券業協会「高齢顧客への勧誘による販売に係るガイドライン」（令和３年５月18日改正）
・金融庁「顧客本位の業務運営に関する原則」（令和３年１月15日改訂）

ワンポイントアドバイス

　高齢者に対しても投資の機会を提供することと、社会的に疑念をもたれない販売をすることを両立することが金融機関には求められていま

す。

　高齢者にも、長い投資経験をもたれている方、経験のない投資にチャレンジされようとする方、少しでも魅力的な運用をしたいと望まれる方など、さまざまな方がいます。こうした高齢者の属性やようすを観察して、どのような説明をすべきなのか、どのような方法や程度を用いて理解してもらうことができるのか、個別に判断していくことが必要です。日頃より、顧客の立場に立って適切な対応を行える判断力と観察力を身につけましょう。親密な高齢者取引先ほど担当者に依拠する度合いが強く、十分な理解をしていなくても「あなたに任せる」「あなたがそういうのであれば」といった態様を示すことがありますが、危険です。価格下落によりトラブルに発展した場合に、「あなたが上がるといった」などと言い、金融サービス提供法（旧金融商品販売法）にて禁止されている「確実であると誤認させるおそれのあることを告げる行為」とみなされるリスクがありますので要注意です。

Q55 高齢者に対する適合性原則遵守のポイント

高齢者に投資信託を販売勧誘する際、適合性の原則の遵守の観点から、知識・経験・財産の状況などを確認し、説明をご理解いただいたことを確認すれば、一般の顧客同様に問題ないのではないですか。

結論　最初にいわゆる"狭義の適合性判断"をする必要があります。当該高齢者に投資信託という価格変動商品を購入してもらって問題がないのか、加えて、その提案しようとしている商品が「合理的根拠適合性」（ふさわしい商品か）を満たすか、金融のプロとして事前に「判断」することが重要です。75歳以上であれば、役席者等の事前承諾を得たうえで、許容できそうであれば、次のステップに進みます。

　当該高齢者の年齢で、投資信託を活用して、何を求めるのかを見極める必要があります。すなわち、顧客の"真意"に沿っているかです。資産の一部で預貯金以上の収益をどの程度期待するのか、本当に購入したいと思っているのかなど、丁寧に確認する必要があります。

　80歳以上の顧客に対しては、認知機能の減退により、「投資判断」の記憶に不安が生じます。したがって、購入意思が確かなものかどうか、勧誘当日の受注制限や営業担当以外の職員による取引意思確認などのルールを制定のうえ、堅確な高齢者販売体制を整備します。

------------------------------●　解　説　●------------------------------

　投資信託は預貯金にはない魅力があります。さまざまな価格変動資産に分散投資を行い、預貯金に比べて高い収益率を期待するものですが、半面、想像以上に基準価額が変動する可能性があり、これらを理解しなければなりません。こうした運用管理の必要性と自己責任原則を十分に理解して投資をしていけるか否か、当該高齢者の属性や理解力を客観的にみて投資が適切かど

うかを、役席者と相談して判断し、事前に組織的な承諾を得ることが第一歩です。その結果、投資信託の投資を勧めないほうがよいと判断した場合には、こちらから説明はしないというスタンスをとり、預貯金等での運用に誘導することも必要です。判断の要素としては以下のようなものがあります。

① 市況等について興味をもつことが可能性として低いと観察できる場合

② 元本を損なうことは回避したいという明確なスタンスをもっている場合

③ 価格変動商品を保有し、管理していくことが、おおよそ困難であると判断できる場合

④ 担当者に依拠することなく、自ら判断して投資することが困難と判断できる場合など

　当該高齢者が、現在の年齢と投資経験、資産背景に照らして投資信託を投資することの「経済合理性」について「客観的合理的理由」を確認する必要があります。理由としては以下のようなものがあります。

① 老後の生活資金確保のため現在の金融資産を拡大させたいとの理由

② 嗜好として手持資産を拡大させたいとの理由

③ 頭のトレーニングとして、価格変動商品である投資信託の運用を始めたいとする理由

④ 海外旅行が趣味で、ドル資産を拡大させたいとの理由など

　高齢ではありながら、投資信託での運用を望まれる目的・理由を顧客との会話のなかで確認し、この目的に見合った商品を提案していくこととなります。

　経済合理性に係る客観的合理的理由以外に、一般的な適合性確認事項についても客観的合理的理由を確認する必要が出てきます。たとえば以下のとおり。

① 年齢……なぜ、その年齢で投資信託を始めるのか

② 投資経験……なぜ、投資経験がないにもかかわらず、その年齢で投資信託を購入するのか

③ 資金性格……なぜ、老後の資金を投資信託で運用するのか

④ 資産収入……なぜ、総資産○○円のうち、○○円を投資信託で運用するのかなど

　社会通念・常識に照らして、客観的に「なぜ」「どうして」「理由は」と感じられる事項については、「客観的合理的理由」が必要であると認識します。これらを十分に確認して、証跡として記録する必要があります。

　こうした適合性について確認後、最後の砦として重要な確認事項は、「自己責任原則」です。「運用期間中、価格変動により、基準価額が当初購入時よりも下回る可能性がありますが、ご理解いただけていますか」などの問いかけに対して、自己責任原則を十分ふまえている回答が顧客より発せられているか、確認します。仮に、自己責任原則を十分理解していない場合は、販売を差し控えます。こうした確認を経ることで、当該取引に係る「顧客の真意」が発現しますので、特に高齢者の取引においては重要です。

　Q54の説明義務履行とともに適合性原則を遵守して約定しても、ADRや訴訟において、金融機関の使用者責任を問われる事例が多く存在します。「説明義務を履行した」「適合性原則を遵守した」と金融機関が主張しても、「配慮が足りなかった」「より慎重な確認をすべきだった」「高齢者の属性に照らし、著しく逸脱した勧誘だった」など、“顧客の真意”と“客観的合理的理由”（当該高齢者に必要な商品だったのか）をもって責任を問われるリスクがあることを強く認識しておきましょう。

　高齢者はその加齢によって、いつ認知症等を患うか予断を許しません。したがって、75歳以上の高齢者に対しては、販売勧誘において、「ご家族と最終的にご相談されてはいかがですか」などの配慮を行い、家族同席や家族同意を取り付けることにより、金融機関では把握・判断できない医的要素（認知症等の診断等）・法的要素（判断能力減退・喪失等による法定代理人・保佐人、補助人の審判の必要性）について、家族を交えて担保する対応は有益です。

【関連法規】

・金融サービスの提供に関する法律（金融サービス提供法）４条（説明義務）

・金融商品取引法40条（適合性の原則等）「顧客の知識、経験、財産の状況及

び金融商品取引契約を締結する目的に照らして不適当と認められる勧誘」
禁止

・日本証券業協会「協会員の投資勧誘、顧客管理等に関する規則」3条2項
（適合性）、4条（自己責任原則の徹底）「顧客に対し、投資は投資者自身の
判断と責任において行うべきものであることを理解させるものとする」

・日本証券業協会「協会員の投資勧誘、顧客管理等に関する規則」3条3項
「適合する顧客が想定できないものは、販売してはならない」、5条の2
（勧誘開始基準）、5条の3（社内規則の制定）

・日本証券業協会「高齢顧客への勧誘による販売に係るガイドライン」（令
和3年5月18日改正）

・金融庁「顧客本位の業務運営に関する原則」（令和3年1月15日改訂）

ワンポイントアドバイス

　「顧客本位の業務運営に関する原則」を採択し、取組方針を公表、金
融庁ウェブサイトで公表されている金融機関が多いと思いますが、高齢
者取引ほど金融機関の取組姿勢が問われる領域はない、のではないで
しょうか。現在すでに高齢者である方、これから年月を経て高齢者と
なっていく方など、投資サービスの門戸を開きつつ、その顧客ごとの生
活設計や商品の必要性を吟味し、その方の"真意"に沿ったサービスを
提供する責任が金融機関に求められているのです。ご自身の父母・祖父
母への投資機会の提供をイメージするなど、高齢者への営業とはどうい
うものなのか、考えを深めていきましょう。

Q56 高齢者との金融商品取引の開始基準

高齢者に資産運用を提案する場合に、事前に検討しておかなければならないことはありますか。

結論 把握している顧客属性（年齢・投資経験・投資目的・財産の状況等）に照らして、原則、75歳以上であれば、勧誘留意商品・勧誘開始基準／取引開始基準対応商品を除いた商品を検討することとなります。各金融機関において「合理的根拠適合性」評価を商品ごとに行っていることから、そもそも当該顧客にふさわしくない商品については勧誘しないスタンスが重要です。ただし、顧客によっては、投資経験が長く、勧誘留意商品への提案ニーズがある場合がありますので、役席者等と事前に相談し、当該高齢者が求めている商品の提案について、事前に役席者等の承諾を得たうえで、勧誘留意商品の勧誘を行う運営が必要になります。

------------------------------●　解　説　●------------------------------

　公募投資信託については、各販売会社がその投資信託を販売している事実を公表しており、窓口において高齢者から勧誘留意商品の投信購入を申し出られた場合に、どのように適切な対応を行うのか、金融機関の販売方針によるところです。勧誘留意を原則としながら、例外対応として異例ルール（支店長事前承認等）により限定対応するのか、顧客ごとにその属性や適合性、投資目的について聴取しつつ、家族同席や家族同意、役席者確認などを確保したうえで販売するのか、自社における販売ルール・体制を確認しておきましょう。私募投資信託や仕組債のような、あらかじめ販売を公表していない商品群については、金融機関側の取引開始基準・勧誘開始基準の判断で当該顧客に提供するか否かをハンドリングできますが、公募投資信託の場合、顧客への商品選択肢として公表している場合が多く、加えて極端にハイリスク

な商品は扱っていない現状から、公募投資信託に限っていえば、一般成人に対してと同様に販売可能な商品として位置づけ、実際に高齢者との面談において、投資への組入れが妥当であるのかどうかを個別に判断していくスタンスが重要です。

【関連法規】

・金融商品取引法40条（適合性の原則等）「顧客の知識、経験、財産の状況及び金融商品取引契約を締結する目的に照らして不適当と認められる勧誘」禁止

・日本証券業協会「協会員の投資勧誘、顧客管理等に関する規則」5条の2（勧誘開始基準）、5条の3（社内規則の制定）、6条1項（取引開始基準）「協会員は、次の各号に掲げる取引等を行うに当たっては、それぞれ取引開始基準を定め、当該基準に適合した顧客との間で当該取引等の契約を締結しなければならない」、6条2項「前項に規定する取引開始基準は、顧客の投資経験、顧客からの預り資産その他各協会員において必要と認める事項について定めなければならない」

・日本証券業協会「高齢顧客への勧誘による販売に係るガイドライン」（令和3年5月18日改正）

・金融庁「顧客本位の業務運営に関する原則」（令和3年1月15日改訂）

━━━ ワンポイントアドバイス ━━━

　取引開始基準を制定して高齢者に対するハイリスク商品の販売を受動・能動を問わずに一律禁止する方法や、勧誘開始基準を制定して勧誘対象を限定する方法、勧誘留意商品として一定の手続による制限を行う方法など、販売管理体制の構築について、各金融機関において十分な議論と検討を行い、各種ルールと金融機関の自主的な取組みを合成して、提案の可否を決定するものではないかと考えます。

高齢者からハイリスク商品を購入したいとの意思を示された場合に、説明義務や適合性確認義務をどのように履行すれば、問題ないですか。

結論 当該高齢者が株式投資経験豊富な方で、自ら得た情報と自らの判断で、銘柄／数量の指定買いを申し出られた場合は、「狭義の適合性」はクリアしていると判断します。そして、法令で定められた説明義務の履行とともに「広義の適合性判断」として、①当該投資信託がハイリスクなものであることを正確に理解しているか、②投資金額は生活資金確保の観点からも適切か（言い換えれば、元本を大きく損なっても年金生活等に支障をきたさないか）、③自己責任原則を満たしているか（元本毀損リスクを理解したうえでの購入であるか）、等を中心に適合性原則をふまえた取引適切性について検討します。最後に重要なことは、高齢者であることから、特に75歳以上については、「顧客からの自発的な注文」とはいえ、継続的な状況把握により、理解力の減退などが認められないかなどを丁寧に見極め、管理することが必要となります。そして、その証跡を残します。

---------------------------● 解 説 ●---------------------------

　高齢者自らが指定買いをしに来店した場合であっても、「顧客からの自発的な注文」としてなんら適合性等の適切性チェックを行わずに受け付けることは危険です。リスクシナリオの例として、後日「こんなにリスクのある商品であるとは思わなかった」「十分に理解していなかった」「（家族等から）高齢者にこんなリスクのある商品を販売するなんておかしい」「金融のプロとして不適切だと思わないのか」等とクレームが発生する可能性があります。したがって、金融商品取引法上の「特定投資家（プロ成り）」でない限りは、たとえ先方からの指定買いであったとしても、当該顧客が当該商品を購入す

るに際して、知識、経験、財産の状況および契約を締結する目的に照らして適当な勧誘・販売であることを確認する必要があります。

　商品を十分に理解していることが確認できたとして、次のステップは、投資金額についての注意喚起です。全金融資産のごく一部として少額投資するのか、かなりのウェイトを占める投資なのかによって、大幅な価格低下時のインパクトが異なります。投資金額の適切性について、「仮に投資金額が半分になっても生活は大丈夫ですか」といった問いかけを行うなど、特に収入が年金のみの高齢者に対して確認する必要があります。

　投資経験豊富で自己責任原則への理解が十分ではなく、「いまいいらしいね」「利回りがいいんだって？」といった独自の情報から、購入意向は明確ではあるものの、十分な商品理解と投資の自己責任性を必ずしも満たしていない顧客に対して、あらためて適合性や理解度、自己責任原則を確認する必要があります。「投資資金が半分になっても大丈夫ですか」と問いかけ、顧客からの反応を待って自己責任原則を理解していることを確認することも有効です。顧客自らの「責任」と「判断」で投資を行っているか明確にする必要があります。

　特に75歳以上の顧客については、役席者に面談を依頼し、視点を変えて複数の目で取引妥当性の確認を行う体制を整備する必要があります。顧客のプライドを傷つけないよう配慮しつつ、取引に関する家族の認知や同意を確保するなど、顧客本人の理解力の減退や相続時の家族からの苦情等のリスクに備える体制が必要です。

　なお、所属金融機関からの指導・監督が義務化されない「金融サービス仲介業者」登録業務においては、高度な説明を要するサービスを取扱不可として制限されていることに留意しましょう。

【関連法規】

・金融商品取引法40条（適合性の原則等）「顧客の知識、経験、財産の状況及び金融商品取引契約を締結する目的に照らして不適当と認められる勧誘」禁止

- 金融サービスの提供に関する法律（金融サービス提供法）11条1項（金融サービス仲介業）、11条2項（預金等媒介業務）、11条3項（保険媒介業務）、11条4項（有価証券等仲介業務）
- 日本証券業協会「協会員の投資勧誘、顧客管理等に関する規則」3条2項（適合性）、4条（自己責任原則の徹底）
- 日本証券業協会「高齢顧客への勧誘による販売に係るガイドライン」（令和3年5月18日改正）
- 金融庁「顧客本位の業務運営に関する原則」（令和3年1月15日改訂）

ワンポイントアドバイス

　一般成人と比べて、よりいっそう慎重かつ客観的な視点をもつ必要があります。当該高齢者が特定の商品を保有することの経済合理性（人生設計上、有益性と必要性があるか）と、本人の強い意思や第三者からみても不適切でないとみなせる客観的合理的理由が確認できるかどうか、冷静に熟慮する姿勢が重要です。最後は「顧客の真の意思」を見極めましょう。

| **Q58** | 高齢者との投資一任契約（ラップ）締結時の留意点と死因贈与 |

購入指図を行わないファンドラップ（投資一任契約）に高齢者が興味を示された場合に、留意すべきことはありますか。

結 論　高齢者にとって、投資ファンドそのものの理解でなく、そうした原資産への投資をプロに任せるという自己責任原則が理解できるかが重要です。自己の判断で購入・売却ができないので、リバランスや利益確定売りなど、細かな取引を指図できません。したがって、一定程度の余裕資金で中長期的に投資すること、運用のプロに取引指図を一任することなど、資金性格の把握が必要です。高齢者に対しては、中長期での投資に耐えられることを前提に、「投資一任契約」の意味を十分に理解できるかを確認することが大切です。また、投資一任・投資顧問料として、役務手数料が信託報酬と別に発生することになります。ラップのパフォーマンスデータ等を丁寧に提供して、手数料負担と投資一任の意味を十分に理解していただいたうえで、投資一任契約の申込みを受けるスタンスが必要です。

--------------------●　解　説　●--------------------

　投資するファンド自体の説明責任がないことから、ラップ契約が広がっていますが、投資判断をプロである専門家に一任するということと、自己責任原則の関係について軽視しがちです。ラップ運用指図者の投資方針を十分に説明し、そうした投資において理解すべきリスクを理解していただいたうえで、投資一任契約の申込みを受け付けましょう。高齢者に対しては、その年齢から中長期投資に耐えられるのか、余裕資金なのかを確認するとともに、手数料の適切性など、専門家指図の利便性と同時に負担すべき事項を十分に説明してください。

　投資一任契約締結後、顧客において加齢による認知能力の減退が認められ

た場合、ラップ運営機関により対応方針が分かれています。認知能力低下により投資状況の理解が不十分と認められる場合に、①投資一任コースを「安定コース」に変更する方針、②投資一任契約の解除を勧める方針、③継続管理（増額は受けない）などがありえます。ラップ運営機関と仲介金融機関との間での協議事項となりますが、高齢者対応方針を定めていく必要があります。また、ラップ契約に付随して、死因贈与契約（贈与者と受贈者の二者による相続時一括受取契約等）サービスがありますが、受贈者以外の相続人との紛争に巻き込まれないよう、契約時に丁寧な意向聴取と相続時の紛争可能性についての対応策を検討しておく必要があります。死因贈与契約（贈与者と受贈者の二者契約）と遺贈（被相続人の遺言）が両立した場合、作成日付の新しいほうが優先されます。高齢者の死亡が確認されたのち、一括受取の事務履行と遺言による遺贈が死亡後発覚した場合に相続係争に巻き込まれる可能性があるため、継続的な高齢者に対するフォローが必要であると考えられます。

【関連法規】

・金融サービスの提供に関する法律（金融サービス提供法）4 条（説明義務）
・金融庁「顧客本位の業務運営に関する原則」（令和 3 年 1 月15日改訂）

ワンポイントアドバイス

　投資をプロに任せる利便性と、その対価としての手数料の発生等の説明を丁寧に行うことに加え、市況により評価額が下落した場合でも、一任したプロに対応を委ねることを理解していただくことが重要です。投資信託の直接購入と一任投資の違いを販売員も十分に理解して営業することが肝要です。相続時一括受取りサービスについても、死因贈与契約（契約法）と遺贈（遺言）の違いを金融機関内で十分に整理しておきましょう。

Q59	高齢者への保険募集に係る説明上の留意点

　高齢者への保険募集において、商品説明を十分に行い理解いただけたので、説明義務を果たしたことになりますか。

結論　高齢者にとって、その年齢で保険に加入する目的を明確にする必要があります。一般的な保険加入目的として、変額年金保険であれば、①公的年金を補完する「年金目的」や、②これに利殖的要素が加味された「運用目的」、③相続税が発生する資産家層において節税を企図する「相続税対策目的」、④特定の親族に資金を贈りたい「遺贈目的」などが考えられます。こうした契約締結目的を明確にしたうえで、これらの目的を最も満たす商品を提案し、目的と合致することを説明しなければなりません。これを入口の段階で整理しませんと変額年金保険商品は商品ごとにスペックが異なるため、なぜ、当該商品を購入することになったのか説明責任を果たすことが困難になります。医療保険については、目的は医療費自己負担分の保障にほかなりませんが、すでに加入している医療保障商品の有無や、高齢者で医療保険に加入する場合、平準払いであったとしても月々相当の金額を掛け捨てしていく経済合理性を当該高齢者の資産的背景とともに検討する必要があります。総じて保険商品の説明は多岐にわたるため、高齢者への説明にあたっては「理解するために必要な方法と程度」について、より注意して対応する必要があります。

------------●　解　説　●------------

　たとえば、企業年金が75歳で消滅するとの理由から65歳で年金保険に加入し、10年満期後の75歳で年金受給するといったパターンは最もわかりやすい「年金目的」といえます。加えて、少しでも年金支給額を増やしたい意向があれば、定額ではなく変額個人年金保険ということになります。ただし、こ

の場合、ベースの投資信託（VA：バリュアブル・アニュイティー）の価額変動により、運用効果がプレーンに年金受給額に反映するものや、年金原資保証または年金受取総額保証のうえで価額上昇メリットが受給額に反映されるものなど、さまざまなタイプがあり、顧客の嗜好をふまえ、説明する必要があります。また、運用期間やステップアップ機能（保険料の120％到達時点で保険金額のロック等）など顧客の投資性向を反映させる機能もあることから、取り扱っている年金保険の商品スペックを十分に理解したうえで、説明義務を果たす必要があります。

　後期高齢者世代に多い相続税対策目的とは、相続財産を預貯金や有価証券で保有していると金額に応じて高い課税率が適用されることから、少しでも納税コストを抑えたいとのニーズであり、一般に相続税法24条の年金受給権評価減や同法12条の法定相続人×500万円の非課税枠などを利用することが考えられます。ただし、年金保険の場合、同法24条の年金受給権評価減は年金受取開始後のみ適用（運用期間中満期前は適用できない）であり、同法12条の死亡保険金非課税枠は契約者と被保険者が同一人である必要があるなど、単なる商品説明だけではなく、税法上の取扱いとその活用要件を十分に理解したうえで正確な説明を行わなければなりません。

　法定相続人のなかで特定の方に資金を遺贈したいというニーズがある場合、「遺贈目的」による年金保険加入が考えられます。たとえば、子供たちのなかでも特に次女に世話になったので、次女に金融資産を遺贈したいとのケースです。特に留意すべきことは、運用期間中に死亡した場合の「死亡保険金受取人指定」とともに年金受給後死亡した場合の「後継年金受取人指定」を忘れないことです。指定をしませんと、死亡時法定相続人への分割遺贈となることから、特に留意が必要です。また、商品によっては後継年金受取人を加入時に指定できないため、注意します。

　十分な資産的背景があり、医療費自己負担分の支払能力がありながら、月払いで保険料数万円の平準払いの医療保険に加入するなど、経済合理性のない契約を行わせないよう、十分に検討する必要があります。すでに加入ずみ

の医療保険の存在を確認せずに販売することも過剰付保となり、苦情となる可能性もあることから、高齢者の現在の保険加入状況を適切に聴取する必要があります。また、医療保険は一時払年金保険と大きく異なり、取扱上の制限が多く、たとえば、スタントマンや職業スポーツ従事者、タクシードライバーなどの職業従事者は加入できない商品もあります。また、登山などが危険な趣味として制限される商品もあるため、取扱商品の諸制限を十分に理解したうえで、あらかじめ加入できない商品を勧めることがないよう注意する必要があります。

【関連法規】

・金融サービスの提供に関する法律（金融サービス提供法）4条2項「説明は、顧客の知識、経験、財産の状況及び当該金融商品の販売に係る契約を締結する目的に照らして、当該顧客に理解されるために必要な方法及び程度」

・金融商品取引法38条2号（禁止行為・断定的判断の提供等の禁止）

・生命保険協会「高齢者向けの生命保険サービスに関するガイドライン」（令和3年3月24日）

・日本損害保険協会「高齢者に対する保険募集のガイドライン」（令和3年7月20日改定）

・金融庁「顧客本位の業務運営に関する原則」（令和3年1月15日改訂）

ワンポイントアドバイス

　一般成人以上に同じことを繰り返し説明することが肝要です。高齢者のプライドを傷つけないように、双方向的なやりとりで、理解状況を確認しましょう。

高齢者への保険募集に係る適合性確認において、加入に耐えられる資産的背景や属性に照らして問題がなければ、義務を果たしたと考えて問題ありませんか。

結論 利殖的経済活動ととらえられる投資信託と異なり、保険商品は長期的な投資であり、その経済的効果は中長期的な将来に帰属する性質のものであることから、年齢、投資経験、投資目的、財産の状況等により投資の許容度や判断能力等の適合性を確認することに加え、高齢者層のセカンドライフステージを考慮して、必要な保障や備えを長期的な計画をもって考える必要があります。基本的に流動性・換金性において劣後する投資なので、運用期間中に解約返戻を求める可能性がない余裕資金であるか、保険金額についても、長期的な支出（生活資金）と収入（公的年金）および取崩し可能資産に照らして適切な投資かを顧客とともに考える対応が必要です。相続税対策目的などで保険の活用を提案する場合には、高齢者本人のみならず、死亡時に関係する家族を交えて勧誘を行うと、苦情防止など円滑な運営が期待できます。

-------------------●　解　説　●-------------------

保険募集に関しては、個別商品から説明・勧誘することは原則ありえないものと認識する必要があります。契約締結の目的も顧客によって多岐にわたることもあり、まずは、基本的な属性把握に加えてライフプランに応じた保障性ニーズや老後資金ニーズ等を会話のなかで顕在化・共有化し、合目的的でニーズに適合する商品を提案・勧誘する必要があります。特に高齢者であれば、平均余命を意識した計画であり、とりあえず運用してみるのではなく、綿密な計画性を具備した具体的な経済効果を明確にして保険加入を行う

必要があります。

　相続税対策や遺贈を目的とした保険加入については、こうした契約締結の目的と申込みをされる保険が整合していることを十分に理解してもらう必要があります。商品性の理解もさることながら、税法上の効果等を正確に認識してもらいます。たとえば、相続が発生しても基礎控除や配偶者控除によって相続税がかからないにもかかわらず、契約締結の目的が「相続税対策」では実態と不整合となります。また、特定者への遺贈についても、保険運用期間中に死亡した場合の死亡保険金受取人は指定しても、年金受給開始後に死亡した場合に、特定者に年金受給権を遺贈したくても、あらかじめ保険申込時に後継年金受取人を指定しておきませんと、法定相続人間での分割相続となり、顧客の意向が達せられない場面も想定されます。相続対策が契約締結の目的としてとらえられる場合に、その意向が保険商品によって満たされるのか否か、顧客自身が把握し理解しているのかについて、特に高齢者との契約においてはいっそうの慎重さと配慮をもって確認する必要があります。さらに、遺贈目的は本人死亡後の経済効果を期待するものですので、法定相続人等の家族とともに検討し、成約することで、高齢者との保険契約に係る家族等の「誤解」等を防ぐことができます。

　高齢者との保険契約において、家族等を含めた折衝により成約する場合、高齢者取引に係る家族からの「誤解」「苦情」は発生しないものの、特に留意すべきことは、契約者である高齢者自身の当該契約に係る「理解」です。相続対策を目的とする保険商品活用においては、家族等の法定相続人の意向が強いあまり、高齢者本人の理解がなおざりにされるケースがあるので、契約締結においては、契約者本人（高齢者）の締結意思や理解状況を十分確認のうえ、進めていく必要があります。

　銀行等が保険を募集する場合には、あらかじめ非公開金融情報を活用することについて顧客の同意を得なければなりません。商品勧誘の前にどういったニーズや目的が顧客にあるのかを確認のうえ、保険商品のセールスを行うべきことはいうまでもありません。

【関連法規】

・金融商品取引法40条（適合性の原則等）「顧客の知識、経験、財産の状況及び金融商品取引契約を締結する目的に照らして不適当と認められる勧誘」禁止

・保険業法100条の2（業務運営に関する措置・顧客への説明等）、同施行規則53条の7（社内規則等・適合性等）

・生命保険協会「高齢者向けの生命保険サービスに関するガイドライン」（令和3年3月24日）

・日本損害保険協会「高齢者に対する保険募集のガイドライン」（令和3年7月20日改定）

・金融庁「顧客本位の業務運営に関する原則」（令和3年1月15日改訂）

ワンポイントアドバイス

　高齢者に対する保険募集時の適合性判断は、判断能力など顧客属性の検証のみならず、余命期間に保険投資することの経済合理性や契約締結の目的を具体的に聴取し、そうした目的を達成するために選択する保険商品のスペックに対する高齢者自身の理解状況を確認します。このときのポイントとして、同じ事項を繰り返し語りかけ、繰り返し確認することです。加齢による記憶力や理解力の減退はやむをえないことですので、いっそうの配慮を行いましょう。

Q61 高齢者からの保険加入申出時の留意点

高齢者から保険加入の申出を受けた場合に、募集人として、まず何を考えなければなりませんか。

結論　顧客の「ニーズ」「目的」を確認します。どういった資産的背景をもった方が、どういった目的のために、当該商品の購入を選択されるのか金融のプロとして検討します。また、漠然と老後のため、保険商品を購入したいとの申出であれば、経済合理性をふまえ、人生設計に基づいた適切な資産運用を目指し、最も顧客のニーズにあった商品選択をお手伝いします。高齢者からの能動的な保険商品購入の場合は、「思い込み」の解消に努める必要があります。

　高齢者への保険募集に関しては、証券業務と同様に高齢者対応ルールの整備が必要です。①家族同席、②複数募集人による説明、③複数回の募集機会提供、④受付後の意向確認などがあげられます。①の家族同席が困難な場合は、家族への架電説明や家族からの同意書徴求など、金融機関ごとに工夫が求められます。

-------------------●　解　説　●-------------------

　高齢の顧客から、保険商品を購入したいとの能動的な意思表示がある場合、知人等からの勧めがあった、金融機関からの情報提供や情報誌をみて興味をもったなどのケースが考えられますが、安易に申込みを受け付けることなく、一呼吸おいて「保険商品の必要性」「最終的な目的」、そして、こうした契約締結の目的と指定された保険商品との整合性を十分に確認する必要があります。場合によっては、指定された商品よりも他の商品のほうが顧客の「目的」を達成するうえで、より適している可能性もあります。

　漠然とした保険商品の購入申出については、そうしたいと思った経緯を丁

寧に確認します。たとえば、「知人が企業年金の減額にあわせて年金受給する保険に入ったことを聞いた」「知人が子供のなかの1人にのみ遺贈することを目的に保険に入ったと聞いた」「相続税対策としていいと聞いた」など、知人の保険加入と同様のニーズや目的を認識していることが確認できると、契約締結の目的は容易に明確化・共有化されるので、その後の適合性確認や商品選定に円滑に至ることができ、とても有効です。ただし、こうした知人と顧客の家族構成や資産的背景等は同一ではないので、「目的」は明確になったが、「方法」については個別に適切性を検証する必要があります。

また、「国債と同じようなもの」「満期までもてば定期預金のようなもの」などといった、保険についての思い込みも高齢の顧客にはよく見受けられます。国債や預金と異なる点や、変額個人年金については運用のベースが株式・債券で運用するVA投資信託であることなど、丁寧に説明をし、急な資金の入用が発生した場合のリスクなど、さまざまな「思い込み」を解消したうえで保険の特性を正確に理解してもらい、そのうえで保険商品の購入を検討してもらう姿勢が重要です。

こうした過程を経て、高齢者の「思い込み」を看過することなく、正確な知識をもっていただくことで、高齢者本人とのトラブルは極小化されます。加えて、高齢者の家族等への配慮も欠かすことができません。保険商品の契約は長期にわたり、かつ、本人死亡後の手続も必要なことから、高齢者本人の了解に加えて、家族等を交えて確認を行ったうえで契約締結に至るプロセスを踏めば、家族等とのトラブルも極小化することができます。指定代理請求人や死亡保険金受取人を指定する過程で、家族の理解を得ておくことは、高齢者の認知機能減退時のトラブルを防ぐために有効な手続です。

【関連法規】

・保険業法100条の2（業務運営に関する措置・顧客への説明等）、同法施行規則53条の7（社内規則等・適合性等）

・金融サービスの提供に関する法律（金融サービス提供法）4条（説明義務）

・生命保険協会「高齢者向けの生命保険サービスに関するガイドライン」

（令和3年3月24日）

・日本損害保険協会「高齢者に対する保険募集のガイドライン」（令和3年
　7月20日改定）

・金融庁「顧客本位の業務運営に関する原則」（令和3年1月15日改訂）

ワンポイントアドバイス

　運用期間満了まで保有すれば、定期預金と同様の効果（年金原資保証）というセールストークは、運用期間中の中途解約時のリスクを十分理解しないまま契約すると、後日トラブルに発展する可能性があります。あくまで、保険商品であることをふまえたうえで、商品の経済効果について説明するよう心がけましょう。

保険募集において、高齢者から「記載箇所が多いので明日取りに来て」と言われ、書面交付し、後日手続をすることになりましたが、問題はありますか。

結論 金融機関の職員による代筆は厳禁です。無面接代筆募集につながりやすい事象であり、認められません。ただし、しかるべき理由（上肢障害、視覚障害等）があることを条件に、一定の範囲の血族による代筆行為を認めるルールが、各保険会社によって制定されています。手続書面を顧客に交付し、後日徴取する場合は、記載者が本人であることを担保する必要があります。未記入箇所があった場合も、顧客自身に記載を求めるべき事項については、便宜的に職員が代理記載することは厳禁です。

------------------------------●　解　説　●------------------------------

　預金等の払戻しについては、意思確認・通帳印鑑・証跡確保等により例外的に職員による代筆が認められる場合がありますが、保険募集に係る職員代筆は認められません。保険商品の契約は、その後、死亡保険金や年金受給、後継年金受取、一括受取等、さまざまな経済的効果が長期間にわたって履行されるものであり、職員が代筆することの「重さ」は預金等とは比べ物になりません。また、死亡保険金の不正受給などの不正行為を厳しく取り締まるために、親族による代筆も限定的にしか認められません。「代筆確認書」などの書面による申請により、親族による代筆が有効となります。

　留意すべきこととして、当該高齢者の判断能力が損なわれているような状況下において、記載能力がないことを理由に親族代筆することは本末転倒です。そもそも、代筆行為を検討する以前に、保険商品を購入することの適合性確認において、高齢者本人（契約者）の「理解不十分」を理由に販売中止

とすべきだからです。

　成年後見制度を利用されている場合は、成年後見人（家庭裁判所の審判により任命された者）が代筆を行います。

　なお、契約者本人（高齢者等）に無断で家族、職員の代筆により申込書を作成すると、募集代理店の登録取消しに発展しかねない禁止行為に該当しますので、特に留意が必要です。今後、タブレット等による電子的契約が中心となるなか、「電子署名」「本人確認書類」「クレジット支払」「役席承認」などの確認体制を各社で鋭意構築しなければなりません。

【関連法規】

・保険業法307条1項3号（著しく不適当な行為）

・生命保険協会「高齢者向けの生命保険サービスに関するガイドライン」（令和3年3月24日）

・日本損害保険協会「高齢者に対する保険募集のガイドライン」（令和3年7月20日改定）

・刑法159条、161条、246条（私文書偽造等、偽造私文書行使、詐欺）

ワンポイントアドバイス

　契約者（または被保険者）本人の自署・捺印が原則であり、例外的に「未成年者（契約者）取引における親権者代筆」「成年被後見人取引における成年後見人代筆」が保険会社によって認められ、それ以上に例外的な手続として、「自署不能者取引における限定的親族代筆」があるということを認識しましょう。加えて、代筆行為には、「借名取引」のリスクが内在することもあり、保険契約と保険料原資については細心の注意を払う必要があります。

2　本人以外の者との取引

Q63　高齢者の資産運用に係る家族からの取引申出

　高齢者の資産運用に関して配偶者・家族から取引申出があり、配偶者・家族へ十分な説明を行い、契約に至りましたが、問題はありますか。

結論　高齢者の家族同席を強化する過程で、むしろ同席家族と資産運用の有効性について話が進み、契約者であるご高齢者への説明やその理解を軽視してしまう場面が起こりえますが、法令は契約者本人への説明義務履行や適合性確認を求めていますので、このような契約はお断りする必要があります。高齢者本人が契約を締結する場合、本人が商品内容を理解していることは絶対条件です。資産運用の意図や経済合理性が家族の話により明らかであっても、本人の理解と自己責任原則は決して譲歩しえないものと認識すべきです。

---------------------------●　解　説　●---------------------------

　高齢者が資産家などの場合で、明らかに相続税がかかる状況において、家族が相続税法12条の適用による相続税対策を目的として、金融機関に保険商品の活用を相談する場面が散見されます。この場合、高齢者本人や家族からの苦情等のリスクがないことから、契約締結に進みたい気持ちが湧き上がりますが、思いとどまることが必要です。原理原則に立てば、契約者である高齢者本人に商品特性や当該保険契約による税効果を十分に理解する能力がすでにない場合、適合性原則に鑑み、販売はできないと考えざるをえないからです。

　ただし、後見開始の審判があり、すでに高齢者本人（契約者）は成年被後

見人、親族が成年後見人となっている場合は、高齢者本人が契約者であったとしても、適合性確認・意向確認等については成年後見人である親族について行うため、取引可能となります。

なお、家族が本人の同意なしに財産や金銭を浪費するような「経済的虐待」が認められる場合には、「高齢者虐待防止法」に照らし、すみやかに「地域包括支援センター等」の行政に通報しなければならないことも認識しておく必要があります。高齢者が認知症ですでに判断能力がないにもかかわらず、投資信託や保険商品を購入させようとしている事例や、判断能力があるにもかかわらず家族が高齢者の意思を制限している事例などの「経済的虐待」「心理的虐待」に至っている事象に直面した場合、当該法令にのっとって適切に対応する必要があります。

【関連法規】
・日本証券業協会「協会員の投資勧誘、顧客管理等に関する規則」3条（適合性）
・保険業法100条の2（業務運営に関する措置・顧客への説明等）、同法施行規則53条の7（社内規則等・適合性等）
・金融商品取引法40条（適合性の原則等）
・高齢者虐待の防止、高齢者の養護者に対する支援等に関する法律（高齢者虐待防止法）7条2項（養護者による高齢者虐待に係る通報等）

─── ワンポイントアドバイス ───

　成年後見人は法律上、包括的な代理権を付与されているものの、他の親族（法定相続人）とのトラブルを回避する観点から、投資信託においては、保存行為をはるかに逸脱して高リスクの商品を購入していないか、保険商品においては、死亡保険金受取人指定や後継年金受取人指定などに偏在性がないかなど、細心の注意を払う必要があります。

家族名義での投資信託購入の申出

高齢者から、実子・孫の名義で投資信託を購入したい、との申出があ
りました。実質資金保有者であり名義人も同意しているとのことで手続
を行いましたが、問題はありますか。

結 論 本問の申出に対しては、原則、謝絶することが望ましいといえま
す。投資信託などのリスク性商品の購入にあたっては、原則、本
人について適合性原則や自己責任原則等の判断を行うものであり、代理取引
は極力回避するスタンスが必要です。また、孫への贈与を目的としていて
も、高齢者自身の資産とみなされ、相続時に課税対象とされる場合もあり、
孫名義口座での投資信託運用目的を丁寧に聴取する必要があります。

----------●　解　説　●----------

孫が未成年者である場合、その法定代理人は未成年者の親権者である両親
ということになりますので、投資信託の孫名義口座の管理は両親に委ねるべ
きであると考えられます。具体的には、贈与申告を前提に孫へ資金を贈与
し、そのうえで親権者である両親が未成年者にかわって投資信託を購入し、
管理することが自然であると認識できます。高齢者は二次相続等をふまえ、
孫への資金贈与を考えるケースがありますが、預金口座・投資信託口座等の
取引印や通帳等を実質的に高齢者自身が管理・保有していると、孫名義で
あっても高齢者自身の資産として相続発生時に生前贈与が否認され、相続税
課税対象に含められる可能性がありますから、税法上の対応についても留意
していく必要があります。

孫が成年者である場合、本人自身の意思による口座開設および購入を原則
とすべきであり、資金については贈与申告を前提に高齢者から贈与を受ける
こととなります。

インターネット取引を活用して、高齢者による実子・孫名義の商品取引が行われる場合、電子的取引の「自己責任性」を損ねる事態を容認することになります。

【関連法規】

・日本証券業協会「協会員の投資勧誘、顧客管理等に関する規則」13条１項（仮名取引・名義貸し禁止）

・日本証券業協会「協会員の従業員に関する規則」７条８号・９号・10号（仮名取引・名義貸し禁止）

・日本証券業協会「仮名取引の受託の禁止に関するＱ＆Ａ」（平成19年９月）

■ワンポイントアドバイス

　代理取引には、借名取引リスク、税務リスクが伴います。高齢者の意図に沿って対応を図れたとしても、高齢者自身が死亡し、相続が発生した場合に期待どおり生前贈与とみなされず、結果として、相続財産に組み込まれてしまう可能性もあり、商品説明や手続だけにとどまらず、税務リスクに係る注意喚起と留意すべき事項を当該高齢者に伝達すべきであるといえます。

Q65　高齢者の家族からの解約の申出

　高齢者の家族から投資信託や保険の解約等の申出を受けた際、高齢者の判断能力が減退していることが理由だったので、解約手続に応じましたが、問題はありますか。

結論　　高齢者本人の取引について、家族の意向により解約を受け付けることはできません。「解約意思」について、高齢者本人に面談のうえ、すみやかに確認することが原則です。判断能力の減退が事実であるかどうか、本人やご家族の心情を傷つけないよう確認する初動が必要です。そのうえで、高齢者本人の状況と資金目的を検証し、最も適切な方法を選択しなければなりません。今後のことを考えれば、成年後見制度の活用（法定代理）を促しますが、時間的制約等により対応できない場合も多く、預貯金残高で対応できない額の病院等からの請求書・領収書など、民法における事務管理の範囲でのエビデンスに基づく支払などを検討する必要があります。

------------------------●　解　説　●------------------------

　高齢者の行った取引に対して、家族等から「本人は取引時に判断能力が低下していて、取引の意味を理解していなかった」などの疑義を申し立てられ、取引の取消しや解約を申し出られるケースに直面した場合、この時点においては、家族であっても当該取引については第三者の位置づけです。したがって、家族から本問のような申出を受けた場合の初動として、家族からの申出を丁寧に受け止めたうえで、「事実であれば由々しきこと」とのスタンスで、「ご本人とお話をさせていただき、事実確認をさせていただきます」との対応をすみやかにとる必要があります。「理解していない」ことが事実であれば、法令諸規則上問題があるからです。

　高齢者本人に「認知症」等のきらいがあり、単独で話をすることに問題が

あるとの回答があった場合には、「ご家族とご同席のうえでお話をさせていただきたい」旨、対応して、事実確認をすみやかに行います。

その結果、販売時点においては「理解していた」ものの、たとえば投資信託を引き続き運用していく能力が減退しているなどの状況が、高齢者本人および家族との対話のなかで明確になった場合には、解約の方向で検討する必要があります。ただし、一時払保険商品である場合、解約すると払込保険料を大きく下回る解約返戻金しか戻らない商品もあり、十分な説明が必要です。

また、販売当初において「理解していない」→「理解させていない」ことが事実であった場合、すみやかに事故として当局への届出等を行い、損失補てんによる原状復帰処理を行う必要も出てきます。

これに対し、高齢者の生活費や医療費に充てるために、判断能力が低下した本人にかわって家族から投資信託や保険の解約申込みがあった場合にはどのように対応すべきでしょうか。

認知症が進み、高齢者単独での取引が困難となるケースや、疾病等により入院しているケースなどが年々増大しています。法定代理として成年後見制度を活用している世帯は多くなく、大宗は家族等による無権代理（手続等により代理権を付与された家族等以外）への対応です。判断基準として「本人の利益に適合することが明らか」であるとの「合理的配慮」の範疇であるかどうか検討しましょう。

① 高齢者本人は認知症・既往症により、行為能力・判断能力が減退または不能の状況
② 高齢者本人のための資金需要があること（入院費用・生活維持費用等）
③ 資金需要のエビデンス等があること（請求書・立替領収書、生活維持費用等）
④ 上記をまかなう資金が預貯金に存在しないこと（見合う残高があればこちらからの拠出を検討）
⑤ 保険の場合はリビングニーズ特約など、約定行為を優先。不可の場合、

解約返戻金が対象

⑥　投資信託の場合は、投資判断能力がないことを確認のうえ、MRF・普通預金で資金化

⑦　普通預金からの払出しは、原則、振込とする（合理的配慮行為の取引証跡）

これらすべての判断と実行については、十分な記録証跡を残しましょう。

なお、生活維持費用等の定期的な払出しについては、地域の「社会福祉協議会」等が高齢者本人や家族との契約締結により、本人にかわって銀行窓口での払出し・届け金を行っています。金融機関としては、こうした機関との連携も、高齢者本人やその家族を手助けする手段として活用していく必要があります。

【関連法規】

・金融商品取引法40条（適合性の原則等）

・日本証券業協会「協会員の投資勧誘、顧客管理等に関する規則」３条２項（適合性）、４条（自己責任原則の徹底）

・高齢者虐待の防止、高齢者の養護者に対する支援等に関する法律（高齢者虐待防止法）２条４項２号（養護者による高齢者虐待）

・障害を理由とする差別の解消の推進に関する法律（障害者差別解消法）８条２項（合理的配慮の提供義務、令和３年５月改正）

・全国銀行協会「金融取引の代理等に関する考え方および銀行と地方公共団体・社会福祉関係機関等との連携強化に関する考え方について」（令和３年２月18日）

ワンポイントアドバイス

　家族から高齢者取引についてなんらかの要請があったとしても、取引主体である高齢者本人を蚊帳の外に置いて対応することはできません。家族同席のうえ、高齢者本人と話をし、今後の方針を一緒に策定するスタンスで臨むことにより、高齢者本人の意思と家族の意思にまとめて対応することができます。

Q66 高齢者を委託者とする民事信託の受託者との取引

当行に信託口口座を開設している民事信託の受託者から余剰資金の運用の目的での投資信託購入の申込みがありました。どのように対応したらよいですか。

結論 金融機関は、民事信託契約書において、投資信託購入の支障になる信託条項がないかをチェックする必要があります。口座開設にあたっては、面談等を通じて委託者の意思能力および運用に関する授権の確認、投資意向の確認等を行います。実際の取引においては、受託者との取引となりますが、運用意向や投資目的については、口座開設時に確認した委託者の意向に照らしながら慎重に対応すべきです。

------------------●　解　説　●------------------

金銭を信託財産とする民事信託が行われた場合、一般に、委託者に投資意向がないにもかかわらず、受託者には包括的な金銭の管理権限があり、投資運用も可能だとする考えには問題があります。また、受託者のリスク許容度については、原則、委託者のリスク許容度の範囲内であると考えることが自然です。

したがって、金融機関は、民事信託契約書において、投資信託購入の支障になる信託条項がないかをチェックする必要があります。口座開設にあたっては、面談等を通じて委託者の意思能力および運用に関する授権の確認、投資意向の確認等を行います。実際の取引においては、受託者との取引となりますが、運用意向や投資目的については、口座開設時に確認した委託者の意向に照らしながら慎重に対応すべきです。

なお、受託者による投資信託購入においては、受益者課税の原則から特定口座における源泉徴収はできず、限度枠管理等の実務上の理由からNISAの

利用はできないことに注意が必要です。

【関連法規】

・金融商品取引法40条（適合性の原則）
・日本証券業協会「協会員の投資勧誘、顧客管理等に関する規則」3条2項
　（適合性）

ワンポイントアドバイス

　投資信託の口座開設にあたっては、委託者の意思能力に懸念がないことに加えて、信託財産を投資信託で運用し、その運用を受託者に任せるための信託契約を締結したという認識が必要です。金融機関は、信託契約書によって、受託者の運用に係る権限を確認します。

その他の取引

1 本人との取引

Q67 貸金庫格納品の喪失申出への対応

　高齢の貸金庫契約者から「貸金庫に入れておいた貴金属がなくなっている」との申出を受けましたが、どのように対応すべきですか。

結論　貸金庫取引は貸金庫室内のキャビネットを契約者に賃貸する契約であることをふまえ、キャビネットに保管されている物品については、銀行はいっさい関知していないことを、借主である高齢者に十分に理解してもらうよう説明を行う必要があります。あわせて、貸金庫の開扉時の本人確認について、銀行の義務違反が問題になるようなことがなかったかどうかを検証します。この場合、利用の際に銀行がどのような認証方式をとっているかによって異なる点があることにも注意する必要があります。また、代理人等が無断で持ち出したということも考えられますので、この間の事情の確認をお願いすることも必要と思われます。

- ● 　解　説　● -

1　貸金庫取引契約の内容

　銀行は、付随業務として「有価証券、貴金属その他の物品の保護預り」を行うことが認められており（銀行法10条2項10号）、貸金庫取引はその種の業務として最も広く行われているものの1つです。貸金庫取引では、銀行は貸金庫室内に設置されたキャビネットを有料で取引先に貸し渡し、借主は、有価証券、重要書類、貴金属・宝石などの保管のためにこれを利用しますので、その法律的性質はキャビネットの賃貸借契約（民法601条以下）であると解されています。

　貸金庫取引契約の具体的な内容は、「貸金庫規定」に定められており、貸

金庫（キャビネット）の開閉は、借主本人または借主があらかじめ届け出た代理人が、銀行から契約時に交付を受けた正鍵により行うこと、この際、借主またはその代理人は、開庫依頼書に届出印影を押印して提出し、銀行はこれを相当の注意をもって印鑑照合して開庫等の取扱い（銀行のマスターキーによる開庫）をすること、このような取扱いをしたうえは、これによって生じた損害について銀行は責任を負わないこと、およびこの際銀行は鍵の確認までは行わないことが定められています。これが、いわゆる手動式の従来型貸金庫の取扱いです。

このほか、借主が、あらかじめ銀行に暗証番号を届け出て、貸金庫カードと正鍵の交付を受け、暗証番号とカードで認証（生体認証方式も最近用いられています）を受けたうえ、貸金庫室に入室して正鍵で貸金庫を開扉するもの（半自動貸金庫）や自動的にキャビネットを利用者のブースまで運び出すもの（全自動貸金庫）などがあります。

いずれにしても、銀行は所定の方式で借主の認証を行い、借主に賃貸しているキャビネットを使用できる状態にします（半自動および全自動貸金庫では、これらの手続が自動化されています）。そのうえで、借主は格納品の出し入れ等でこれを自由に利用することができることになります。

2 貸金庫の格納品に対する銀行の責任

以上のような取引の仕組みから、「銀行は、保護函自体の完全な維持とその開閉に対する協力について責任を負うが、その内容について責任を負わない」（西原寛一『金融法』（有斐閣）252頁）というのが、古くからの学説の一致した考え方です。判例（最二小判平11.11.29民集53巻8号1926頁）も、銀行が貸金庫の内容物全体について包括的な占有を有していることは認めたうえで、「銀行は、貸金庫契約上、緊急を要する場合等を除き、貸金庫の開扉に際してマスターキーによる施錠を解いた後は、貸金庫の開閉や内容物の出し入れには関与せず、したがって、利用者が何を貸金庫に格納し又は取り出したかを知らず、貸金庫に実際に物品が格納されているか否かも知り得る立場

にはない」という考え方を示しています。

　したがって、銀行は、貸金庫の利用を申し出た者が借主（またはその代理人）かどうかの認証については責任を負いますが、借主の格納品の出し入れ等についてはなんらの責任を負わないということになります。つまり、銀行は、定められた認証手続を行うに際して善意・無過失であれば、借主の格納している物品がなくなっていても、その責任が問われる余地がないということになります。

3　高齢者との貸金庫取引

　高齢者との貸金庫取引においては、借主である高齢者自身が銀行に来店して貸金庫を開閉するといったことが不可能であることが考えられますので、この点の配慮が必要です。つまり、借主である高齢者本人が貸金庫を開閉するよりはむしろ、あらかじめ銀行に届け出た代理人が、もっぱら貸金庫の開閉を行っているというような事例もよくみられるところです。これについて、貸金庫規定では、「借主があらかじめ届け出た代理人」に、借主にかわって貸金庫を開閉することを認めています。

　これ以外には、借主が高齢者でその判断能力に問題がある場合には、成年後見人、保佐人、補助人、任意後見人等が代理人として、高齢者をサポートすることが考えられます。また、これらの法定後見または任意後見の制度を利用しない場合にあっては、任意の契約（民法上の委任契約）により高齢者の財産管理等を受託する事例もみられ、そのサービスの一環として受託者が任意代理人として貸金庫を利用することもあります。

　いずれも銀行としては、貸金庫の開庫等の申出をした者について、正当な代理権限を有するものであるかどうかの確認が必要なことは2で述べたのと同様です。

【関連法規】

・銀行法10条2項10号

・民法601条以下

258

　銀行は、貸金庫設備・キャビネット等の完全な維持とその開閉に対する協力について責任を負いますが、その内容について責任を負うことはありません。この意味で、実務的には、銀行は貸金庫の開閉にあたって、借主またはその代理人等の本人確認や権限等の確認を十分行うことが重要と考えられます。

2 本人以外の者との取引

Q68 貸金庫の鍵紛失の申出への対応

高齢の貸金庫契約者について、あらかじめ貸金庫の開扉について届出を受けている代理人から「契約者が鍵を紛失したので手続したい」との申出を受けましたが応じてもいいですか。

結論 借主である高齢者本人が、自身で銀行との間の手続を行うことができる場合には、貸金庫規定の定めによる正鍵喪失の届出および再交付の手続を行ってもらうことになります。借主の来店が不可能な場合、あらかじめ銀行に届け出た貸金庫の開扉のための代理人については、正鍵喪失手続は代理権の範囲に含まれていないと解されますので、別に家族等を代理人として手続を進めることができます。銀行は、この代理人の権限確認のために、借主本人の委任状の提出を求め、これを確認する必要があります。

借主である高齢者に意思能力に問題があるなど、上記の手続が不可能な場合、あらかじめ高齢者の財産管理のために選任された代理人は、本人の意思能力の喪失によって代理権が消滅することはありませんので、その代理人による手続を進めることができます。このような代理人が選任されていない場合は、成年後見人など法定の代理権を有する者が代理人となって手続を行うことが適当と考えられます。

●───── 解　説 ●─────

1　貸金庫の鍵

すでに述べたように、貸金庫取引契約の法律的性質は銀行の貸金庫室内のキャビネットの賃貸借契約と解されており、その利用は、借主または借主があらかじめ届け出た代理人が正鍵を使用して行います（貸金庫規定5条1項。

かつて全銀協が制定した旧貸金庫規定ひな型に類似したものを現在でも多くの金融機関が使用しているものと推定されるので、引用する条項は旧ひな型のものによる。以下同じ）。

貸金庫の鍵はこの正鍵とは別に副鍵があり、正鍵は借主が保管し、副鍵は銀行が立ち会いのうえ借主が届出の印章（または署名）により封印して銀行において厳重に保管します（同規定4条）。副鍵の使用は、①法令の定めるところにより貸金庫の開庫を求められたとき、または店舗の火災、格納品の異変等緊急を要するとき（同規定12条）、②貸金庫取引契約の解約に伴いその明渡しが3カ月以上遅延したとき（同規定10条4項）など、限られた場合にしか認められていません。

したがって、借主が正鍵をなくしてしまったような場合は、原則として開扉の申出に応じることはできないことになります（同規定7条1項）。しかし、実務では、申出人が借主本人に間違いないこと、直ちに開庫をしなければならないというやむをえない事情があるなど例外的な場合には、異例扱いとして副鍵によって開扉に応じることもあります。

2　借主が正鍵を紛失した場合の取扱い

正鍵を失ったときは、直ちに書面によって銀行に届出しなければなりません（貸金庫規定6条1項）。

届出を受けた銀行は、正鍵を紛失したキャビネットについては錠前ごと取り替え、新たに正鍵を借主に交付するというのが一般的な対応です。そこで、その費用を借主負担とするため、貸金庫規定では、「錠前等の取替えに要する費用を支払ってください」と規定しています（同規定7条2項）。あくまで実費相当額の負担を借主に求めるもので、損害賠償を求めるものではありません。そのため、銀行によっては、修理業者の請求書を直接借主に届け、借主は銀行を経由せずに直接修理業者に支払うという方法をとっているところもあります。また、錠前の取替えに時間を要するような場合には、貸金庫の変更を求めることがありますので、借主は直ちにこれに応じるべき旨

も定められています（同項）。

　以上の手続によって正鍵の再交付を受ける場合には、格納品を現在使用中のキャビネットから取り出さなければなりません。この場合は、借主との間で副鍵袋の封印等を確認のうえ、銀行に保管している副鍵を用いて開扉することになります。

3　高齢の借主からの正鍵紛失の届出と再交付

　届出の受付にあたり、借主について正常な意思判断能力が備えられている場合と、そうでない場合とが考えられます。

　借主の意思判断能力が正常な場合は、借主本人から、正鍵紛失等の届出を受けることになり、これが最も望ましいものと考えられます。しかし銀行へ来店できないという事情がある場合、銀行は借主の配偶者など適当な者を代理人に選任してもらい、この者から届出等を受けることになります。貸金庫の開閉に関して代理人が選任されている場合であっても、これらの手続は開閉と異なり、その代理権の範囲に属さないものと考えられますので、別にこれらの事項を授権した旨の記載のある借主本人の委任状等を求めることが適当です。

　以上に対して、借主本人の意思判断能力が衰えている場合は、あらかじめ銀行に届出のある第三者が高齢者の財産管理等を受託し、そのサービスの一環としてその第三者が任意代理人に就いている場合（たとえば「財産管理委任契約兼任意後見契約」により、貸金庫取引を含む包括的な財産管理が委任事項に含まれている場合等）は別にして、それ以外の場合は、成年後見制度の手続によって、成年後見人による代理権行使や保佐人・補助人による同意権行使によって手続を進めていくことが考えられます。

【関連法規】

・なし

ワンポイントアドバイス

　正鍵を失ったときは、直ちに書面によって銀行に届出し、再交付を受

けることになり、この場合、副鍵によって現在使用中のキャビネットから格納品を取り出さなければならないことがあります。これらの手続は、借主本人が行うのが原則ですが、これが不可能な場合、任意または法定の代理人によって行うことになります。貸金庫の格納品は、貴重品を含むものですので、後日のトラブルに巻き込まれることがないよう慎重な対応が必要です。

　高齢の貸金庫契約者の家族と称する人物から、貸金庫の開扉依頼を受けました。申出人についてはあらかじめ貸金庫取引の代理人としての届出を受けていませんが、契約者は事情があって来店できないとのことです。この申出にどう対応すべきですか。

結　論　高齢者の意思が確認できるが来店できないという場合には、家族の1人を代理人とする届出を高齢者本人から提出してもらったうえ、申出に応じることが適当と考えられます。しかし、当該高齢者に意思能力がないとき、家族等が法定後見開始の申立てを行い、成年後見人、保佐人、補助人等に就任して、その代理権行使の範囲内で貸金庫の開扉請求を行ってもらうことになります。

　代理人届を受けていない家族等による貸金庫の開扉請求に応じて、格納品が持ち出された場合は、銀行がこれに気づいていた場合または容易にこれに気づくことができた場合にあっては、銀行の貸金庫取引契約上の債務不履行による損害賠償責任が問題になることがあります。

────────────────●　解　説　●────────────────

1　家族からの開扉請求に応じた銀行の責任

　古い判例（東京地判昭46.2.12金法626号32頁）ですが、開扉に応じた貸金庫事業者の責任を肯定したものがあります。

　事案は、XがY（貸金庫業務を営業の1つとする会社）との間で、貸金庫借用契約を締結してこれを借り受けて利用していたところ、Yの貸金庫業務担当従業員は、Xの夫であったAより貸金庫の開扉と在庫品の閲覧を求められ、これに応じて貸金庫中の在庫品をAに閲覧点検させ、Aは在庫品に関するメモをとったというものです。このような事態の発生に関して、Xはプラ

イバシー権が侵害されたとして損害賠償請求訴訟をYに対して提起しました。

　XとYの貸金庫借用契約においては、現在の銀行の貸金庫規定と同じように、借用者本人またはその者より所定の手続を経て届出があった代理人の申込みによって開扉に応じますが、それ以外の場合には、官憲の適法な令状によるときを除き、契約の有効期間中開扉してはいけない旨の約定がありました。しかるに、Yの従業員は、約定の代理人でないAの要請に応じて貸金庫を開扉しましたので、Yは「自らの必要または第三者の要請があるときでも、開扉してはならない契約上の義務」に違反したとして、債務不履行責任を認める判決が下されました。

　本判決から、銀行の貸金庫取引において、たとえ家族からの開扉請求であっても、代理人として届出を受けていない場合は、これに応じれば、貸金庫の借主に対する守秘義務違反など（プライバシー権の侵害など）の責任が認められる可能性があることに注意しなければなりません。また、貸金庫内の収納物について、銀行はその内容について知りうる立場にないため、家族が収納物を無断で持ち出した場合、その内容について確認できる手段は事実上ありません。預金取引での誤払いであれば、誤りの内容を確認することが可能であり、その修復の途も残される可能性がありますが、貸金庫取引については同様の対応は不可能であることを認識する必要があります。

2　家族からの開扉請求に対する銀行の対応

　借主が高齢者である場合は、心身の不具合などで銀行へ来店しにくい事情が考えられます。このような場合であっても、1で述べたことを考慮すれば、家族からの開扉請求については、それが高齢者の授権に基づくものであるかどうか、またその意思によるものかどうかを確認することが必須のことと思われます。

　そのための簡便の方法としては、来店できる家族の1人を代理人とする届出を貸金庫取引の借主である高齢者から提出してもらうことが考えられ、こ

れによって借主の意思を確認したうえで家族からの開扉請求に応じるのであれば望ましいことと思われます。

　しかし、借主に意思能力がないと思われるとき、借主の意思に基づいて代理人の選任を行うことができません。そこで、家族等が法定後見開始の申立てを行い、成年後見人、保佐人、補助人等に就任して、当該借主の代理人として貸金庫の開扉請求を行い、これに応じることが考えられます。この場合、成年後見人、保佐人、補助人について、それぞれの代理権の範囲に注意しなければなりません。成年後見人は広範な代理権を有しますが（民法859条）、保佐人、補助人については当事者が申立てにより選択した「特定の法律行為」についてしか代理権を有しません（同法876条の4第1項、876条の9第1項）。したがって、保佐人または補助人に代理権を付与する旨の審判において、貸金庫の開閉等に関してもその代理権の範囲内に含まれることを明記しておくことが適当と思われます。

3　家族による格納品の持出し

　2で述べた方法によらず、銀行が家族からの貸金庫の開扉請求に応じ、格納品が持ち出された場合は、銀行の責任が問題になることがあります。

　これについて、暗証番号とカードで本人を認証する半自動または全自動貸金庫などでは、銀行の相手方確認は機械的に非対面で行われますので、借主本人またはその代理人以外の者の利用であっても、銀行はこれに対応することは不可能と思われます。また、開庫依頼書に届出印影を押印して銀行のマスターキーによる開扉を行う場合であっても、代理人届のない家族からの開扉請求であることに気づいていた場合または容易にこれに気づくことができた場合はともかく、銀行は相当の注意をもって印鑑照合して開庫等の取扱いをしたうえは、これによって生じた損害について銀行は責任を負わないこととされています（貸金庫規定8条）。

　そこで以上に該当しない場合、すなわち代理人届がなされていない家族からの開扉請求であることに気づいていた場合または容易にこれに気づくこと

ができた場合に、家族からの開扉請求に応じて格納品が持ち出されるようなことが起これば、銀行の貸金庫契約上の債務不履行責任（損害賠償）等が問題になることが考えられます。

【関連法規】

・民法859条、876条の4第1項、876条の9第1項

ワンポイントアドバイス

　貸金庫の開閉は、借主本人または借主があらかじめ届け出た代理人以外は行うことはできません。借主が高齢で意思能力がないときは、法定後見の申立てを行い、そこで選任された成年後見人等が代理することになります。たとえ家族であっても、正当な代理権を有しない者に対して開扉すれば、銀行の借主に対する責任が問題になる場合があることに注意が必要です。

高齢の貸金庫契約者の家族から、貸金庫契約を承継したいとの申出を受けています。家族の説明によれば、契約者は承継について了解しているとのことですが、どう対応すべきですか。

結論 貸金庫の使用権の譲渡・転貸は禁止されていますので、いったん貸金庫契約を解約して、家族が新たに契約した貸金庫に格納品を収納し直すという方法が考えられます。

貸金庫契約の解約にあたっては、借主である高齢者本人の意思に基づく場合とこれによることが不可能な場合があります。不可能な場合は、成年後見人等を代理人として、解約手続をとることが考えられます。

------------------● 解 説 ●------------------

1 貸金庫の使用権の譲渡・転貸

貸金庫契約の法律的性質は、キャビネットの賃貸借契約であると解するのが通説です。この考え方によりますと、借主の賃借権は賃貸人（銀行）の承諾があれば譲渡または転貸できることになりますが（民法612条）、貸金庫規定は譲渡・転貸を禁止しています（同規定13条）。これは、貸金庫の借主が、譲渡または転貸のため銀行に承諾を求めても、これを承諾しないことが、規定によって明らかにされており、また借主もそのような取扱いがされることを了解したうえで契約しているものと解釈されます。

そうしますと、家族から「高齢者の借りている貸金庫を引き継ぎたい」という申出が、たとえ借主の了解を得たうえで行われたものであったとしても、これは貸金庫の賃借権の譲渡・転貸にほかなりませんので、銀行は、貸金庫規定を根拠にしてお断りするのが適当と思われます。

2 相続の場合の引継ぎとそれ以外の場合

　貸金庫取引契約の承継が問題になる典型的な場合は、借主について相続が開始したときです。この場合の実務の考え方は、借主の相続の開始を貸金庫取引契約の解約事由としていることから（貸金庫規定10条2項2号）、その相続（借主の地位の承継）は認めないという取扱いがされています。したがって、貸金庫契約の借主に相続の開始があったときは、これを解約して、相続人全員の同意に基づき格納物を引き取ってもらうのが原則です。

　ところが、相続人間で話合いがつかない場合など、これらがすぐにはできないという問題も起こります。このような場合、相続においては、相続人間の遺産分割協議にあたり、相続財産を確定する必要などがありますので、一部の相続人から格納物を確認のため開扉の請求を受けることがあります。銀行もこれを拒否するわけにもいきませんので、後日の紛争防止のため、開扉の前後にわたって格納物に変動がなかった旨などを公証人の事実実験公正証書（公証人法35条）などによって明らかにするなどの措置をとったうえで、相続人の申出に応ずることがあります。

　本問の、家族から「高齢者の借りている貸金庫を引き継ぎたい」との申出についても、これが貸金庫取引の契約者である高齢者（借主）が、具体的な解約手続をとることができないという事情に基づくものであるとき、一部の相続人の要望に応じて貸金庫を開扉して格納物を確認したのと同じように、貸金庫を開扉してその格納物を新たに契約した家族の貸金庫のなかに収納できるかどうかが問題になります。

3 貸金庫契約の解約

　貸金庫契約を解約する場合、借主である高齢者本人の意思が確認できるのであれば、その意思を確認して行うのが原則です。高齢者本人が来店して手続を行うことができないようなこともありますが、このような場合は、家族等が借主である高齢者の任意代理人として、解約手続を行うことができます。

この場合、貸金庫の開扉等を行うためにあらかじめ銀行に届け出ている代理人の適切性が問題になりますが、この代理人は契約の継続を前提にした代理人にほかなりませんし、これと契約そのものの解消を目的とした代理人とでは授権の範囲が異なることとなり、前者の代理人には銀行との間で解約手続を行う権限はないと解釈されます。そこで、別途解約手続についての授権を行った委任状を借主に作成してもらい、その提出を求め、解約する権限を有する代理人を相手に解約手続を行うことになります。

　以上に対して、借主である高齢者の意思を確認することができない場合、任意代理人による解約手続は不可能です。そこで、家族等が法定後見開始の申立てを行い、成年後見人、保佐人、補助人等に就任して、当該高齢者の法定代理人として貸金庫契約の解約を行うことになります。

　このように貸金庫契約の解約にあたっては、その出発点として特に借主が高齢者である場合、意思能力を有しているかどうかの確認が重要であり、その有無によって手続の方法が異なることに注意する必要があります。

4　格納品の入替え

　現借主である高齢者の貸金庫を開扉してその格納物を新たに契約した家族の貸金庫のなかに収納できるかどうかは、一部の相続人の開扉請求に応じる場合のように、開扉の前後にわたって格納物に変動がなかった旨などを公証人の事実実験公正証書などによって明らかにするなどの措置をとったうえで取り扱うことができるかどうかが問題になります。

　これについては、一部の相続人が開扉して格納品を確認したのと異なり、従前の借主と異なる別の借主が契約した貸金庫に入替えすることになりますので、その借主による無断持出しなどの問題の発生が考えられます。したがって、格納物を別の貸金庫に入れ替えるなどの措置はとりえないものと思われます。

【関連法規】

・公証人法35条

　高齢者との間の貸金庫契約をその家族へ承継する場合には、借主である高齢者の貸金庫契約の解約を行い、家族を新たな借主として貸金庫契約を締結し、そこに収納することができます。

VI

相 続 手 続

相続手続で提示された自筆証書遺言にはパソコンで作成したと思われる財産目録が添付されており、また別の相続人から提示されたものは遺言書の原本ではなく法務局が発行した遺言書情報証明書です。これらの遺言書に基づいて相続手続を行ってもよいですか。

結 論 民法改正（相続関係）により、自筆証書遺言制度の要件緩和がなされ、一定の要件を備えた財産目録は自筆によらないものも可とされました。また、法務局による自筆証書遺言の保管制度に基づき、法務局から相続人に交付される遺言書情報証明書は、従前の自筆証書遺言原本と同様の効果が認められており、これらの遺言書に基づく相続手続が可能となりました。

------------------------------●　解　説　●------------------------------

1　遺言の機能

遺言者は包括または特定の名義でその財産の全部または一部を処分することができるため（民法964条）、遺言によって遺産の分割の方法を定め、もしくはこれを定めることを第三者に委託し、または相続開始の時から5年を超えない期間を定めて遺産の分割を禁ずることができます（同法908条）。このように遺言は相続人に対して強い拘束力をもち、相続人は遺産の処分について原則として遺言の内容に従わなければなりません。

2　遺言の方式

遺言の方式には普通方式と特別方式があり、普通方式として、自筆証書遺言（民法968条）、公正証書遺言（同法969条）、秘密証書遺言（同法970条）があり、特別方式として、死の危急に迫った者の遺言（同法976条）、伝染病隔

離者の遺言（同法977条）、在船者の遺言（同法978条）、船舶遭難者の遺言（同法979条）があります。実務では自筆証書遺言と公正証書遺言の2種類を取り扱う機会が圧倒的に多いといえます。

3　自筆証書遺言の法定要件

本問の自筆証書遺言も相続人に対する強い拘束力をもっていますが、その代償として遺言書の作成方法が法定要件を具備していることが必要とされます。具体的には「遺言者が、その全文、日付及び氏名を自書し、これに印を押」すこと（民法968条1項）、「加除その他の変更は、遺言者が、その場所を指示し、これを変更した旨を付記して特にこれに署名し、かつ、その変更の場所に印を押」すこと（同法同条3項）、「遺言は、2人以上の者が同一の証書ですることができない」こと（同法975条）などです。

4　自筆証書遺言の要件緩和（その1　財産目録の作成方法）

ところで、「全文自筆」の要件については文字どおり自筆であることを要し、パソコンやワープロで作成した文書は不可とされていたため、多数の財産目録の作成が遺言者の大きな負担となっていました。そこで、平成31年1月13日に施行された民法改正（相続関係）では、自筆証書遺言と一体のものとする相続財産の目録については自書することを要せず、パソコン・ワープロによる作成文書や預金通帳の写し等も可とされましたが、これらの目録のページごとに遺言者は署名して捺印することが必要となりました（同法968条2項）。なお、財産目録が両面印刷の場合は、遺言者はその両面への署名・捺印を必要とします。

5　自筆証書遺言の要件緩和（その2　遺言書保管制度）

次に、法律に詳しくない遺言者が自ら作成する自筆証書遺言では、遺言者が法律的な知識に疎いため、要件を逸脱した遺言書を作成してしまうことがあります。また、せっかく作成した遺言書の所在が不明のため、相続人が遺

言書に基づく相続手続ができなかったり、遺言書を発見した相続人による遺言書の破棄や変造がなされることがあります。さらに、自筆証書遺言に基づく執行のためには家庭裁判所による検認手続を必要とします。

　これらの自筆証書遺言が抱える多くの問題点を解消することとなったのが「法務局での自筆証書遺言の保管制度」です。この制度を利用するには、遺言者本人が自身の所在地もしくは本籍地または遺言者が所有する不動産の所在地を管轄する法務局に出向き、遺言書保管官に遺言書原本を提出する必要があり（法務局における遺言書の保管等に関する法律4条3項・6項）、提出を受けた遺言書保管官によって、遺言書の法定要件の具備が点検されます。法務局では遺言書原本の保管に加えて遺言書を画像データにして遺言書保管ファイルに記録するため、遺言書の破棄、変造等を防ぐことができます。そして、遺言者について相続開始後に相続人の1人が遺言書の閲覧や遺言書情報証明書の交付を請求すると、遺言の存在を知らしめる目的で遺言書保管官から他の共同相続人に対して遺言書を保管している旨の通知がなされるため（同法9条5項）、遺言の存在を知らなかった相続人も自筆証書遺言の存在を知ることができます。なお、遺言書情報証明書に基づく執行には、家庭裁判所の検認手続は不要です。

【関連法規】

・民法964条、908条、968条、969条、970条、976条、977条、978条、979条、975条
・法務局における遺言書の保管等に関する法律4条3項・6項、9条5項

ワンポイントアドバイス

　自筆証書遺言の提示を受ける相続手続の機会が増加しているため、金融機関の相続手続担当者はこれらの法改正による自筆証書遺言の要件緩和について正しい知識を身につける必要があります。

Q72 自筆証書遺言の有効・無効

相続手続で提示された自筆証書遺言には、記載方法で法定要件に欠ける部分がありますが、どう対応すべきですか。

結論　自筆証書遺言で最も多くみられる、記載の加除・訂正が法定要件に欠ける場合には、その加除・訂正がなかったものとして解釈することができます。その他に有効・無効に係る多くの判例がありますので、それらを参考にして、記載内容からして形式的に判断できるものは判例の結論に従い、実態面に踏み込んだ判断を要するものは、相続人から司法判断を求めるよう回答すべきです。

------------● 解　説 ●------------

1　加除・変更の表示の瑕疵

自筆証書遺言が遺言書としての機能をもつためには、作成にあたって多くの法定要件の具備を必要とします。その内容は「Q71自筆証書遺言制度の緩和　3　自筆証書遺言の法定要件」で述べたとおりですが、現実に多く発生する不具備は、「加除その他の変更は、遺言者が、その場所を指示し、これを変更した旨を付記して特にこれに署名し、かつ、その変更の場所に印を押」すこと（民法968条3項）の要件に関連します。これは、通常のビジネス文書での加除・変更手続に比べかなり厳格な内容のため、それを理解していない遺言者が間違いを起こすことによります。

現実にこのような遺言書が提示され、相続手続の申出を受けた場合は、法的には「該当する加除・変更がなかったもの」と解釈されますので、たとえば遺言の内容に含まれる被相続人名義預金の処理に影響のない加除・変更であれば、そのまま応じてよいこととなります。しかしながら、影響のある加除・変更の場合は、手続を謝絶せざるをえません。

2 自筆証書遺言の有効・無効に係る判例

そのほかにも自筆証書遺言の法定要件具備に係る遺言書の有効・無効について多くの判例があります。その主な内容は次のとおりです。

(1) 無効とされた判例

① 自筆遺言証書の日付として「吉日」と記載された証書は、日付の要件を欠くものとして無効である（最判昭54．5．31民集33巻4号445頁）。

② 遺言者が自筆証書である遺言書に故意に斜線を引く行為は、その斜線を引いた後になお元の文字が判読できる場合であっても、その斜線が赤色ボールペンで遺言書の文面全体に引かれているものは「故意に遺言書を破棄したとき」に該当し、遺言を撤回したものとみなされる（最判平27.11.20金法2044号69頁）。

③ 花押を書くことは、印章による押印と同視することはできず、押印の要件を満たさない（最判平28．6．3金法2055号78頁）。

(2) 有効とされた判例

① 自筆遺言証書に記載された日付が真実の作成日付と相違しても、その誤記であること、および真実の作成の日が遺言証書の記載その他から容易に判明する場合には、右日付の誤りは遺言を無効ならしめるものではない（最判昭52.11.21家月30巻4号91頁）。

② 本条（（注）民法968条）にいう氏名の自署とは遺言者が何人であるかにつき疑いのない程度の表示があれば足り、必ずしも氏名を併記する必要はない（大判大4．7．3民録21輯1176頁）。

③ 遺言者の署名が存するが押印を欠く英文の自筆遺言証書につき、遺言者が帰化した人であることなどの事情を考え、有効とした事例（最判昭49.12.24民集28巻10号2152頁）。

④ 自筆遺言証書における押印は、指印をもって足りる（最判平元．2．16民集43巻2号45頁）。

⑤ 遺言書本文を入れた封筒の封じ目にされた押印をもって、本条1項（（注）民法968条1項）の押印の要件に欠けるところはない（最判平6．6．24

家月47巻3号60頁）。

⑥　遺言の全文、日付および氏名をカーボン紙を用いて複写の方法で記載することも、自書の方法として許されないものではない（最判平5 .10.19判時1477号52頁）。

⑦　自筆証書遺言につき他人の添え手による援助を受けた場合は、遺言者が自書能力を有し、遺言者が他人の支えを借りただけであり、かつ、他人の意思が介入した形跡がない場合に限り、自書の要件を満たすものとして有効である（最判昭62.10.8民集41巻7号1471頁）。

⑧　自筆証書遺言における証書の記載自体からみて明らかな誤記の訂正については、本条2項（（注）民法968条2項）所定の方法の違背があっても、遺言の効力について影響を及ぼさない（最判昭56.12.18民集35巻9号1337頁）。

3　法定要件に違背した自筆証書遺言についての実務対応

　相続手続でこれらの法定要件に違背した自筆証書遺言の提示を受けた場合の金融機関の対応については、遺言書の記載内容からして形式的に判断できるもの（無効とされた判例①～③、有効とされた判例④、⑤）については判例の結果と同一の結論で対応すべきであり、実態面に踏み込んだ判断を要するもの（有効とされた判例①～③、⑥～⑧）については、金融機関での判断は不可能のため、問題点を指摘のうえ司法判断を求めるよう回答すべきです。あるいは、現実的な対応として、金融機関から全相続人に対して遺言内容の瑕疵を明示したうえで、それでも遺言者の遺志を尊重して、判読できる遺言内容どおりに処理することに異議がないかどうかを照会する手段も考えられます。

【関連法規】

・民法968条

ワンポイントアドバイス

　「法務局による遺言書の保管制度」を利用した自筆証書遺言であれ

ば、遺言書保管官による受付時の点検によって、形式的な法定要件の瑕疵を発見することが期待されますが、同制度を利用しない自筆証書遺言の場合は、実務処理に際して厳格な形式点検を行う必要があります。

Q.73 遺言と遺留分の関係

当店の被相続人名義預金について、特定の相続人にその全額を相続させる旨の遺言書が提示され、当該相続人から払戻請求を受けている一方で、他の共同相続人から遺留分の侵害を理由に、預金のうち遺留分に該当する金額の払戻しをしないよう申出を受けていますがどう対応すべきですか。

結論 民法改正（相続関係）により、従前は「遺留分減殺請求権」の行使が物権的効果をもっていたものが、「遺留分侵害額の請求」に改められ、受遺者に対する金銭の請求権とされたことから、遺言によって相続が指定された相続人に対して払い戻すこととなります。

------------------------●　解　説　●------------------------

1　遺留分とは

遺言によって遺産の分割が指定され、その内容が特定の相続人に対して極端に偏ったものである場合、他の相続人について最低限の取得を認めるのが遺留分であり、すべての遺産について、直系尊属のみが相続人である場合は3分の1が、その他の場合は2分の1が遺留分とされていますが、兄弟姉妹には遺留分は認められません（民法1042条）。

2　遺留分減殺請求権の物権的効果

令和元年7月1日の改正民法・家事事件手続法（相続関係）が施行される前は、「遺言者は、包括又は特定の名義で、その財産の全部又は一部を処分することができる。ただし、遺留分に関する規定に違反することができない」（改正前民法964条）とされており、他の相続人である遺留分権利者が遺留分減殺請求権を行使した場合、同請求権は物権的効力を有するものと解釈

されていました。つまり、遺留分権利者の権利行使によって遺贈や贈与のうち遺留分に抵触する部分が無効となり、権利行使対象の遺産について遺留分権利者がその一部を取り戻すこととなるため、対象物が不動産であれば遺留分権利者に共有持分が認められることとなりました。この解釈からすれば、本問の預金債権についても、遺留分権利者の主張により、遺言のうち当該部分が無効となるとの解釈が成立する可能性があり、金融機関としてはその主張を無視して預金の全額を受遺者に払い戻すことは躊躇されました。

3　民法改正による遺留分侵害額の請求

しかしながら、改正民法においては「遺留分減殺請求」は「遺留分侵害額の請求」（民法1046条）に改められ、遺留分権利者は受遺者に対し遺留分侵害額に相当する金銭の支払が請求できることとなり、民法964条も改正前のただし書部分が削除されました。

この結果、本問では遺留分権利者による金融機関への申出は考慮せず、遺言内容どおりに受遺者に預金の全額を払い戻せばよいこととなります。

【関連法規】
・民法1042条、964条、1046条

ワンポイントアドバイス

民法改正（相続関係）後の相続手続では、遺留分の存在を考慮することなく、遺言内容どおりに預金の払戻手続をとればよいこととなりました。

Q74 遺言能力と遺言の無効

軽度の認知症を発症し、記憶力・判断力がある程度低減しているとみられていた高齢の預金者が、遺言書を残して死亡しました。その後、遺言書で指定された遺言執行者から、相続預金の払戻請求がありました。銀行がこれに応じるにあたって、どのような点に注意が必要ですか。

結論 遺言能力に問題のあることが考えられます。この場合、遺言書の効力等に関する最終判断は裁判所の判決によることに留意し、たとえ遺言執行者から申出があった場合でも、安易に相続預金の払戻請求に応じるべきではなく、相続人の意向を確認することも必要になってくるものと思われます。ただし、成年被後見人が所定の手続を経てした遺言については、遺言能力が問題になることはありません。

------------------------● 解 説 ●------------------------

1 遺言能力とは

相続預金の払戻実務において、「遺言書」（公正証書遺言、自筆証書遺言など）が利用される事例が増加しています。この場合、遺言書が有効なものであることは当然ですが、その判断にあたって、遺言者の「遺言能力」の有無が問題になることがあります（民法963条参照）。

この「遺言能力」は、民法上、次の2つの意味で用いられています。

1つ目は、15歳に達した者は遺言をすることができるとする民法961条の規定です。遺言には、成年被後見人、被保佐人、被補助人に課されている行為能力を制限する規定は適用されず（民法962条）、15歳に達すれば単独ですることができるのです。2つ目は、他の法律行為と同様、遺言時に、遺言者に意思能力（民法3条の2）があることです。

本問では、後者の意味での遺言能力が問題になり、その有無の判断をどう

するかが問題になります。

2　遺言者の意思能力

　遺言をするにあたって必要とされる意思能力の判断について、かつての学説は、一般的・抽象的な意味での人の属性としての事理弁識能力ととらえ、7～10歳程度の知的能力を有しておればよいと考える立場が支配的でした。しかし、近年は、意思能力を一般的・抽象的にとらえるのではなく、対象となる行為の種類・内容によって相対的に判断しなければならないとする立場が有力になってきました。これによれば、具体的な遺言内容との関係で、遺言者がこれを理解し、自らの意思で遺言をするだけの知的能力が認められるかどうかにより判断されることになります。

　この問題に関して、自筆証書遺言のみならず、専門家である公証人が作成した公正証書遺言であっても、一部の相続人から遺言無効確認訴訟が提起されるといった事例もみられます。これらの裁判例は、精神疾患など医学的・生物学的要因を軸としながら、遺言作成時の状況、遺言内容の難易や合理性、動機の有無などの諸事情を総合考慮して、遺言能力すなわち遺言者の意思能力を判断するものとしています。

　このような状況を前提にすると、特に本問のように、遺言能力の有無が問題になりそうな場合は、それぞれの状況における個別事情を総合的に検討して判断する必要があります。そうしますと、遺言書の効力等に関する最終判断は裁判所の判決によることに留意しなければならず、相続預金等の払戻しの実務でも、遺言書の存在を前提とする安易な取扱いは慎まなければなりません。

3　成年被後見人の遺言

　成年被後見人は、「精神上の障害により事理を弁識する能力を欠く常況にある者」（民法7条）ですが、遺言能力を有するとされていますので（民法961条、962条）、有効に遺言をするためには、遺言時に意思能力のあることが

必要になってきます。

　民法ではこれを前提に、①事理を弁識する能力を一時回復した時であること、②医師２人以上の立ち会いがあることという２つの要件を満たせば、成年被後見人が遺言をすることを認めています（民法973条１項）。

　そして、遺言に立ち会った医師は、遺言者が遺言をする時において精神上の障害により事理を弁識する能力を欠く状態になかった旨を遺言書に付記して、これに署名し、印を押さなければならないこととしています（同条２項）。

　意思能力のない者の遺言は無効とされていますが、医師が意思能力の回復について判断し、これを遺言書に付記してその有効性を確認しようとするものです。これによって成年被後見人の遺言であっても、有効なものとして取り扱うことができます。

【関連法規】

・民法３条の２、961条、962条、963条、973条

ワンポイントアドバイス

　無効と判断された遺言書に基づいて預金の払戻し等を行った場合は、これが「取引上の社会通念に照らして受領権者としての外観を有するもの」（民法478条）に該当しない限り、その払戻しは無効とされ、金融機関は二重払いを強いられることになります。

遺贈と対抗要件

　遺言によって当店の被相続人名義の預金債権の遺贈を受けた者から払戻請求を受けていますが、申出に応じてもいいですか。

結　論　指名債権である預金債権が特定遺贈された場合には、遺贈義務者の債務者に対する通知または承諾による対抗要件がなければ、受遺者は債務者に対抗できないとするのが判例の立場であり、遺言で指定され、もしくは別途家庭裁判所によって選任された遺言執行者を相手に、預金の払戻しを行います。

-------------------------●　解　説　●-------------------------

1　遺言による遺贈指定

　遺言者は包括または特定の名義でその財産の全部または一部を処分することができるため（民法964条）、遺言によって遺産の分割の方法を定め、もしくはこれを定めることを第三者に委託し、または相続開始の時から5年を超えない期間を定めて遺産の分割を禁ずることができます（同法908条）。したがって、遺産を相続人以外の第三者に遺贈することを指定することも可能であり、遺贈を受けた者（受遺者）は遺言者の死亡後いつでも遺贈の放棄をすることも可能です（同法986条）。そして、遺贈義務者（遺贈の履行をする義務を負う者）その他利害関係人は、受遺者に対し、相当の期間を定めて、その期間内に遺贈の承認または放棄をすべき旨の催告をすることができ、受遺者がその期間内に遺贈義務者に対してその意思を表示しないときは、遺贈を承認したものとみなされます（同法987条）。

　本問の場合、受遺者から直接銀行に対して遺贈を受けた預金債権の払戻請求がなされていることからして、受遺者は遺贈を承諾したものとして対応する必要があります。

2　預金債権の遺贈の債務者に対する対抗要件具備

ところで、判例は「指名債権である預金債権が特定遺贈された場合には、遺贈義務者の債務者に対する通知または債務者による承諾による対抗要件がなければ、受遺者は債務者に対抗できない」（最判昭49．4．26金法725号42頁）との立場をとっています。本問についてこれを当てはめると、遺言者の預金債権について、遺言者の全相続人（遺贈義務者）から銀行（債務者）に対して譲渡した旨の通知（実務上は相続手続依頼書等に全相続人が署名・捺印のうえ銀行に提出する）を必要とすることとなるため、受遺者から直接預金の払戻請求を受けても銀行はそれに応じることはできません。

しかしながら現実問題として、相続人以外の第三者に預金債権が遺贈されることは相続人にとって不利益な現象であるにもかかわらず、すべての相続人が受遺者のために預金債権譲渡の対抗要件具備に積極的に協力するとは考えられません。このような場合、遺言書で遺言執行者が指定されておればその者に遺言執行者就任を求め、指定されていない場合は受遺者が家庭裁判所に対して遺言執行者の選任の申立てを行います。遺言執行者は遺言の内容を実現するため、相続財産の管理その他遺言の執行に必要ないっさいの行為をする権利義務を有し（民法1012条1項）、遺言執行者がある場合には、遺贈の履行は遺言執行者のみが行うことができるため（同法同条2項）、預金債権譲渡の対抗要件の具備は遺言執行者が行うことができます。また、遺言執行者が相続財産のうち預貯金の払戻しの請求や解約の申入れをすることができますので（同法1014条3項）、銀行は遺言執行者を相手に預金の払戻手続をとればよいこととなります。

【関連法規】

・民法964条、908条、986条、987条、1012条1項・2項、1014条3項

ワンポイントアドバイス

遺贈指定された預金の払戻しについては、預金債権譲渡の対抗要件が具備されている必要があるのが実務処理のポイントです。

Q76 「相続させる遺言」と遺言執行者による執行の余地

遺言執行者から提示された公正証書遺言には、当店の被相続人名義預金債権を、ある相続人に「相続させる」と表示されていますが、遺言執行者に預金を払い戻してもいいですか。

結論 遺言執行者による遺言執行の余地に含まれるか否かにつき下級審での判断が分かれていましたが、民法改正（相続関係）により、遺言執行者の権限が明確化されたため、遺言執行者を相手に払戻しに応じてよいこととなりました。なお、その際には、相続が指定された相続人が遺言者の相続開始時点で生存していることの確認が不可欠です。

------------------------●　解　説　●------------------------

1　「相続させる遺言」の効果

「特定の遺産を特定の相続人に「相続させる」趣旨の遺言があった場合には、特段の事情ない限り何らの行為を要せず当該遺産は被相続人死亡時に直ちに相続により承継される」とするのが判例の立場です（最判平3.4.19金法1290号4頁）。これを受けて、不動産の所有権移転登記手続では、当該不動産を「相続させる遺言」によって取得した相続人による単独申請が受理されています。

2　遺言執行者からの預金払戻請求と遺言執行の余地の有無

ところで、「相続させる遺言」では、あわせて遺言執行者が指定されている場合が多いのですが、遺産のうち預金債権がその対象とされており、遺言執行者から払戻請求がなされた場合、その行為が遺言執行の余地に含まれるかどうかについて下級審では見解の対立がみられました。すなわち、「遺言執行の余地はなく、払戻の相手方は遺言執行者ではなく、遺言書で相続を指

定された相続人とすべき」としたもの（東京高判平15.4.23金法1681号35頁）
と、「遺言執行の余地ありとして遺言執行者に払い戻すべき」としたもの（東
京地判平24.1.25金法1958号108頁）があります。これらの裁判例から、銀行
の実務では保守的な立場をとらざるをえず、預金払戻しの相手方は相続を指
定された相続人本人を原則とし、遺言執行者からの払戻請求については、当
該相続人から払戻手続の委任を受けた代理人との立場（相続手続依頼書には
両名の署名・捺印を求める）をとることが主流でした。

3　民法改正により遺言執行者の権限が明確化

　ところが、令和元年7月1日施行の改正民法（相続関係）では、「相続さ
せる遺言」を「特定財産承継遺言」とし、預貯金が相続の対象とされる場合
には遺言執行者は当該預貯金の払戻請求および預金契約の解約請求ができる
こととされ（民法1014条3項）、この問題に終止符が打たれました。
　その結果、相続手続の実務では、遺言執行者からの預金払戻請求に応じて
よいこととなります。

4　相続人の生存確認

　ところで、遺言執行者を相手に預金の払戻しに応じる場合には、相続が指
定された相続人が遺言者について相続開始時点で生存していることの確認が
必要です。つまり、「相続させる遺言」があったものの、その相続人が遺言
者より先に死亡した場合は遺言書の当該部分は無効であり、代襲相続も認め
られません。相続人の生存確認を怠って遺言執行者に預金を払い戻した金融
機関に過失ありとして預金払戻請求がなされた事件があります（東京高判平
11.5.18金商1068号37頁）。同事件では、弁護士である遺言執行者に預金を払
い戻した行為が「債権の準占有者に対する弁済」（改正民法では「受領権者と
しての外観を有する者に対する弁済」。民法478条）に当たるとして、金融機関
に対する払戻請求は棄却されましたが、類似事件について同じ判断がなされ
る保証はありません。払戻しに際しては、当該相続人に係る住民票等の提出

を求め、その生存を確認することが必要です。この点につき、遺言執行者が弁護士や信託銀行の場合、相続人の生存確認のための資料請求に難色を示すことがありますが、前述の理由により確認を欠くことはできません。

【関連法規】

・民法1014条3項

ワンポイントアドバイス

　「相続させる遺言」に基づいて遺言執行者から預金の払戻請求を受けた場合は、相続が指定された相続人の生存を確認のうえ払戻しに応じます。

| Q77 | 相続開始後の被相続人預金に対する差押え |

相続開始後の被相続人名義預金に対して差押えを受けた場合、差押えの種類や内容によって対応を異にしますか。

結論 相続開始後の被相続人名義預金に対する差押えは通常の差押手続とは異なり、相続に係る事項とあわせて対応する必要があります。

----------●　解　説　●----------

差押えは債権者が債権回収手段として、債務者や保証人の自由財産（担保に提供していない財産）に対して強制執行の手段を講ずるものですが、金融機関預金は換金が容易であることから、差押えの対象とされることが多く、第三債務者（差押対象となる預金債権の債務者）である金融機関は、迅速で正確な手続を求められることとなります。ところで、預金者について相続開始前になされた差押命令に基づき、相続開始後に差押債権者による債権取立てがなされたり、相続開始後に差押命令を受けるケースや、その差押債務者が相続人である場合、さらには滞納処分による差押えの場合など、預金者の相続開始と差押えの種類等により、金融機関のとるべき対応は異なります。以下代表的な事例について解説します。

1　預金者の生前に受けた差押命令の相続開始後の効力

［事例］

　預金者の生前に、当該預金に対して預金者を債務者とする債権差押命令の送達を受け、「弁済する意思あり」との陳述書を提出しましたが、預金者について相続が開始された後に差押債権者から取立請求を受けま

した。

　本事例は、差押えの効力は失われておらず、金融機関は差押債権者からの
取立てに応じなければなりません。差押債務者について、債権者からの取立
てが完了していない状態で破産手続開始、民事再生手続開始等の法的破綻に
至った場合、差押え・仮差押え等による債権取立手続の多くは、手続が中止
したり、その効力を失うとされています（破産法42条ほか）。しかしながら、
個人を債務者とする差押えについては「強制執行は、その開始後に債務者が
死亡した場合においても、続行することができる」（民事執行法41条1項）と
の定めにより引き続きその効力を有しています。したがって、預金者の生前
に有効になされた預金債権に対する差押命令に基づき、預金者の死亡後に差
押債権者によってなされる債権取立てに対しては、金融機関側に預金者に対
する融資債権との相殺等の正当な事由がある場合を除き、取立てに応じなけ
ればならず、当然のことながら、差押えの対象となった預金債権を相続人に
払い戻すことはできません。

　また、預金に対する債権差押命令の適用範囲は、裁判所からの差押命令の
送達を受けた時点で存在する預金残高のみとなるので、その後の預金者の生
存または死亡後の期間中に振込等によって新たに預金となった部分について
は、差押えの効力は及びません。

2　相続開始後の被相続人名義預金に対する差押えへの対応（その1　被相続人を債務者とする裁判所からの債権差押命令）

［事例］

　預金者について相続が開始され、相続人との間で相続手続による払戻
し等が未了の状態の預金に対して、預金者を差押債務者とする債権差押
命令を受けました。

本事例では当該差押えが無効であり、「債務者について相続開始」の旨を陳述します。

裁判所から発せられる、預金を対象とする債権差押命令には、必ず「債権者（差押えをする者）」「債務者（差押えをされる者。預金者）」「第三債務者（預金債務を負担する金融機関）」が表示されており、本事例では債務者がすでに死亡した預金者で、第三債務者が預金取引のある金融機関のケースを想定しています。

債権差押命令の通知書は債務者と第三債務者の双方に送達され、通知書の送達を受けた債務者は、差押えの原因である債務名義の内容等について異議がある場合、裁判所への執行抗告の機会が与えられますが（差押通知の送達を受けてから1週間以内が執行抗告の申立期間とされています）、債務者はすでに死亡しているため、申立ては不可能となります。

また、差押えの原因である債務名義について異議がない場合であっても、それは被相続人の債務として相続開始と同時に相続人に承継されており、かつ相続人が相続放棄した場合は債権者が請求すべき相手方に変動が生じる（請求の相手方は「相続財産管理人」となる）こととなります。

これらの理由により、相続開始後の被相続人を債務者とする差押命令の効力は疑問であり、第三債務者である金融機関は「債務者（預金者）につき相続開始」の旨の陳述書を作成し、裁判所へ送付することとなります。

3 相続開始後の被相続人名義預金に対する差押えへの対応（その2 相続人を債務者とする裁判所からの債権差押命令）

［事例］

預金者について相続開始後に、共同相続人の1人を差押債務者とし、被相続人名義預金のうち当該相続人の相続分に相当するものを差押対象とする債権差押命令を受けました。

裁判所による債権差押命令の内容次第ですが、本事例の内容の場合は差押債権者に対する債権取立てには応じられないこととなります。

　被相続人である預金者を差押債務者とする債権差押命令とは異なり、相続人である債務者には差押命令に対する執行抗告の機会が与えられており、この点については手続上の問題点はみられません。

　一方、差押えの対象となる預金の範囲については、「共同相続に係る預金債権は相続の開始によって各相続人がそれぞれの相続分に応じて分割して承継される（可分債権の法定分割承継）」との立場が永年にわたってとられてきたため、金融機関との間で相続手続が未完了の状況であっても相続分の限度で各相続人に預金払戻請求権が帰属していることとなり、差押債権者はその範囲内で債権取立てが可能でした。ところが、「共同相続された預金債権は遺産分割の対象となる」（最決平28.12.19金法2058号6頁）との判例変更により、被相続人に帰属した預金債権は共同相続人の遺産分割の対象とされたため、従前の対応はとれなくなりました。

　したがって、差押命令を決定する裁判所としても、従前のような差押債務者である相続人に帰属する被相続人名義預金債権の相続分相当額を差押対象とするとの命令は、今後は発することができないものと推定されます。

　残る可能性としては、預金の「持分」を対象とする差押えが考えられ、その場合は共有物たる相続財産の性質上「持分」が観念されることから、差押えは有効と考えられますが、その持分の実現については相続人間の遺産分割協議による必要があり、金融機関自身で持分の資金化（払戻し）はできないことから、そのままの状態では差押債権者による債権取立てには応じられません。

　したがって「持分」を対象とする差押命令の送達を受けた場合は、相続預金全額について「対象債権あり」として陳述し、「取立てには応じられない」と陳述するほかないものと思われます。

　その場合、差押債権者は、その他財産権としての当該準共有持分の譲渡命令や売却命令による換価により、債権回収する手段が考えられ、この場合、

差押債権者は差押命令の申立てと同時に譲渡命令の申立てを行い、執行裁判所は差押債権者の申立てを相当と認めるときは、譲渡価額を定めて譲渡命令を発令し、その効力が生じると請求債権および執行費用がその譲渡価額で弁済されたものとみなされ、差押債権者は譲渡命令の対象となった差押債権等を取得することとなります。差押債権者がこの手続を踏んでくれば、金融機関は差押債権者に対し、差押対象となった預金相当額の支払が可能となります。

4 相続開始後の被相続人名義預金に対する差押えへの対応（その3 被相続人に対する滞納処分差押え）

> ［事例］
> 　預金者について相続が開始され、相続人との間で相続手続が未了の状態で、預金に対して預金者を納税義務者とする滞納処分の差押えを受けました。

　本事例では、差押えを有効なものとして処理します。

　相続開始後に、被相続人に対する滞納処分として被相続人名義預金への差押えがなされた場合の対応は、強制執行による裁判所からの債権差押命令の場合とは異なります。

　国税徴収法では「徴収職員は、被相続人の国税につきその相続人の財産を差し押える場合には、滞納処分の執行に支障がない限り、まず相続財産を差し押えるように努めなければならない」（国税徴収法51条1項）としています。つまり、被相続人が滞納した国税については相続人が各相続分に応じて承継しており、徴収職員は相続人の固有財産に対する差押えも可能ですが、その際には被相続人が残した積極財産に対する差押えを優先すべきとしているのです。

　また「滞納者の死亡後その国税につき滞納者の名義の財産に対してした差

押えは、当該国税につきその財産を有する相続人に対してされたものとみなす。ただし、徴収職員がその死亡を知つていたときは、この限りでない」（同法139条2項）とされています。この前半部分については、被相続人の国税債務を承継した相続人に対する差押えとみなされるとしており、この限りでは差押えは有効です。また、ただし書による後半部分については、徴収職員が債務者の死亡の事実を知っていたか否かについて金融機関の立場では知ることができないので、滞納処分差押えについては差押対象の預金者について相続開始後であっても取立てに応じて問題ありません。

【関連法規】

・破産法42条

・民事執行法41条1項

・国税徴収法51条1項、139条2項

ワンポイントアドバイス

差押えを受けた預金債権は、差押命令の送達を受けた瞬間から預金者のものではなくなることから、差押手続は時間との勝負の面があります。そして正確と迅速さが求められるため、他の業務は差し置いて、最優先で処理する必要があり「正確、迅速、最優先」が差押手続でのキャッチフレーズです。

再転相続と数次相続

　祖父と父が相次いで死亡し、相続手続が未了の事案について、その子から相談を受けました。祖父と父の死亡時期の前後や、その間隔によって、手続は異なりますか。

結論　二次相続と再転相続の場合が想定され、特に再転相続については特殊なケースとして、実務対応に注意する必要があります。

━━━━━━━━━━━━━━━━━━━━●　解　説　●━━━━━━━━━━━━━━━━━━━━

1　相続人の範囲と順位

　民法では相続人の範囲と順序が定められており、祖父（以下、「甲」という）が父（以下、「乙」という）よりも先に死亡した場合は、乙が甲の直系卑属として第1順位の相続人となり、乙が先に死亡した場合はその子（以下、「丙」という）が同じく乙の直系卑属として第1順位の相続人となり、甲には相続権はありません。

2　熟慮期間

　また、相続人は自己のために相続の開始があったことを知った時から3カ月以内に、相続について単純もしくは限定の承認または放棄をしなければならないとされており（民法915条1項）、この3カ月の期間を「熟慮期間」と称しています。そして、熟慮期間を経過するまで限定承認または放棄をしなかった場合や、熟慮期間内に相続財産の全部または一部を処分した場合は、いずれも単純承認したものとみなされます（同法921条1項1号・2号）。

3　二次相続と再転相続

　本問では、甲が先に死亡し、乙が熟慮期間内に甲の財産の一部でも処分し

た場合や、熟慮期間が経過するまで承認または放棄について特段の意思表示をしなかった場合は、乙は甲の相続について単純承認したものとみなされ、甲の財産のうち未処分のものを含め丙は二次相続人として乙の相続について承認または放棄の選択をすることとなります。所有権移転登記がなされないまま永年にわたって放置されていた不動産が収用の対象となったことなどをきっかけにして、相続人を調べたところ、相続人の数が「ネズミ算式」に膨大な数にのぼることがありますが、これは数次相続の一例です。

　一方、甲が先に死亡し、乙が熟慮期間内に甲の相続についての承認または放棄の意思表示なく死亡した場合は、丙は再転相続人として甲・乙双方の相続について以下のような選択をすることとなります。

[丙による甲・乙の相続の選択]

ケース	甲の相続分	乙の相続分	可能・不可能
①	放棄	放棄	可能
②	放棄	承認	可能
③	承認	放棄	不可能
④	承認	承認	可能

　上記のケース③は、乙の相続分を放棄しているため、丙は甲の相続分について承認・放棄の選択をする余地はありません。

4　再転相続の熟慮期間

　ところで、再転相続に係る熟慮期間はどのようになるのでしょうか。たとえば甲の死亡後2カ月で乙が死亡した場合、丙は乙の死亡後3カ月以内であれば甲の相続についても熟慮期間と解釈され、甲の死亡後3カ月以内ではありません（民法916条）。

　ところが、丙が甲の再転相続人となったことを知らずに乙の死亡後3カ月を経過した場合どうなるのでしょうか。上記の解釈をそのまま適用し、甲が大幅な債務超過であった場合、丙は相続により自己の固有財産等を投入して

甲の債務超過を解消せねばならないこととなり不合理です。相続が「祖父→父→子」の関係であれば、祖父の相続に関する情報はある程度子が把握することも可能であり、その結果、子が祖父の再転相続人となったことを知る可能性が高いですが、父がその兄弟（子にとっては叔（伯）父・叔（伯）母）の相続人である場合は、子は叔（伯）父・叔（伯）母の相続について疎いと思われ、認識しないうちに再転相続人としての義務を負う事態もありえます。

　この問題について判例は「民法916条にいう「その者の相続人が自己のために相続の開始があったことを知った時」とは、相続の承認または放棄をしないで死亡した者の相続人が、当該死亡した者からの相続により、当該死亡した者が承認または放棄をしなかった相続における相続人としての地位を、自己が承継した事実を知った時をいう」（最判令元.8.9民集73巻3号293頁）との立場をとりました。つまり、自己が再転相続人であることを知った時が熟慮期間の起算点となるのです。

【関連法規】

・民法915条1項、921条1項1号・2号、916条

--- ワンポイントアドバイス ---

　金融機関が再転相続の実務に出くわす機会は少ないと思われますが、それだけに再転相続に関する正しい知識を身につけて実務対応する必要があります。

　永年日本に居住しているが、外国籍の取引先について相続が開始しました。その相続人と称する者から被相続人の預金について払戻請求を受けていますが、どう対応すればいいですか。

結論　相続は被相続人の本国法によるのが大原則であり、その解明、相続人の範囲や相続分等については当該国の在日領事館等の協力を得て手続方法を解明すべきです。また、債務者が外国籍者の場合、日本で設定を受けた担保権の行使は民事執行法に基づいて行えますが、被相続人の一般財産を優先的に債権回収の対象とすることは困難視されます。

------------------------●　解　説　●------------------------

1　相続に適用される法律

　日本国籍の取引先についての相続手続は、民法と判例の立場で処理することとなりますが、外国籍の取引先については、たとえ死亡時に日本に居住しており、預金口座が日本にあったとしても、同様の扱いはできません。法の適用に関する通則法36条では「相続は、被相続人の本国法による」とされ、また同法37条では「遺言の成立及び効力は、その成立の当時における遺言者の本国法による」とされています。これらの定めによれば、被相続人が国籍をもつ国の相続に係る法律の定めにより相続手続を行わねばならず、遺言書が残されていた場合も、その取扱いは同様となります。

　さらに同法41条では、「当事者の本国法によるべき場合において、その国の法に従えば日本法によるべきときは、日本法による」との定めがあり、ごく例外的に日本法による手続をとることが可能なことがあります（中国の相続法には、この定めがあるようです）。

2 英米法系と大陸法系

主要国の相続に係る法律は大別して以下の2つに区分されます。

⑴ 英米法系の国

相続財産が相続人に直接帰属するのではなく、遺言や裁判所で選任された人格代表者（遺産管理人や遺言執行者）にいったん帰属し、同人によって管理清算された後に積極財産がある場合に限って相続人に分配されます。したがって、米国人や英国人を被相続人とする預金について、管理清算前に相続人と称する者から払戻請求を受けても、直接に払い戻すことはできないこととなります。

⑵ 大陸法系の国

相続は包括承継主義をとり、被相続人の残した積極財産・消極財産ともに相続人が承継することとなります。わが国の相続に係る民法も、この立場をとっています。

いずれの場合も、具体的に当該国の相続に関する法律の内容を解明するのは容易ではなく、それが解明されたとしても、具体的に相続人の範囲や相続分を特定することはさらに困難視されます。

3 実務対応

実務上は、被相続人の預金払戻請求を求める相続人と称する方から在日領事館へ照会し、その取扱方法（相続人の範囲とその順位、戸籍謄本に類する制度の存在の有無）の確認と、「死亡証明書」「相続に関する証明書」等の関係書類の提出を受け、来店者の本人確認のうえ払戻しに応じるべきです。

また、比較的在日者数の多い韓国、台湾や、日本と国交のない北朝鮮については、在日領事館にかわり、民間団体がこの種のサービスを行っているようです。その際には、「この処理について後日紛議が生じた場合は私共において解決し、貴行にはご迷惑をおかけしない」旨の損害担保文言記載の念書を受け入れ、同念書について確実な保証人を受け入れるだけの慎重さが必要と思われます。

これらの手続がとれない場合は、「債権者不確知」を理由に、預金は法務局に弁済供託せざるをえません。法務局での弁済供託手続は、供託事由によって制約が設けられているようですが、本問のような場合は供託を受け付けてもらえるようです。

4　相続人中に外国籍者が含まれる場合

一方、被相続人が日本国籍者で、相続人中に外国籍者が存在する場合は、当該相続人についても日本の民法に従って処理します。

5　融資先の外国籍者の相続

次に、融資先の外国人につき相続が開始された場合の債権回収方法はどうすべきでしょうか。

日本に居住する外国人向けの融資は、住宅取得資金融資等の比較的長期間にわたり弁済を受ける契約が主体となります。しかしながら、個人向け融資については債務者の死亡による相続手続や行方不明時の対応を常に念頭に置く必要があり、この点は法人向け融資と大きく異なります。

> (注)　法人向け融資の場合は、法人が法的に破綻すれば、法の定めによる清算手続により移行し、相続に伴う債務承継問題は生じません。これは個人向け融資の債務者が法的に破綻した場合も同様です。

外国人について相続が開始された場合、「相続は、被相続人の本国法による」と定められており、日本において発生した相続であっても被相続人の国籍（米国人の場合は所属する州）の相続に関する法律の定めによらねばならないことは前述のとおりであり、また英米法系の相続では清算主義によることからして、債務者の一般財産を優先的に債務弁済に充当することは困難視され、それらの解明は外部専門家のサポートを得ることが不可欠です。

外国人向け融資に際し、日本にある不動産を対象とする担保権の設定登記を受けている場合は、債務者の国籍にかかわらず日本の民事執行法による手続をとることになります。したがって、外国人債務者の死亡や行方不明によ

り弁済の延滞が発生した場合は、担保権を行使して競売手続を実施することによる債権回収が可能です。しかし、競売によるよりも一般的に処分価格が高いとされる任意売却による債権回収は不可能です。

　外国人向け融資の連帯保証人として日本人と保証契約を締結している場合は、債務者の死亡や行方不明にかかわらず保証債務履行請求が可能です。よって、外国人に対する融資については、日本所在の不動産について担保権の設定登記を受けたり、日本人で信用確実な者の連帯保証を得ることで保全を図ることの必要度が高いといえます。

【関連法規】

・法の適用に関する通則法36条、37条、41条

ワンポイントアドバイス

　外国籍者の相続手続について、金融機関自身で解明することはまず不可能ですので、当該国の在日領事館等の協力を得て手続することがポイントとなります。

Q80 債務引受契約

債務者について相続が開始されると、当該債務について相続人との間で「債務引受契約」を締結する必要がありますが、民法改正（債権関係）によって、この問題はどのような影響を受け、実務ではどう対応すべきですか。

結論 民法改正により、債務引受契約の手段の選択肢が広がったほか、従前は判例の立場であったり、事実上行ったりしていた取扱いが明文化されました。実務対応では、法改正による変更点の影響を十分に考慮する必要があります。

----------●　解　説　●----------

1　借入債務の法定分割承継と債務引受契約

融資契約の債務者が死亡すると、相続開始時点で存在する借入債務は指名債権の分割承継の原則に基づき、各相続人が自己の相続分割合に相当する金額の借入債務を承継し、相続人間では連帯しないとの、いわゆる「法定分割承継」がなされた状態となります（大決昭5.12.4民集9巻12号1118頁、最判昭34.6.19民集13巻6号757頁）。この場合、相続人の数が多数であると、融資契約もその数に分割されることから、金融機関の立場からすると事後の債権管理が煩雑となるため、信用力のある特定の相続人が借入債務の全額を承継し、この者から弁済を受けることを希望します。また、相続人側についても、ほとんどの相続人が借入債務の法定分割承継の原則を正確には理解しておらず、当然に特定の相続人が債務全額を承継するものとの認識です。

そのため、金融機関と相続人双方の利害が一致した場合、被相続人の借入債務について相続人との間で債務引受契約を締結するのが一般的です。

債務引受契約には、特定の相続人が債務全額を承継して他の相続人は債務

弁済を免除される「免責的債務引受契約」と、各相続人が債務を法定分割承継した状態を維持しつつ、特定の相続人が他の相続人の債務もあわせて引き受ける「併存的債務引受契約」の2種類が使われますが、それぞれに長所・短所があるため、どちらの契約にするのかは金融機関と相続人の協議によります。

2 免責的債務引受契約の変更点

免責的債務引受契約の締結に際しては、改正前民法では「利害関係を有しない第三者は、債務者の意思に反して弁済をすることができない」（改正前民法474条2項）ことから、債務免除される相続人全員の契約参加により「意思に反しない弁済」であるとの状態をつくることが必要であったため、相続人中に行方不明者がいたり、海外居住者ですぐには契約に参加できないなどの事情がある場合は、それぞれ別途の手立てを必要としました。令和2年4月1日施行の改正後民法（債権関係）では、債務引受人と債権者の二者間で契約し、債務免除される債務者には債権者から通知をすることで契約は有効とされる（改正後民法472条2項）と変更されたため、免責的債務引受契約の締結がしやすくなりました。

ただし、債務免除される相続人の契約参加を求めないケースでは注意すべき事項があります。まず当然のことながら債権者からの通知が債務免除を受ける相続人に対して確実に送達されることが必要であり、債権者の過失が原因で送達されないと、契約そのものが無効とされます。また、銀行取引約定書その他の契約書には「みなし送達規定」が置かれていますが、従前取引関係にない相続人に同規定を適用することはできません。さらに、行方不明の相続人については通知を公示送達による必要があり、相続人が事実上の制限行為能力者である場合には送達の効力に疑問が生ずるため、成年後見制度の利用を必要とします。

現実に多いケースとして、相続人間の遺産分割協議のしこりが原因で「新たな契約に署名するのはいっさい嫌だ」と契約参加を拒む相続人があり、契

約参加拒否の理由が不明なことがあります。このような場合こそ、通知方式ですませればよいとの見解もありえますが、改正後民法でも前述の債務者の意思に反する第三者弁済禁止の条項（改正前民法474条）は生きており、「ただし、債務者の意思に反することを債権者が知らなかったときは、この限りでない」（改正後民法474条2項）とされているため、相続人が契約参加を拒否する理由が不明である点に不安が残ります。したがって、このような場合は、債権者から相続人に対し「契約参加しない場合は、法定分割承継によって負担している債務弁済を請求しますよ」との通知を行い、契約参加に理解を求める必要があります。

3　併存的債務引受契約の変更点

次に併存的債務引受契約では、債権者と債務引受人との契約が可能である点につき、従前は事実上対応していたものが明文化され（改正後民法470条2項）、従前は判例の立場であった、債務引受人と債務者の間は連帯債務の関係とされるという規律が明文化されました（同条1項）。

さらに、連帯債務者間の時効の絶対効の規定（改正前民法439条）が廃止され相対効とされたことから、行方不明者の債務者について併存的債務引受契約を締結し、債務引受人のみから弁済受領することとしても、将来弁済不履行状態となれば債務引受人についてのみ時効の管理を行い、確実に時効の更新手続をとれば、行方不明者についての時効の完成は債務引受人に対する請求権に影響を及ぼさないことから、消滅時効の管理負担が軽減されることとなりました。

このように、債務者の相続開始によって必ずといっていいほど発生する債務引受契約の内容が民法改正によって大きく変更された点をよく理解して実務対応する必要があります。

【関連法規】

・改正前民法474条2項、439条

・改正後民法472条2項、474条2項、470条1項・2項

　改正民法（債権関係）は令和2年4月1日に施行されましたが、同日より前に締結された債務の引受けに関する契約は従前の例により、施行日後に締結されたものは改正法によります。

Q81 行方不明の相続人

複数名の相続人による共同相続事案で、相続人の1人が行方不明との申出を受けましたが、金融機関取引の相続手続はどう対応すべきですか。

結論 行方不明の相続人も相続に係る権利・義務を有しているため、原則として当該者を無視した相続手続はとれません。

----------● 解 説 ●----------

1 行方不明者無視の相続手続はできない

行方不明者を含む共同相続事案では、相続手続に注意すべき点が多数あります。行方不明であっても相続権を有するからには、当該者は被相続人の預金債権について準共有の立場にあり、借入債務については法定分割承継された結果、相続分割合に相当する債務を負担しており、いずれについても当該者の存在を無視することはできません。

2 失踪宣告の取得、不在者の財産管理人の選任

行方不明問題を法的に解消する方法として、失踪宣告の制度があります。不在者の生死が7年間明らかでないときは、家庭裁判所は利害関係者の請求により失踪の宣告をすることができます（民法30条1項）。また、戦地に臨んだ者、沈没した船舶のなかにあった者その他死亡の原因となるべき危機に遭遇した者の生死が、それぞれ戦争がやんだ後、船舶が沈没した後またはその他の危機が去った後1年間明らかでないときも同様とされます（同条2項）。

家庭裁判所によって失踪宣告がなされると、当該者の戸籍には「死亡したとみなされる時期」との表示がされますので、その日と被相続人について相続が開始された日との前後関係によって相続人を特定する必要があります。

すなわち、死亡したとみなされる時期が被相続人の死亡日よりも前の場合は、当該者に直系卑属が存在すれば、その直系卑属が代襲相続人となり、後の場合は二次相続として当該者の配偶者を含む相続人に相続権が移ります。

　次に、行方不明者のために不在者の財産管理人を家庭裁判所によって選任してもらい（民法25条）、当該行方不明者にかわって相続手続を行ってもらう方法があります。ただし不在者の財産管理人の権限は、不在者の財産についての保存行為と、代理の目的である物または権利の性質を変えない範囲内において、その利用または改良を目的とする行為に限られるため（民法103条）、遺産分割その他の相続手続については家庭裁判所の許可を得る必要があります（民法28条）。

3　真に行方不明ではないケース

　また、現実に相続人が行方不明との申出を受けた場合に、真に行方不明でない場合があります。そのような申出を受ける背景には、親族と相続手続で連絡をとりたくない関係にあるため（異父母兄弟など）、あえて「永年にわたり音信不通」と称することがあります。このようなケースでは、前述の「失踪宣告の取得」や「不在者の財産管理人の選任」等の手続を依頼すると、日を置かずに行方不明とされていた相続人が登場するのが通例です。また、戸籍の附表を入手すれば、そこには住民票の変遷が表示されており、現住所を把握できる可能性が高いため、行方不明者について戸籍の附表の入手を勧めてみるのも有効です。

4　失踪宣告等の手続を踏まない相続手続

　以上の手続を踏まない場合や、失踪宣告の取得が可能な行方不明の期間である7年間に満たない場合、相続手続をとる方法はあるでしょうか。

　まず、預金の相続手続については、かつては可分債権である預金債権は相続開始によって法定分割承継されるというのが判例の立場であったため、行方不明者の相続分相当額を留保したうえで残額をその他の相続人に払い戻す

手段が多くとられていました。しかしながら、「共同相続された預金債権は遺産分割の対象となる」（最決平28.12.19金法2058号6頁）旨の判例変更がなされたことにより、この手段はとれなくなりました。そして、判例変更される前に行方不明者の相続分を留保していた預金債権について、当該行方不明者からの払戻請求を受けた場合は、留保分を含め、あらためてすべての相続人間で遺産分割協議をしてもらう必要があります。

　次に融資取引ある債務者について相続が開始された場合は、行方不明の相続人も法定分割承継によって借入債務の一部を承継しているため、相続開始後の弁済受領等の問題を解決する必要があります。「Q80債務引受契約」で解説したとおり、免責的債務引受契約は債権者である金融機関と債務引受人の二者間で契約し、債務免除を受ける相続人には債権者から通知すれば契約は有効とされることから、行方不明者については通知を公示送達によって行うことができます。

　この方法によって貸金債権の全額について特定の相続人から弁済を受けるとの目的を達成することはできますが、融資取引について被相続人から根抵当権の設定登記を受けていた場合は、免責的債務引受契約のほかに「指定債務者の合意の登記」を行うのが通例です。この登記は根抵当権の債務者について相続開始後6カ月以内に行う必要があり、登記は根抵当権者と根抵当権設定者が共同で行う必要があります（民法398条の8）。ところが、根抵当権の対象とされる不動産の共有者である行方不明者は登記手続に参加できませんので、遊休不動産の有効活用と相続開始後の相続税軽減を目的として「アパ・マンローン」を取り組む際に、推定相続人中に行方不明者が含まれている場合は、あらかじめ失踪宣告の取得手続をとるか、または根抵当権設定対象の不動産について特定の相続人に相続させるための「相続させる遺言」を用意する等の準備をするのが望ましいといえます。

　さらに、連帯債務者間の時効の絶対効の規定（改正前民法439条）が廃止され相対効とされたことから、行方不明者の債務者について併存的債務引受契約を締結し、債務引受人のみから弁済受領することとしても、将来弁済不履

行状態となれば債務引受人についてのみ時効の管理を行い、確実に時効の更新手続をとれば、行方不明者についての時効の完成は債務引受人に対する請求権に影響を及ぼさないことから、消滅時効の管理負担が軽減されることとなりました。

【関連法規】

・民法30条1項・2項、25条、103条、28条、398条の8、470条2項

ワンポイントアドバイス

　行方不明との申出を受ける相続人が真に行方不明ではないケースが現実には意外と多いため、当該者の戸籍の附表の入手を依頼すれば、ほとんどのケースで問題は解決します。

高齢者取引推進策

Q82 保険商品を活用した相続対策

保険商品を活用した相続対策にはどのようなものがありますか。

結論 相続税非課税枠の利用、相続開始後、直ちに保険金が支払われ、かつ保険金は遺産分割協議の対象外といった特徴をもつ生命保険商品を活用した相続対策が可能です。

● 解 説 ●

1 高齢者が保有する金融資産

高齢者は総じて金融資産を多く保有していることが、日常の取引で感じられますが、統計はその事実を如実に表しています。総務省の統計による1つ目の表は、60歳以上の世帯の平均貯蓄残高が2,000万円台である一方で、59歳以下の世帯はその金額に満たず、特に49歳以下の世帯では貯蓄残高を上回る多額の負債を抱えており、貯蓄残高から負債残高を差し引いた純貯蓄残高では、圧倒的に高齢者世帯の保有額が大きいことを示しています。

[世帯主の年齢階層別貯蓄・負債現在高、負債保有世帯の割合（2人以上世帯）]

年齢階層	貯蓄残高	負債残高	負債保有世帯割合
40歳未満	691万円	1,341万円	61.9%
40～49歳	1,076万円	1,124万円	66.2%
50～59歳	1,704万円	652万円	55.3%
60～69歳	2,330万円	250万円	26.9%
70歳以上	2,253万円	70万円	11.9%
平　均	1,755万円	570万円	39.3%

（出所）　総務省「家計調査報告書（貯蓄・負債編）」（2019年）

また、貯蓄残高の内訳は2つ目の表のとおりであり、圧倒的に預貯金の占める割合が高いことを示しています。

[貯蓄残高の内訳]

預貯金	生命保険等	有価証券	その他	合　計
1,138万円	345万円	234万円	39万円	1,755万円
(64.8％)	(19.7％)	(13.3％)	(2.2％)	(100％)

（出所）　総務省「家計調査報告書（貯蓄・負債編）」(2019年)

2　相続開始後の問題点

　以上の統計から導き出される高齢者マーケットの現状は、金融機関にとってきわめて重要な意味をもっているといえます。特に高齢者に近い将来発生するであろう相続による相続人への資産承継を展望した場合、預貯金比率が高いことには以下の問題点が存在します。

①　相続財産の預貯金債権は、全相続人による準共有となるため、払戻しには遺産分割協議の成立または遺言による指定が必要となります。しかし、遺産分割協議は相続人間で難航することが多く、その成立には相続開始後相当の期間を必要とするのが通例です。

②　しかしながら、相続開始直後から葬儀費用の支払や相続人の生活費等の資金需要が発生し、遺産である預貯金をそれらに充当したいとの高いニーズがあります。かつて判例において、預貯金債権は可分債権として、相続開始により各相続人がそれぞれの相続分割合に応じて分割して承継するという、「法定分割承継」の立場がとられていた時代には、ある程度こうしたニーズに応えることができましたが、その後に出された「相続財産のうち預貯金債権は遺産分割の対象とする」との最高裁決定（最決平28.12.19金法2058号6頁）により、法定分割承継を前提とする払戻しはできなくなりました。ただし、相続開始時の預貯金残高の3分の1に、払戻請求者の相続分を乗じた金額で、かつ1金融機関当り150万円を限度とする仮払制

度が利用可能です（民法909条の2）。

③　相続税の課税対象となる遺産のうち、自宅不動産は時価評価よりもかなり低い課税評価額とされる軽減措置が設けられていますが、預貯金は額面金額が課税価格とされます。

3　生命保険の活用

これらの問題点の解消策として保険商品の活用が考えられます。

生命保険契約には、必ず保険契約者（保険料の負担者）、被保険者（死亡等の保険事故対象者）、保険金受取人の三者が当事者となりますが、この三者の関係によって3つ目の表のとおり保険金の課税関係が異なります。

[死亡保険金・満期保険金等に対する課税関係]

パターン	保険契約者	被保険者	保険金受取人	課税関係
①	甲	甲	乙	相続税
②	乙	甲	乙	一時所得
③	丙	甲	乙	贈与税

これらのうち、相続税対策として利用されるのはパターン①の形態で、保険契約者と被保険者を高齢者とし、保険金受取人を高齢者の推定相続人とするものです。それは、死亡保険金の受取人が相続人である場合、「500万円×法定相続人数」で計算される非課税枠を活用することができることによります（相続税法12条1項5号）。なお、この非課税枠の計算の対象とされる法定相続人数には相続を放棄した者も含まれ、養子については被相続人実子がいる場合は1人、実子がいない場合は2人までとされています。

この対策により、預貯金が相続財産とされる場合と比較すると、非課税の対象が拡大することとなります。

4　保険金は遺産分割協議の対象外

また、死亡保険金は相続開始後すみやかに保険金受取人に支払われ、相続

人間での遺産分割協議の対象外とされるので、相続開始直後の急な資金需要にも柔軟に対応することが可能です。

5 保険窓販業務の留意事項

このように、保有金融資産が高額で、預貯金の比率が高い高齢者を対象に、生命保険を相続対策として販売することは金融機関にとって魅力あるビジネスといえます。金融機関による保険の窓販業務は平成19年12月に全面解禁され、すべての保険商品が取扱対象となりましたが、預金取引と異なり、保険業法に定められた規制を遵守する必要があります。具体的には、登録を受けた生命保険募集人や保険仲立人が勧誘し、販売にあたっては適合性の原則にのっとった適正な募集や弊害防止措置の遵守に留意しなければなりません。

【関連法規】
・民法909条の 2
・相続税法12条 1 項 5 号

ワンポイントアドバイス

相続税の非課税措置には、基礎控除（3,000万円＋600万円×法定相続人数）のほか、被相続人の配偶者に対する非課税措置（1 億6,000万円または配偶者の法定相続分相当額のいずれか多い金額）もあるため、生命保険金の非課税枠利用の際には配偶者を含め保険金受取人をだれにするのかについて、個別の事情に即した検討が必要です。

　高齢者の推定相続人から、高齢者が保有する遊休地の有効活用と相続税負担軽減を目的に、賃貸住宅の建設を予定しており、その建設資金を融資してほしいとの申出を受けていますが、どう対応すべきですか。

結論　低迷する借入需要期には貴重な融資案件ですが、事業性融資の基本である事業採算の検討を冷静に行う必要があります。

------------------------- ● 　解　説　 ● -------------------------

1　相続税軽減目的の融資

　平成27年1月に施行された相続税制改正により相続税負担が増加したことを契機に、高齢の資産家が保有する遊休土地に賃貸マンションやアパートを建設し、その建設資金を金融機関からの借入れ（いわゆる「アパ・マンローン」）でまかなうことで、遊休不動産の有効活用とともに相続開始時の相続税負担軽減を目指す動きが多くみられます。

　これは、賃貸収入を得ることで遊休不動産の有効活用を図り、かつ土地と建物の相続税評価額を下げることを目的としたもので、賃貸不動産の相続税評価額は表のとおりとなります。

［貸家建付地および貸宅地の相続税評価額］

貸家建付地の相続税評価額	自用地とした場合の価額－自用地とした場合の価額×借地権割合×借家権割合×賃貸割合
貸家の相続税評価額	固定資産税評価額－借家権の評価額×賃貸割合
借地権割合（30～90％）と借家権割合（原則として30％）は地域によって異なる	

加えて、建物建設資金を金融機関から借入調達すると、相続開始時に存在する借入残高相当額が相続対象の積極財産の評価額から控除されることで、遊休不動産の状態で相続開始した場合と比較すると、かなりの相続税負担軽減が期待されることとなります。

　金融機関にとっても、低迷している借入需要のなかでこの種の融資は貴重な存在であり、条件面で多少無理があっても採択する傾向にあります。

2　事業採算の冷静な検討

　そこで、この種の融資についての基本的な検討事項を述べることとします。

　わが国は世界に冠たる長寿国であり、長期的な人口減少と高齢化の進展が確実視されている一方で、持家世帯数が増加していることから、相続開始等をきっかけに住む者がいない住宅が増加し、「空き家問題」が社会問題化しています。すでに地方ではこの問題が顕在化しており、いずれ大都市圏においても同様の事態が到来するであろうことが推測されます。したがって、人口増加・高度成長の時代のような旺盛な住宅需要の時代とは異なり、賃貸住宅事業の将来は明るいものとはいえません。そのため、新規に賃貸住宅を建設するのであれば、その採算性についてよく検討する必要があります。基本的な検討事項としては、賃貸住宅建設予定地の人口増加の動向、人口構成内容（若年層が多いか、高齢社会ではないか等）、最寄りの交通機関をはじめとする生活環境の利便性、競合する賃貸住宅の有無等があげられますが、これらの要因を考慮のうえ、事業採算性に問題がないかどうかを検討することが必要です。

3　ハウスメーカーの家賃保証を盲信しない

　最近の傾向として、賃貸住宅を建設して提供するハウスメーカーがサブリース契約によって家賃保証するケースが多くみられますが、一般的なサブリース契約の家賃保証期間とアパ・マンローンの返済期間を比較すると、圧

倒的に前者が短期間のため、家賃保証期間満了後に家賃収入が減少し、借入返済原資が不足する事態も想定されます。さらに、賃貸住宅では一定期間経過後に必ず発生する家屋修繕費用等の確保が予定されていない欠陥プランもみられます。令和2年6月12日付で成立した「賃貸住宅の管理業務等の適正化に関する法律」では、賃貸住宅のサブリース事業のために賃貸住宅のオーナーから賃貸住宅を借り上げるためのマスターリース契約の適正化に係る措置と、賃貸住宅管理業に係る登録制度が設けられ、その一部は令和2年12月15日から施行されていますので、これらの法定要件の具備についても確認すべきです。

高齢者向けのアパ・マンローンについては、推定相続人が強く希望する相続税軽減効果に目を奪われて、事業性融資案件として最も重視すべき事業採算性を無視したり、ハウスメーカーによるかなり無理な事業提案を盲信したりすることのないよう、冷静な検討が求められます。

4　連帯保証契約に伴う手続

また、アパ・マンローンでは、当初から債務者の生存中に融資が完済されることを予定しておらず、近い将来債務者について相続が開始されることを前提とした融資のため、相続開始後の円滑な債務承継が必要です。このため推定相続人との間で連帯保証契約を締結するケースが多いのですが、保証人予定者が賃貸住宅事業に現に従事している債務者の配偶者である場合を除き、保証契約締結前1カ月以内に公証人が作成する保証意思宣明公正証書による保証人の保証意思の確認（民法465条の6）、保証契約締結に係る情報提供義務（同法465条の10、458条の2、458条の3）の履行が必要となります。

【関連法規】
・民法465条の6、465条の10、458条の2、458条の3
・賃貸住宅の管理業務等の適正化に関する法律

────────── ワンポイントアドバイス ──────────

高齢者を対象とする事業資金融資では、高齢者取引の基本である債務

者となる予定である者の意思判断能力の確認に加え、当該事業の長期的な採算性を確認することが、融資が不良債権化しないポイントです。

Q84 介護施設入居者とのマス取引

介護施設建設資金の借入需要に対して多くの金融機関が融資を提案しており、融資契約の獲得は容易ではありません。獲得の決め手となる入居者とのマス取引とはどのような内容ですか。

結論　激化する融資獲得競争下で、取引採算が確保できる内容での融資案件の発掘は容易ではありませんが、入居一時金（預託金）返還請求権の保全措置に金融機関保証を活用することと、介護費用支払手段として入居者の預金マス取引を活用することにより、好採算の取引を実現することができます。特に前者はすべての介護施設にとって保全措置を講じることが法的義務とされましたので、セールス対象先が拡大しています。

━━━━━━━━━━━━━━━━━━● 解　説 ●━━━━━━━━━━━━━━━━━━

1　増加する民間経営の高齢者介護施設

高齢者向けの介護施設には、公的な介護保険施設として特別養護老人ホーム、介護老人保健施設、介護療養型医療施設等があり、これらの施設には要介護レベルが比較的高い対象者が低い費用負担で入居することができます。しかしながら、全国に存在する数百万人にのぼる要支援・要介護認定者の入居ニーズにはとうてい応えることができず、多数の入居希望待機者が存在します。

入居待機者の受け皿となっているのが民間経営の介護施設であり、介護付有料老人ホーム、サービス付高齢者住宅、住宅型有料老人ホームなどさまざまな形態のものがあります。そして、入居者の需要が高いことから全国で多数の施設が建設されており、この傾向はしばらく続くものと予想されます。

2 介護施設への融資とパッケージ商品の提案

新しい民間の介護施設を開業するには、建物・設備の建設費用として多額の資金を必要とし、そこには借入需要が発生しますが、ただでさえ借入資金需要が低迷している環境下で多数の金融機関が資金の貸手として登場し、激しい融資獲得競争が展開されるため、融資契約の獲得は容易ではありません。

そこで、介護施設の経営者と金融機関の双方に利益をもたらし、他の金融機関とは一味違ったメニューを提供することによって融資獲得を実現する営業を行うべきです。そのメニューの概要は以下のとおりです。

(1) 入居一時金の返還保全措置として金融機関保証を利用

民間経営の高齢者介護施設では、入居一時金として入居時にまとまった金額の預託を受けます。この預託金は家賃の前払いの性質をもっており、入居後5〜7年程度で分割償却しますが、入居後の死亡や退去時に存在する未償却部分は退去者またはその相続人に返還すべき義務があります。老人福祉法では、この預託金の返還について保全措置をとることが義務づけられており（老人福祉法29条9項）、その手段は、銀行等の金融機関、保険事業者、信託会社、その他都道府県知事が認めるもの（公益社団法人全国有料老人ホーム協会等）のいずれかによる保証とされています（老人福祉法施行規則20条の10）。現実に多く利用されているのは公益法人や保険事業者による保証のようですが、いずれも介護施設の保証料負担が大きいとされています。

そこで、金融機関が入居者に対して施設の預託金返還債務の連帯保証を提供する（個々の入居者に保証書を発行する）ことによって保全措置を講じることが考えられます。金融機関は介護施設に対して支払承諾勘定を立てることになりますが、介護施設が負担する保証料は圧倒的に低額となります。金融機関は支払承諾の保全措置として、預託金を原資とする定期預金を介護施設から担保として受け入れ（第三者対抗要件として担保差入証への確定日付受入れが必要）、償却が進んだ分を順次担保開放することによって、事実上リスク負担なしでの取引が可能となり、保証料収入と担保定期預金の受入れによ

り、トータルとしての介護施設との取引採算の向上が期待されます。

　なお、老人福祉法に基づく預託金の保全措置については、法制定後新規に開業する施設以外の既存の介護施設では単なる努力義務とする経過措置期間が設けられていましたが、令和3年4月1日からはすべての介護施設について義務化されました。

⑵　入居者の介護費用支払手段としての預金取引

　入居者の介護費用支払モデルとして以下の手続がとられることがあります。

・入居時に特定の金融機関に入居者名義普通預金口座を開設
・同預金口座を年金振込口座に指定
・預金通帳、届出印を施設で預かり保管
・毎月の入居費用支払時に施設職員によって必要額の払戻手続をとる

　このモデルを採用している取引店では、毎月の特定日に多数の入居者名義預金通帳と払戻請求書が持ち込まれ、多額の現金払戻し等の取引がなされる結果、当日の店頭業務はかなり多忙となります。

　また、このモデルには以下の問題点が内包されています。

・預金者による施設職員への預金払戻手続委嘱の確認なし。
・施設入居後に意思能力が低下した預金者からは、預金払戻手続委嘱の確認手段なし。
・施設職員による払戻金横領が生じると、預金払戻行為は無効とされるリスクあり（金融機関は、預金払戻しの相手方が預金者本人でないことを認識しているため「受領者としての外観を有する者に対する弁済」（民法478条）では救済されない可能性がある）。その結果、金融機関に損害が発生し、レピュテーショナルリスクも大となる。

　この問題は、施設入居時の預金口座開設時に以下の「四者契約」を締結することによって解消されます。

$$\text{四者契約の当事者}\begin{cases}\text{1．預金者（施設入居者）}\\\text{2．預金者の親族（施設入居時の身元引受人等）}\\\text{3．介護施設}\\\text{4．金融機関}\end{cases}$$

［四者契約の概要］

・金融機関で開設した預金口座からの入居後の恒常的費用支払は口座振替により、現金払戻しを伴わないこととする。

・現金払戻しの額については月間の上限を定め、その範囲内での払戻手続を施設職員に委託し、払戻限度額管理は施設・金融機関の間で行う。

・大口の現金払戻需要が生じた場合は、入居者またはあらかじめ入居者から委任された親族が払戻手続を行う。

・親族において預金取引履歴の開示を希望する場合は、あらかじめ開示することを預金者である入居者は同意する。

・入居者について相続が開始された場合は、預金取引に係る相続手続は相続人と金融機関の間で行う。

　以上解説した「(1)入居一時金の返還保全措置として金融機関保証を利用」と「(2)入居者の介護費用支払手段としての預金取引」をパッケージ商品として提案することで、介護施設への融資の参入と、トータルとしての取引採算確保が期待されることとなります。

［四者契約の相関図］

口座振替契約
払戻手続（少額）
代行

金融機関

払戻手続（多額）
代行

施　設

親族等

口座振替契約
払戻手続（少額）
委任

入居者

払戻手続（多額）
委任

【関連法規】

・老人福祉法29条9項、老人福祉法施行規則20条の10

ワンポイントアドバイス

　すべての介護施設にとって、預託金返還請求権に対する保全措置が法的義務となったことから、金融機関保証による保全措置のニーズが一気に高まっています。新規開業の介護施設のみならず、既存先もセールス対象となります。

Q85 リバースモーゲージの活用

高齢の取引先から老後の生活資金について相談がありました。そこで、取引先がいま住んでいる住宅・宅地を担保として、生活資金を融資することを提案したいと考えています。どのような点に注意して説明を行えばいいですか。

結論 リバースモーゲージの利用が適切と思われます。ただし、その商品性については金融界共通のものはありませんので、自行で取り扱っている商品が取引先のニーズに合致するかどうかの確認が重要です。

なお、契約締結に至った場合は、長期にわたることもありえますので、特に環境変化による担保の評価割れなどのリスクに注意する必要があります。

-------------------●　解　説　●-------------------

1　リバースモーゲージの活用

「リバースモーゲージ」は、高齢者がその所有する自宅の土地・建物を担保にして、金融機関から老後の生活資金の融資を受け、返済は借入人の死後に担保を処分して一括で行うといった仕組みの取引をいいます。公的年金給付だけでは不足しがちな家計収支をまかなうため、保有不動産の価値を活用したいとする高齢者のニーズに応えようとするものです。

高齢化社会の進展により、近時よく話題になりますが、最近の調査によると、これを商品として取り扱っている金融機関は108にとどまり、商品化を検討中347、商品化の予定はない668という状況になっています（国土交通省「令和2年度民間住宅ローンの実態に関する調査　結果報告書」による。国内の金融機関に対するアンケート調査の回答総数1,154の内訳）。年々その数は増加しているというものの、1割弱の金融機関しか取り扱っていないというのが現状です。

また、これを補完するため、住宅金融支援機構の住宅融資保険を活用した「リ・バース60」というリバースモーゲージ型のローンを取り扱う金融機関もあります。サービス付高齢者向け住宅への入居一時金、子世帯等が居住する住宅の取得のための資金などの住宅資金に利用することとされ、生活資金は対象外とされています。

2　リバースモーゲージの契約

一般の金融機関が取り扱っているリバースモーゲージで、特徴的なところは次のとおりです。

(1)　貸付対象者

高齢者を対象とする商品ですので、主に55歳または60歳以上が対象になっています。年齢の上限は、設けないところもありますが、設けているところでも80歳未満、86歳未満などとされています。

(2)　資金使途

生活資金、住宅取得・リフォーム資金、賃貸用不動産の建設など、多様な使途が予定されているほか、原則として自由とするところもあります。ただし、事業資金、投資目的などは除外されています。

(3)　貸付利率

短期プライムレートなどの変動金利を基準として、これに一定の調整率を加えるという事例が多いようです。

(4)　返済方法

多くの事例では、借入人の死亡時に一括返済するものとしています。利息は毎月払いまたは死亡時に元金とともに一括返済するという事例もあります。

(5)　担保権の設定

借入人本人名義の所有不動産（土地・建物）に抵当権または根抵当権を設定します。担保割れリスクを補うため、融資限度額は、担保評価額の50～70％程度で設定され、評価額を定期的に見直すこととされている事例もあり

ます。なお、後順位の担保権の設定は認められていません。

3 債権管理上の留意点

　借入人が長生きしたため、生活資金の貸付残高が想定した以上に大きくなることが考えられます。また、担保不動産の評価額の下落も考えられます。変動金利をとっている関係上、金利高騰時には予想外に債務残高が嵩んでくることも考えられます。

　いずれも、担保評価と貸付残高が見合わなくなってしまった場合ですが、こういった事態に対してどのように取り扱うかが問題になります。

　結論的には、担保不動産を任意処分して、不足分は相続人の資金で一括返済を求めることになります。

【関連法規】

・なし

ワンポイントアドバイス

　リバースモーゲージの申込時に、高齢者本人だけではなく、推定相続人等に対しても十分な説明を行い、その同意を得たうえで契約を締結することが望ましいものと思われます。

専門家後見人との取引推進

　近時の家庭裁判所が選任する成年後見人は、親族後見人よりも弁護士・司法書士等の専門家後見人が多いと聞いていますが、専門家後見人との取引を推進するためのポイントは何ですか。

結論　専門家後見人の金融機関に対するニーズにどれだけ応えることができるのかがポイントであり、そのためにはニーズの内容を知ることと、それに応える態勢づくりが必要です。

-------------------------●　解　説　●-------------------------

1　後見人等と本人との関係の変化

　家庭裁判所が選任する成年後見人等（保佐人、補助人を含む）と本人との関係は、かつては親族が圧倒的に多かったのですが、近時は親族以外の弁護士・司法書士等のいわゆる「専門家後見人」が多数を占めるようになっているという著しい変化がみられます（表参照）。

[後見人等と本人の関係]

区　分	2020年1～12月	2008年1～12月
総　数	36,764人（　100%）	24,964人（　100%）
親　族	7,242人（19.7%）	17,100人（68.5%）
親族以外	29,522人（80.3%）	7,864人（31.5%）
うち弁護士	7,731人（21.0%）	2,265人（　9.1%）
うち司法書士	11,184人（30.4%）	2,837人（11.4%）
うち社会福祉士	5,437人（14.8%）	1,639人（　6.6%）

（出所）　最高裁判所事務総局家庭局「成年後見関係事件の概況」

　この現象は、わが国の少子高齢化や、核家族化が要因と思われます。

2　専門家団体からの金融業界に対する要請

　ところで、日本弁護士連合会や成年後見センター・リーガルサポート、民事法務協会等の団体から、成年後見制度利用者との金融取引について金融業界へのアンケート調査をふまえ、取引実務に関する要請が過去に何度か寄せられています。その内容は毎回ほぼ同じであり、ここから金融業界における成年後見制度利用者との円滑な取引実現に向けた姿勢が保守的であり、積極的に要望に応えようとしていない状況が推定されます。

　弁護士や司法書士等の専門家が成年後見人等に就任するケースでは、後見事務等に対する定期的な報酬支払が発生するため、総じて成年被後見人等の援助を受ける者は資産家が多く、後見人等が管理する預金口座も大口残高のものが多いと思われます。したがって、これらの取引を多く獲得することは金融機関の営業戦略として妥当ですが、そのためには弁護士等の専門家後見人が後見事務処理上「使い勝手がよい金融機関」であることがポイントとなります。

3　「使い勝手がよい金融機関」となるためのポイント

　「使い勝手がよい金融機関」となるためのヒントは、前述の日本弁護士連合会からの金融業界に対する要請事項にあり、これに適切に応えることができれば、当然に弁護士等から選んでもらえる取引金融機関となるはずです。次ページの表の「成年後見制度利用者との取引に係る日本弁護士連合会からの要請事項と対応の方向性」は、平成21年10月に同連合会が取りまとめた「「成年後見制度に関する取扱いについてのアンケート」集計結果、分析と考察」によるものですが、要請に応えることはそれほど困難ではないとみられます。要は金融機関自身がこのテーマについてどれだけ前向きに取り組むかによるものといえるのです。

　また、その後にいくつかの金融機関で取扱いを開始した「後見支援預金」の販売促進活動では専門家後見人のニーズがきわめて高いことが感じられます。同預金を取り扱うことも、専門家後見人との取引推進策として重視する

[成年後見制度利用者との取引に係る日本弁護士連合会からの要請事項と対応の方向性]

No	日本弁護士連合会からの要請	対応の方向性
1	「成年後見制度に関する届出書」の被後見人の自署・取引印の押印は省略してほしい。	自身で法律行為ができない成年被後見人の自署・捺印はほとんど法的意味をもたず、後見人による記名のみでよい。
2	登記事項証明書は写し提出を可としてほしい。	原本提示を受け、コピー取得のうえ原本返却すればよい。
3	新規口座開設時に後見人の実印押捺・印鑑証明書提出を省略してほしい。	犯罪収益移転防止法に定める取引時確認が別手段でできれば、実印・印鑑証明書にこだわらなくてよい。
4	新規口座開設時に被後見人の免許証・健康保険証等の提示を求められるが、登記事項証明書の提出で可とすべきだ。	犯罪収益移転防止法の制約上、被後見人に対する取引時確認手続の省略は認められないが（非対面取引では「存在性」と「同一性」双方の確認が必要）、郵送手続を併用した補完確認で対応可。
5	口座開設時に通帳やキャッシュカードを被後見人に郵送せず後見人宛送付してほしい。	被後見人宛ての通知送付は通知の効力が生じないと解釈されることから、後見人宛送付とすべき。
6	金融機関から提出要求される書類がバラバラであり様式統一してほしい。	単独金融機関での解決は不可能であるが、極力負担をかけない方向性を目指す。
7	口座名義を「○○成年後見△△」と変更するのはプライバシーの点等で問題あり。	口座名義変更せずに対応するのを基本とするが、新規開設口座を年金振込に利用する場合は、年金事務所が認めない点に留意。
8	後見人にキャッシュカードを発行してほしい。	後見人は被後見人の財産について包括的な処分権限が与えられており、本人と同一視できる立場にあり、発行すべきである。
9	口座取引店のみならず僚友店での取引も可能としてほしい。	同意が必要な取引を除けば僚友店取引は困難ではない。
10	制度利用者情報の全店共有。	特定コード利用により可。

必要があります。

【関係法令】

・なし

ワンポイントアドバイス

　専門家後見人の金融機関に対するニーズは、それほど高度で困難なものはみられず、要はどれだけ本気でこのテーマに取り組むかが成否を分けることとなるのです。

Q87　任意後見制度を利用した事業承継

　後見開始の審判を受けた父親が創業した事業法人の経営方針をめぐっ
て、長男と次男の間に対立が生じたところ、父親の成年後見人である長
男が父親の保有する議決権の代理行使を行うことについて、次男から利
益相反行為に該当するとの指摘がなされています。この見解が成立する
と、当該事業法人について株主総会の決議ができず、重要な経営手段を
失うこととなりますが、このような事態を避けるにはどのような方法が
ありますか。

結　論　　事業の被承継者が正常な意思判断能力を有している間に、承継者
を任意後見受任者とする任意後見契約を締結し、委任事項のなか
に事業法人に係る被承継者が保有する株式の議決権の代理行使を加えておく
べきです。

----------------------●　解　説　●----------------------

1　事業承継対策の盲点

　多くの専門機関が中小事業者の事業承継対策を紹介しており、円滑な事業
承継の実現に寄与する税制改正もなされていますが、それらの対策は、事業
を他人に承継する立場の者が手続完了まで会社経営に関与できるだけの正常
な意思判断能力を有していることを前提としています。ところが、超高齢社
会を迎えた今日では、承継手続実施時には事実上の制限行為能力者であった
り、成年後見制度利用者であったりすることも十分に想定されます。

　その場合に発生するきわめて困難な事態と、その解消策を解説します。

［事例］

　父　（A社経営者）　A社発行済株式70％保有　後見開始審判確定ずみ

長男（A社取締役）　A社発行済株式10％保有　父の成年後見人

次男（A社取締役）　A社発行済株式10％保有

三男　　　　　　　　A社発行済株式10％保有

[その他の事情]

①　父は成年被後見人のため、自身での法律行為（A社株主としての議決権行使を含む）は不可能。

②　長男・次男間でA社の支配権をめぐって争いあり。

この事例では、A社の経営に係る重要事項につき、長男が父の保有議決権を父にかわって行使することは、長男自身の利害に関するものについては疑問とされることがあります。

成年被後見人と成年後見人の間が利益相反となる場合は、成年後見人が成年被後見人を代理して法律行為を行うことができず、成年後見監督人が選任されている場合はその者が、選任されていない場合は家庭裁判所が選任した特別代理人が、成年被後見人を代理することになります。たとえば、成年被後見人と成年後見人が共同相続人である相続事案での遺産分割の場合、利益相反に該当するとして特別代理人等が選任されることになり、特別代理人等が遺産分割協議に参加する際には成年被後見人の利益を損なわないことが判断基準となるでしょう。しかしながら、本事例のような議決権行使と利益相反の関係は単純ではなく、A社に係る保有株式の議決権行使について父の方針等が第三者からみて明確であればまだしも、そうでない場合、関係者は袋小路にはまってしまい、問題解決を図ることができなくなります。

その結果、株主総会での決議を要する事項（会社法309条2項以下）については議決権不足が生じて総会を開催することができなくなり、父について相続が開始され、所有株式の承継手続が完了するまでの間、株主権の行使ができない空白期間が生じる可能性があります。

2 任意後見制度の活用

この問題を解消するために、父が健常なうちに任意後見契約を締結し、任意後見人への委任事項に自己が所有する株式の議決権行使に関することを含ませておくことが考えられます。

意思判断能力の衰えた者の支援策としては成年後見制度（法定後見制度）が最も優れた制度ではあるものの、その目的は保護を受ける者の身上看護と財産管理を適切に行うことであり、しかも成年後見人の選任は家庭裁判所によって行われることから、事例のケースではＡ社の経営者としてふさわしくない人物が成年後見人に選任される可能性もあります。

したがって、自分が創業した会社の運営を重視するのであれば、本問のような問題への予防策として任意後見制度を利用するのが有効であり、その内容を該当するお取引先に対して情報提供するのが望ましいでしょう。

【関係法令】

・任意後見契約に関する法律

・会社法309条2項以下

ワンポイントアドバイス

高齢の会社創業者にとって、自分が事実上の制限行為能力者となる事態は想定しづらいことですが、法人は多数の利害関係人が存在する一種の「社会の公器」であり、将来にわたって適切な事業運営がなされることを期待するのであれば、発生する可能性のある、あらゆる事態への対応を心がけるべきでしょう。

Q88　高齢者取引推進のための人材育成

　高齢者との取引推進は、特に地域金融機関にとって重要な経営命題ですが、それを実現するための人材育成は、どうすればいいですか。

結論　実践的で、かつ法律や判例を取り込んだ解説を含む実務マニュアルの作成と、職員に強いインセンティブを与える資格試験の実施が効果的です。自社での資格試験実施が困難な場合は、専門的な国家資格の取得を奨励し、補助金を支給するのも一法です。

----------●　解　説　●----------

1　なぜ人材育成を必要とするのか

　本格的な超高齢社会の到来を受けて、金融機関にとって高齢者との取引を円滑化し、かつ取引の有効性を確保しながら、有力マーケットとして営業推進を図ることの必要性は、すでに多くの設問で解説したとおりです。また、高齢者取引では、近い将来必ず発生する取引先の相続開始に伴い、被相続人との取引を適法・適切に行うことも重要な課題となります。さらに、高齢者との取引と相続手続を現場で適切に処理・対応し、取引深耕に結びつけていく任務を担っているのは個々の職員であり、人材育成をどう実現するのかが大きな課題となるでしょう。

　高齢者との取引と相続手続にはいずれも預金・為替・融資業務の基本的・典型的取引内容とはかなり異質の部分が含まれており、それだけに誤処理のリスクも高いといえ、取引・手続を正確・適切に処理し、かつもう一歩踏み込んで営業推進材料として活用していけるだけの人材は、どの金融機関においてもあまり多くありません。そのような人材を確保するためには、通り一遍の本部集合研修だけでは不十分です。

　高齢者取引と相続手続に強い人材を育成するためのいくつかのポイントに

ついて以下解説します。

2　実務マニュアルの作成

　まず、実務マニュアルの整備があげられます。どの金融機関においても、事務処理のルールとしての規程や事務提要が整備されているでしょうが、その内容は「具体的な手続を詳細に説明する」ことに特化しています。もちろんそれは必要不可欠なものですが、手続内容のみに深入りすると、前提条件が少し異なった事象に出合うとたちまちどう処理すればいいのかわからなくなり、「応用問題が解けない」事態となります。

　それでも相続手続は民法の定めを基本としており、大きな応用問題が発生する頻度は少ないものの、民法の規律だけでは解決できない場面も生じえます。それが裁判所に持ち込まれ、裁判所の判断が争われた事件固有の事情に基づくものではなく、普遍的に適用されるものであれば、判例として扱われます。判例については法律と同様に位置づけて、実務対応しなければなりません。

　さらに、高齢者との取引となると、個々の事案固有の前提条件や事情が存在するため、相続手続のような唯一無二の正解はなく、すべて応用問題といっても過言ではないのです。それでも営業現場では限られた時間と人材で、これらの難問に対応しなければなりません。それを効果的にサポートする手段の１つが実務マニュアルの整備です。

　実務マニュアルで事務処理の明示はもちろん必要ですが、それが事務提要等でカバーされているならば、その部分は省略してもよく、むしろ「なぜこうなるのか、こうするのか」をその背景にある法律や判例の内容を含めて解説することが大事です。それにより、多少前提条件を異にする事案に遭遇しても正解を導くことが可能になるのです。さらに、高齢者との取引ではその性質上、最大公約数的な解答と、いくつかの代替案を明示する必要があります。それは唯一無二の手続を前提とする事務提要では対応不可能な世界です。

3 資格試験の実施

次に、高齢者との取引と相続手続に強い人材の発掘と育成に向けて、強いインセンティブを伴う組織内資格試験の実施をお勧めします。

いまでは外部団体主催の多種・多様な資格試験が提供されており、それらを活用するのも方法の1つですが、自社の実態に即して、真に必要な業務分野に強い人材を育成するためには外部提供では不十分です。また、自社で行う資格試験については、それにチャレンジし、資格取得することについて強いインセンティブを職員に与えるものでなければ真の効果は期待できません。

資格試験の合格が社内での昇級・昇格に影響を与えることは大きなインセンティブとなるでしょうし、合格者が社内で一種のステイタスとして尊敬されるような環境が構築できればより効果的です。

4 専門資格取得の奨励

自社での資格試験実施が困難視される場合や、高齢者に対してもっとハイレベルなサービス提供を行うための人材育成を図る手段として、職員に対して専門的な国家資格の取得を奨励し、補助金を支給したうえで合格者には社内での有資格者にふさわしいポストを提供することが考えられます。

専門的な国家資格には多くの種類がみられ、資格取得の難易度もさまざまですが、高齢者取引に関するものとしては表の国家資格が用意されています。

これらの国家資格の取得者が、業として行える内容の業務を専門的に行うためには、それぞれの業法の定めに従う必要があり、金融機関職員との兼業は一般的に困難ですが、保有する専門的知識の活用により、高齢者対象の取引推進面では一味違ったサービス提供が期待されます。

[高齢者取引の関連する国家資格]

No	資格名称	業として行える内容
1	弁護士	法律のプロとして、委任者から受任した範囲内で法律行為を代行できるほか、さまざまな専門的分野での業務活動が可能である。
2	司法書士	弁護士に次ぐ法律のプロとして、登記事務の受任のほか、一定の資格者は一定金額内の訴額の訴訟に係る代理人を務めることができる。
3	行政書士	官公署に提出する許認可等の申請書類の作成や、遺言書等の権利義務、事実を証明する書類および契約書の作成ができる。
4	社会保険労務士	労働関連法令や社会保険法令に基づく書類等の作成代行や、労務管理、社会保険に関する相談・指導を行う。公的年金の受給に関する相談業務での接点が多い。
5	社会福祉士	いずれも、医療分野での身体上、または精神上の障害者に係る福祉や介護に関する業務に従事するための資格である。
6	介護福祉士	
7	精神保健福祉士	

【関連法規】

・なし

ワンポイントアドバイス

　高齢者取引推進に限らず、人材育成は一朝一夕でできるものではなく、態勢整備にはある程度の時間が必要です。自社にとって何が必要なのかを明確に認識し、直ちに態勢整備に着手してください。

事 項 索 引

高齢者との金融取引Q&A【第2版】

2021年12月28日　第1刷発行
（2008年11月28日　初版発行）

監修者　関　沢　正　彦
編著者　両　部　美　勝
発行者　加　藤　一　浩

〒160-8520　東京都新宿区南元町19
発　行　所　一般社団法人 金融財政事情研究会
企画・制作・販売　株式会社きんざい
出 版 部　TEL 03（3355）2251　FAX 03（3357）7416
販売受付　TEL 03（3358）2891　FAX 03（3358）0037
URL https://www.kinzai.jp/

校正：株式会社友人社／印刷：株式会社日本制作センター

ISBN978-4-322-14003-3